Michaela Haas
Crazy America

W0187724

GOLDMANN
Lesen erleben

Das Buch

Was ist denn bloß in Amerika los?

In Deutschland, in Europa und überall auf der Welt wundern sich die Menschen, wie es ein politisch völlig unerfahrener Egomane schaffen konnte, in das höchste Amt der Welt aufzusteigen. Fakt ist, dass sich der ungehobelte Milliardär nur deshalb mit wilden Sprüchen ins Weiße Haus rüpeln konnte, weil Amerika tief gespalten ist und viele Verrücktheiten zum Alltag gehören, die in Europa undenkbar wären. Im Mittelpunkt von *Crazy America* stehen Phänomene, die es in Europa so nicht gibt und die uns helfen können, Amerika besser zu verstehen: von der Stadt, in der Waffenbesitz Pflicht ist, der Renaissance des Hitlergrußes bis zur Legalisierung von Cannabis und den Spleens der Schönen und Reichen. Wussten Sie, dass es in acht amerikanischen Staaten legal ist, sich einen Tiger oder Löwen als Haustier zu halten? Dass die Sheriffs einschreiten, wenn eine Frau am Strand ihr Bikinioberteil ablegt, aber nicht, wenn Sie sich eine AK 47 kaufen? Was halten Sie davon, dass die Polizei die Macht hat, Ihr Bargeld und Ihre Wertsachen zu beschlagnahmen, auch wenn Sie keine Straftat begangen haben?

Ein unterhaltsamer Streifzug durch das verrückteste Land der Welt!

Die Autorin

Dr. Michaela Haas, erfolgreiche Sachbuch-Autorin und freie Korrespondentin in den USA, erforscht die Macken und Tücken, die Amerika einzigartig machen. Sie fragt sich immer öfter, ob Amerikaner und Europäer nicht vielleicht doch von verschiedenen Planeten stammen. Die renommierte Reporterin ist die Autorin der erfolgreichen Amerika-Kolumne »Wild Wild West« im *SZ-Magazin* und schreibt unter anderem für die *Süddeutsche Zeitung*, *Geo* und *Die Zeit*.

Michaela Haas

Crazy America

Eine Liebeserklärung
an ein durchgeknalltes Land

GOLDMANN

MIX
Papier aus verantwor-
tungsvollen Quellen
FSC® C014496

Verlagsgruppe Random House FSC® N001967

1. Auflage
Originalausgabe Juni 2017
Copyright © 2017 by Wilhelm Goldmann Verlag, München,
in der Verlagsgruppe Random House GmbH,
Neumarkter Straße 28, 81673 München
Umschlaggestaltung: UNO Werbeagentur, München,
unter Verwendung von Motiven von FinePic®, München
Lektorat: Doreen Fröhlich
DF · Herstellung: kw
Satz: KompetenzCenter, Mönchengladbach
Druck und Einband: GGP Media GmbH, Pößneck
Printed in Germany
ISBN: 978-3-442-15931-4
www.goldmann-verlag.de

Besuchen Sie den Goldmann Verlag im Netz

Inhalt

Das Beste zuerst

Dies ist das beste Buch, das Sie je über Amerika lesen werden. Ach was, es ist das beste Buch. Punkt. Von der besten Autorin, über das beste Land, den großartigsten Kontinent. Gratuliere!

Gemeinsam können wir noch großartiger werden.

Diese Autorin hat die besten Worte. Sie erfreut sich übrigens auch der besten Gesundheit (körperlich und mental!), der sich je eine Autorin erfreut hat. Da können Sie fragen, wen Sie wollen: Überall auf der Welt wird sie geliebt. Von allen. CEOs, Entscheider, Weise, alle Wichtigen reißen sich um sie. Sie schwitzt übrigens auch nie. Andere Autoren schwitzen (und schwätzen). Diese Autorin könnte nun Namen nennen, sie könnte auspacken, welchen anderen Autoren ein Buch den Schweiß auf die Stirn treibt, in welche Skandale sie verwickelt sind, wer es mit wem treibt, ja, sogar Analphabeten befinden sich darunter, manche von ihnen sollte man einsperren, aber das wäre unter ihrer Würde, zumindest im Augenblick. Vielleicht morgen.

Schon bei der Veröffentlichung dieses Buches war das Publikum größer als bei der Veröffentlichung jedes anderen Buches. Glauben Sie mir!

Das sollten Sie mal sehen, wie wichtig diese wichtige Autorin im wichtigen Amerika empfangen wird!!!!! Sie ist perfekt, sogar die perfekteste. Sie hat auch den besten Charakter. Andere Autoren haben andere Charaktere, die sich an dem Charakter dieser Autorin nicht messen können. Diese Autorin will niemanden runtermachen, aber der witzelnde Watzlawick und der trunkene Hemingway können da einfach nicht mithalten. Glauben Sie mir!

Wenn diese Autorin diese schönen, tollen Sätze schreibt – und ihre Sätze sind wirklich großartige Sätze, geradezu unglaublich großartig –, dann weiß jeder, mit wem er es zu tun hat.

Auch Sie können an dieser Großartigkeit teilhaben. Lassen Sie uns Amerika gemeinsam großartig machen! Größeln Sie!

Sie schreibt Sätze für die Zukunft. Grammatik ist was für Loser. Die Autorin weiß, was Sache ist, weil sie es weiß. Sie wird den Grammatik-Sumpf austrocknen.

Wenn Sie in diesem Buch Fehler finden, dann liegt das an der Tastatur. Oder dem Assistenten der Autorin. Die Autorin hat keinen Assistenten, aber wenn etwas falsch läuft, ist es seine Schuld. Oder die ihrer schlechteren Hälfte. Oder ihres Labradors. Oder des Wetters. Das Mikrofon war manipuliert.

Sie hätte schon 1998 den Literaturnobelpreis erhalten sollen, aber das Komitee war geschmiert. Deshalb wird diese Autorin eine Mauer bauen, eine Sprachmauer, und Wladimir Putin wird dafür bezahlen.

Diese Autorin hat J. D. Salinger überlebt. Sie hat sich länger gehalten als Barack Obama. Hemingway ist Geschichte. Das sind Loser.

Sie haben nun die Wahl: Wollen Sie zu den Gewinnern zählen oder zu den Verlierern?

Wenn Sie an diesem Buch etwas auszusetzen haben, dann sind Sie ein Loser. Sollten Sie nicht freiwillig dem Fanclub beitreten, dann werden demnächst alle anderen Bücher abgeschafft. Sie werden dann schon sehen, was Sie davon haben.

Seien Sie ein Winner! Gewinnen Sie mit der gewinnendsten, besten Autorin der Welt! Sie müssen nur lesen. Das können Sie doch, oder?

Ihre
Beste

Einleitung

Warum ich eigentlich nie nach Amerika wollte, aber nun nicht wieder wegwill

»In America you have a right to be stupid, if you want to be. And I think that's something worth fighting for.«[1]

John Kerry

Was ist denn bloß in Amerika los? In Deutschland und überall auf der Welt fragen sich die Menschen, wie es ein unberechenbarer Milliardär (Spitzname: Agent Orange) ohne politische Erfahrung schaffen konnte, zum mächtigsten Mann der Welt aufzusteigen. Wie kann es sein, dass ein Fernsehstar, der Behinderte verunglimpft, Veteranen beleidigt und Frauen als Schweine beschimpft, 62 Millionen Stimmen bekommt? Aber Donald Trumps Erfolg war nur möglich, weil so viele Verrücktheiten in Amerika zum Alltag gehören, die in Europa undenkbar wären.

Amerika ist ein bipolarer Patient: Das Land bringt es fertig, gleichzeitig sexbesessen und prüde zu sein, religiös und materialistisch, extrem arm und unermesslich reich. Amerikaner fliegen zum Mond und senden Sonden zum Mars, haben aber eine Säuglingssterblichkeitsrate wie in der dritten Welt. Sie stemmen sich gegen Einwanderer, stammen aber zum Großteil selbst aus Immigrantenfamilien. Amerika ist ein *Melting Pot*, ein Schmelztiegel, in dem sich Rassen und Religionen vermischen, aber gleichzeitig sind die alten Wunden des Rassismus nie verheilt. Es sind diese Gegensätze, die mich faszinieren.

Sie können in Amerika durch fünfzig äußerst verschiedene Staaten reisen. Wer auf den Spuren der *Roots*-Musik durch New Orleans tourt, entdeckt ein ganz anderes Land als ein *Star-Chaser* in Hollywood. Wer im Bibelgürtel betet, taucht in eine komplett andere Welt ein als der Strandurlauber in Hawaii. Selbst innerhalb der einzelnen Bundesstaaten sind es oft nur ein paar Schritte oder Kilometer, bis man über die nächste Subkultur stolpert. Oder man fährt nur einige Meilen aus einem Moloch wie Los Angeles oder New York hinaus und steht mitten in unberührten Weiten, in denen Berglöwen und Adler jagen. Diese Gegensätze sind viel krasser und unmittelbarer als in Europa.

Im Mittelpunkt von *Crazy America* stehen Phänomene, die es in Europa so nicht gibt und die uns helfen können, Amerika besser zu verstehen: von der Stadt, in der Waffenbesitz Pflicht ist, den Stau- und Parkgewohnheiten der Amis und der Renaissance des Hitlergrußes bis zur Legalisierung von Cannabis und den Spleens der Schönen und Reichen. Wussten Sie, dass es in acht amerikanischen Staaten legal ist, sich einen Tiger oder Löwen als Haustier zu halten? Dass die Sheriffs einschreiten, wenn eine Frau am Strand ihr Bikinioberteil ablegt, aber nicht, wenn Sie sich eine AK 47 kaufen? Was halten Sie davon, dass die Polizei die Macht hat, Ihr Bargeld und Ihre Wertsachen zu beschlagnahmen, auch wenn Sie keine Straftat begangen haben? »In Amerika hast du das

Recht, dumm zu sein«, sagte Außenminister John Kerry bei einem Besuch in Berlin. »Und wir tolerieren das. Ich halte das für eine Tugend, für die es sich zu kämpfen lohnt.«

Als Reporterin habe ich das große Privileg, in Gegenden reisen zu dürfen und mit Menschen zu sprechen, auf die Kurzbesucher nur in Ausnahmefällen stoßen. Als Tourist will man das Schöne sehen, die Highlights, in diesem Buch dagegen beleuchte ich auch einige der Täler, ohne die es die Gipfel nicht geben könnte. In den letzten zehn Jahren war ich in mehr als der Hälfte der amerikanischen Staaten und habe die Macken und Tücken ihrer Einwohner lieben, aber auch fürchten gelernt. Zu meinen intensivsten Erlebnissen, die mein Bild von Amerika prägen, zählen meine Streifzüge durch die Gegenden, in die Touristen selten vorstoßen: Indianerreservate in den Dakotas, die *Skid Row*, also das Armenviertel von Downtown Los Angeles, die unendlichen Weiten der Rocky Mountains in Colorado.

Es wird Sie vielleicht überraschen, aber ehrlich gesagt habe ich mir nie gewünscht, in Amerika zu leben. Viele Jahre zog es mich immer in die andere Richtung: Bali, Sri Lanka, Indien. Das schien mir aufregend und exotisch. Amerika, fand ich, kannte ich ja schon aus dem Kino und von der gemeinsamen Nordamerika-Reise, die mir meine Eltern zum Abitur schenkten. Da staunte ich vor Ort über die Wolkenkratzer, die Riesenschlitten, das gigantische Feuerwerk am 4. Juli, die überdimensionalen Softdrink-Becher im Fastfood-Drive-Thru, die blinkenden Neon-Reklametafeln, die riesigen Büffel, die sich in den Nationalparks räkelten, und die gemütlichen, familiengeführten Bed & Breakfast-Unterkünfte. Was sollte es darüber hinaus noch groß zu entdecken geben?

Beruflich zog es mich jedoch immer wieder nach New York. Ich kaufte mir Roller Blades und schlitterte damit ungelenk durch den Central Park. Ich interviewte Richard Gere in Manhattan, schlenderte mit den anderen Touristen durch die Läden, um mir billige Jeans zu kaufen, ließ mich von amerikanischen Freunden zu meinem ersten Besuch in einer angesagten S&M-Bar überreden, wo Cher neben mir tanzte – und war dann eigentlich immer wieder froh, heim ins überschaubare München zu dürfen.

Und dann? Fand ich die Liebe meines Lebens in Kalifornien.

Wir lernten uns auf einer Benefiz-Veranstaltung in Boulder, Colorado, kennen. »Warum warst du noch nie in Kalifornien?«, fragte mein Darling, und ich antwortete ehrlich: »Das hat mich nie gereizt.«

Diese Antwort nimmt mir meine bessere Hälfte bis heute übel.

Ach, lag ich falsch! Aber so was von! Heute vergeht kaum ein Tag, an dem mich Amerika nicht überrascht, fasziniert, schockiert, anwidert oder provoziert.

Amerika und ich, wir sind nun schon seit mehr als zehn Jahren befreundet. Jetzt will ich nicht wieder weg.

Und wie das so ist mit wirklich guten Freunden, kennen wir auch unsere Schattenseiten. Amerika ist ein Freund, um den ich mir Sorgen mache; ein Freund, der einige Krankheiten verschweigt; ein Freund, der großspurig mit seinem Reichtum protzt, aber die Stromrechnung nicht bezahlen kann.

Lange dachte ich, die Amerikaner seien die SUV-Version des Europäers: im Prinzip ähnlich gebaut wie wir, nur eben größer, lauter, breiter. Wenn man die Cowboy-Boots, den Akzent und die Knarre wegrechnet, könnten wir Geschwister sein.

Aber inzwischen bin ich trotz der eindeutigen wissenschaftlichen Beweislage davon überzeugt, dass wir unmöglich die gleichen Ahnen haben können. Wir leben nicht nur auf verschiedenen Kontinenten, sondern wir müssen von unterschiedlichen Planeten stammen. Je länger ich hier bin, desto mehr fremdle ich.

Dies ist kein Reiseführer. Im Gegenteil, hier lesen Sie von den Phänomenen, die Reiseführer verschweigen. *Crazy America* beruht auf den Reportagen, die ich in den letzten zehn Jahren für die *Süddeutsche Zeitung*, *Die Zeit*, *Brigitte* und andere Medien geschrieben habe, vor allem aber auf meinen wöchentlichen *Wild Wild West*-Kolumnen für das *SZ-Magazin*. Für dieses Buch habe ich sie aktualisiert, vertieft und gerade aufgrund des Trump-Sieges die neue politische Landschaft gesichtet. *Crazy America* ist eine subjektive Einführung in die Eigenheiten der Amis. Es sind nicht die Grundsatzdiskurse des Polit-Korrespondenten, sondern die Streifzüge einer Nomadin durch die Unvereinigten Staaten.

Natürlich ist das Leben der meisten Amerikaner nicht viel anders als das der Europäer: Sie fahren ihre Kinder zur Schule, hoffen, dass ihre Ehe hält, und ackern sich dafür ab, ihre Raten abzuzahlen. Aber die extremen Gegensätze, die Amerika zerreißen, machen auch vor »normalen« Amis nicht halt, und ebenso wenig vor Reisenden. Auch wenn Sie zum

Beispiel selbst keine Waffen tragen: Sie sind in den USA mit dem Bewusstsein unterwegs, dass der Autofahrer neben Ihnen vermutlich bewaffnet ist. Ein bisschen verrückt ist völlig normal.

Es ist ja kein Zufall, dass Donald Trump mit dem Slogan *Make America Great Again!* angetreten ist. Die Amerikaner halten sich für die beste Nation der Welt. Und wissen gleichzeitig, dass sie das in vielen Disziplinen nicht (mehr) sind. Wenn es denn unbedingt ein Superlativ sein muss: Ich halte sie für die durchgeknallteste. Aber es ist natürlich gut möglich, dass das an mir liegt und ich die eigentlich Verrückte bin. Urteilen Sie selbst …

1. Make Amerika Great Again!

Thumbs up!

In diesem Kapitel erfahren Sie alles über

- Ein wichtiges Wort, mit dem Sie (fast) überall durch-
  kommen
- Die einzig richtige Antwort auf die allgegenwärtige
  Frage: Wie geht es Ihnen?
- Worin Amerika tatsächlich einsame Spitze ist

Amerikanisch für Anfänger und Fortgeschrittene

Was den Wortschatz betrifft, so brauchen Sie in Amerika vor allem ein Adjektiv: *great!* (Also: großartig!) Fortgeschrittene können enthusiastisch hinterherhauchen: *Fabulous! Awesome! Amaaazing!* (Beachten Sie die dringend notwendigen Ausrufezeichen!)

Dies sind die einzig möglichen Antworten auf die allgegenwärtige Frage: »*How are you?* Wie geht es Ihnen?« Oder die noch lässigere Variante: »*What's up?* Was ist los?« Von jüngeren Amerikanern wird die Einstiegsformel zu einem coolen »*'Sup?*« verkürzt.

Während in Deutschland eine ehrliche Antwort auf diese Frage völlig akzeptabel ist – ja, das Jammern durchaus zum sozialen Ritual gehört (»Nun, der Flug war ein wenig turbulent, und die Lufthansa-Lasagne schmeckte wie alte Pappe«) –, will in Amerika keiner hören, wie es Ihnen *wirklich* geht. Eine ehrliche Antwort ist ein grober Fauxpas.

Natürlich war der Flug in der Holzklasse lang und anstrengend, aber hey, wenn Sie einer fragt: Es war *GREAT*!

Auch wenn Sie von zu Hause erzählen, von Ihren Kindern, Angela Merkel, der Flüchtlingskrise, was auch immer: *Great*!

Würden Sie in Europa so oft in den höchsten Tönen schwärmen, wären Sie sofort als Angeber verschrien, aber alles andere gilt in Amerika als miesepetrig.

Ich brauche jeweils etwa eine Woche Akklimationszeit,

um verbal und emotional den Optimismusschalter umzulegen, wenn ich von einem Kontinent zum anderen fliege. Eine Art mentaler Jetlag.

Steige ich in Los Angeles aus dem Flieger und erzähle, in Deutschland sei alles prima gelaufen – die Eltern wohlauf, die Zeit mit Freunden sehr erholsam, die Konferenz voll innovativer Ideen –, verfinstern sich die Mienen meiner amerikanischen Freunde einfühlsam: Geht's dir nicht gut? War's nicht schön?

Dann knipse ich sofort wieder die innere Strahlelampe an und erinnere mich daran, laut zu brüllen: »*Great! Totally awesome!!!*«

Umgekehrt halten sie mich in Deutschland für durchgeknallt, wenn ich kurz nach der Landung strahlend rufe: »Hey, Daaarlings, alles suuuper???«

»Was ist denn mir dir los?«, fragt dann meine Mutter. »Hast du im Flugzeug zu viel Wein getrunken? Bist du auf Drogen?«

Nein, ich bin nur amerikanisiert.

Ehrlich gesagt, das Sunshine-Getue hat Vorteile. Es ist einfach netter, wenn die Kassiererin freundlich gurrt, »Sweeeeetie, wie läuft's heute?«, anstatt im Aldi-Format »Macht sechs fuffzich« zu knurren.[2] Im Land des Small Talks gehört es dazu, sich gegenseitig zu versichern, wie nett / großartig / toll der andere ist. Andererseits habe ich nicht immer Lust zum Plaudern. Als mich meine beste Freundin Bea in Kalifornien besuchte und ich sie zu Fisch-Tacos am Strand einlud, war sie völlig sprachlos, weil der blond gelockte Surfer-Dude hinter dem Tresen lachend fragte: »Und, was habt ihr beide heute noch so vor?« Sie starrte ihn böse an und flüsterte mir erschüttert zu: »Das geht den gar nichts an!«

Sie ist Französin, und in Frankreich ginge das nicht als Flirt, sondern als plumpe Anmache durch. Dabei ist diese lockere Freundlichkeit hier einfach Standard. Der Surfer erwartet ja auch keine ernsthafte Antwort. »Wir genießen einfach den Tag« reicht da als Small-Talk-Antwort völlig aus. Oder eben: »*All great!* Alles großartig!« Das geht immer. Sie werden sich wundern, wie weit Sie damit kommen. Wenn Sie um Ihre Meinung gebeten werden, egal ob es um ein Outfit, den neuesten Film oder Amerika selbst geht, sagen Sie bitte *nie* die Wahrheit, wenn Ihnen etwas nicht gefällt. Im Zweifel müssen Sie sich eben was einfallen lassen. Das Outfit passt gut zu den Augen der Trägerin, der Film ist der ungewöhnlichste, den Sie je gesehen haben, und Amerika ist die großartigste Nation der Welt. Die Amis werden Sie für supernett halten, also für *awesome*.

Alle sind hier immer beste Freunde – überall, nur nicht in Wirklichkeit. Es ist gut möglich, dass auch nach Jahren das Gespräch nie über Wetter, Golf und Kinder hinausgeht.

Hin und wieder unterläuft mir immer noch der Fehler, dass ich in ein Geschäft gehe und freundlich sage: »Hallo, bitte einmal die Bluse reinigen.« Dann setzt die Dame hinter dem Tresen einen Schritt zurück, sagt betont locker: »Hey, *honey*, wie läuft's heute? Prima Wetter, oder?«

Ich muss dann antworten: »Alles super.«

Sie: »Wow, das Kleid, das du anhast, sieht *klasse* aus! Das bringt deine Figur unheimlich toll zur Geltung.«

Ich: »Danke, deines auch.«

Und dann darf ich endlich meine Bluse auspacken.

Die amerikanischen Rechtsanwältinnen haben gerade gerichtlich durchgesetzt, dass sie vor Gericht nicht mehr als »Honey« oder »Schätzchen« angeredet werden dürfen. Sie empfanden das als Herabsetzung. Ich bin zwar immer für den Schulterschluss mit meinen Girlfriends zu haben, meiner Erfahrung nach wird aber mit den Honigbomben in alle Richtungen geworfen, niemand bleibt verschont. Als ich meine bessere Hälfte zum ersten Mal beim Telefonat mit dem Versicherungsmakler belauschte, schlackerten mir die Ohren: *Honey* hier, *Darling* da. »Mit wem hast du denn da gerade telefoniert?«, fragte ich vorsichtig.

»Na, mit dem Versicherungsmakler!«, kam die Antwort.

»Und den nennst du *Honey*?«

»Aber klar, den kenne ich doch schon seit drei Jahren!«

Natürlich sind ohnehin alle gleich per Du, denn es gibt ja kein förmliches »Sie«. Das ist einerseits enorm unkompliziert, weil jeder sofort »Call me Bill« sagt, selbst wenn es Clinton ist. Andererseits trägt gerade das Fehlen verbaler Eckpfosten zur Verwirrung im sozialen Geflecht bei. Wenn nun der Präsident der Uni, an der ich unterrichte, seine E-Mail mit »Wärmstens, Henry« unterzeichnet, darf ich ihm dann auch »Hallo, Henry« zurückschreiben? Oder verbaue ich mir meine Chance auf den Aufstieg, wenn ich ihn nicht trotzdem weiterhin wärmstens als Mister Präsident, Herr Professor oder Dr. Whittaker adressiere? Darauf wissen auch Amerikaner keine einhellige Antwort. Sehen Sie, Einfachheit ist manchmal ungeheuer kompliziert.

Ähnlich verwirrend ist, dass »Komm vorbei!« oder »Ich

ruf dich an!« ebenfalls nicht ernst gemeint sind. Auch das sagen die Amerikaner ständig: »Ihr müsst unbedingt mal bei uns vorbeikommen! Ich zeige euch meine Bibliothek/meinen Swimmingpool/meine neuen Busenimplantate.« (Auch den letzten Satz habe ich tatsächlich schon gehört.)

Glauben Sie dann um Himmels willen nicht, Sie seien wirklich eingeladen. Es wäre enorm unhöflich, ein konkretes Datum vorzuschlagen oder gar später vor der Tür zu stehen. Wenn es der Amerikaner ernst meint, wird er Sie mit einem festen Termin locken, dreimal nachdrücklich nötigen und die Einladung zur Sicherheit noch einmal schriftlich wiederholen. Nur dann gilt's.

Diese Gewohnheit hat mich am Anfang auf die völlig falsche Fährte geführt. Wenn ich erzähle, was ich beruflich mache (bin Journalistin, schreibe Bücher), reagieren die Amerikaner fast immer mit dreifachen Bravo-Saltos und doppelten Begeisterungspirouetten. »Wow! Komm unbedingt in meinem *Rotary Club* vorbei!«

Ein Deutscher würde vielleicht höflich entgegnen: »Aha, interessant.« Die Amerikaner werfen stattdessen mit unschlagbaren Angeboten um sich, und zwar ungefragt; ohne Androhung von Repressalien versprechen sie von sich aus, die dollsten Dinge zu tun: »Du, das ist unbedingt was für meinen Podcast! Da machen wir an der Uni eine ganze Wochenendkonferenz drüber! Ruf mich morgen an, damit wir da ernsthaft drüber reden können!«

Übersetzt heißt das: Von mir hören Sie nie wieder.

Alles nicht ernst gemeint. Aber hey: trotzdem *awesome*!

Ich dich auch.

Das Land der Superlative

Donald Trump gewann mit dem Slogan: *Make America Great Again!* Also großartig. Großartiger. Am besten: großartigst. Wer länger als fünf Minuten in Amerika ist, wird einen Amerikaner finden, der schwört, Amerika sei die großartigste Nation der Welt.[3] *Welcome to the greatest nation on earth!* schreien schon die Anzeigetafeln, kaum ist man aus der Flughafenhalle raus. Ich finde natürlich auch, dass Amerika großartig ist. Sonst wäre ich nicht hier. Aber das großartigste Land der Welt? Da drängt sich der Verdacht auf, die Amerikaner beteuern das so nachdrücklich, weil sie insgeheim wissen, dass sie das in vielen Disziplinen nicht (mehr) sind.

Seit ich in Amerika lebe, haben mir Amerikaner schon erzählt, Amerikaner hätten das Auto erfunden, die Elektrizität und das Telefon. Wussten Sie, dass Bill Gates den Computer entwickelt hat und Steve Jobs das Internet? Ich auch nicht! Außerdem sei Amerika die älteste Demokratie der Welt. Das verkünden Amerikaner im Brustton der Überzeugung. Wenn man sie fragt, wo sie diese Weisheiten herhaben, dann beteuern sie, das lernten sie so in der Schule.

Sorry, Folks, das war nicht Henry Ford, der das erste benzingetriebene Auto baute, das waren die Deutschen Karl Friedrich Benz und Gottlieb Daimler.[4] Es war auch nicht Bill Gates, der den Computer entwarf, sondern der Brite Charles Babbage. Und nicht Thomas Watson hat das Telefon erfunden, sondern Alexander Graham Bell, ebenfalls ein Brite. Sein amerikanischer Assistent Watson war allerdings der Erste, der einen Telefonanruf entgegennahm, so viel Ehre muss sein. Und die älteste Demokratie der Welt? Nun ja, das Gerücht hält sich hartnäckig, sogar der Sprecher des Repräsentantenhauses, Paul Ryan[5], und die ehrwürdige *Washington Post* haben es schon verbreitet, aber es wird dadurch nicht wahrer. Darlings, ihr müsst jetzt alle ganz tapfer sein: Amerika hat zwar schon 1776 seine Unabhängigkeit erklärt, Schwarze dürfen aber erst seit 1879 wählen (und bis 1965 auch nicht alle) und Frauen erst seit 1920. Wenn nur einige weiße Männer entscheiden dürfen, ist das noch keine Demokratie.

Habe ich all diese Dinge aufgezählt, googeln die amerikanischen Gesprächspartner immer hektisch, um dann mit hochrotem Kopf wieder vom Smartphone aufzutauchen. Tatsächlich, die Amis waren in all diesen Disziplinen nicht die Ersten. Aber es war natürlich, so verkünden sie dann – entschlossen, die Ehre ihres Landes zu retten –, ein Landsmann, der die *Klimaanlage* erfand: der New Yorker Willis Carrier. Vermutlich deshalb benutzen die Amis die Klimaanlage so intensiv wie sonst keine andere Nation! Im Sommer kann man kein Kaufhaus betreten, ohne sofort zu denken, man habe sich versehentlich in einen gigantischen Gefrierschrank verirrt.

Das Gefühl der eigenen Überlegenheit wurzelt auch in der Weigerung, andere Länder zu erkunden: Mehr als die Hälfte der Amerikaner waren noch nie im Ausland, nur sechsunddreißig Prozent besitzen laut *State Department* überhaupt einen Reisepass. Die wenigsten Amis wissen aus eigener Erfahrung, dass das Baguette in Frankreich tatsächlich besser schmeckt und die Gesundheitsversorgung in Skandinavien erstklassig funktioniert. Warum sollten sie auch? Amerika ist das meistbesuchte Land gleich nach Frankreich, die Welt kommt also zu den Amerikanern. Kein Wunder, dass sie sich für den Mittelpunkt des Globus halten. Dass der Nabel der Welt, rein touristisch gesehen, eigentlich der Eiffelturm ist, schmerzt wie ein Stein im Sneaker.

Wenn ich mir ein Traumland basteln dürfte, würde ich das kalifornische Wetter wählen, die Weite des Yosemite Parks, das texanische Barbecue und die Innovationskraft des Silicon Valley – aber eben auch die skandinavische Sozialversorgung, den deutschen Umweltschutz, die asiatische Weisheit, den Merlot der Franzosen und die Genussfreude der Italiener.

Der Drang, überall Nummer 1 zu sein, ist historisch gewachsen und in Amerika stärker ausgeprägt als in anderen Nationen. Ja, er definiert das amerikanische Selbstverständnis.

Nie machte die TV-Serie *The Newsroom* mehr Schlagzeilen als mit der Episode, in der der Protagonist, *Newsroom*-Moderator Will McAvoy (gespielt von Jeff Daniels), bei einer Podiumsdiskussion von einer Studentin gefragt wird, was Amerika zum großartigsten Land der Welt macht. Die anderen Panelisten bieten die üblichen Schlagworte: Freiheit, Vielfalt, Chancen.

Aber Will McAvoy, optisch die amerikanische Fernsehversion von Claus Kleber, setzte zu einer Tirade an, die in ganz Amerika zu erhitzten Diskussionen führte: »Wir sind nicht die großartigste Nation der Welt. Wir sind Nummer 7 in Alphabetisierung, 27 in Mathe, 22 in den Wissenschaften, 49 in der Lebenserwartung, 178 in Kindersterblichkeit, 3 im

Haushaltsdurchschnittseinkommen, 4 in der Arbeitskraft und ebenfalls 4 in Exporten. Wir führen die Welt nur in drei Kategorien an: der Zahl der eingesperrten Häftlinge, der Zahl der Erwachsenen, die an Engelswesen glaubt, und Ausgaben für den Verteidigungshaushalt.«

Mit der Freiheit, der Vielfalt und den Chancen ist es also nicht wirklich so weit her. Ach, gab das einen Aufschrei! Ein Amerikaner (wenn auch nur ein fiktiver im Fernsehen) hat es gewagt, Amerika nicht für die großartigste Nation der Welt zu halten! Ein Skandal!

Dabei gibt es eine ganze Reihe von Disziplinen, in denen Amerika tatsächlich ganz weit vorne liegt. Superlative? Gibt es hier im Überfluss. Hier sind zehn Disziplinen, in denen Amerika einsame Spitze ist.

Der amerikanische Zehnkampf

1. Amerika ist derzeit immer noch die größte Volkswirtschaft der Welt (jedenfalls wenn man das Bruttoinlandsprodukt als Maßstab nimmt), außerdem leben hier die meisten Milliardäre. Derzeit sind es 585. (China, Russland und Deutschland folgen auf Rang 2 bis 4.)[6]
2. Aus Amerika stammen die größten Konzerne und die bekanntesten Marken der Welt: Google (Alphabet), Apple, Exxon, Microsoft, McDonald's, Coca-Cola. Und die meistbesuchten Webseiten: Google, Facebook, YouTube, Yahoo.
3. Bei der Olympiade 2016 in Rio wieder die meisten

Medaillen gewonnen? Check. Wer schwimmt am schnellsten? Die Amis, jedenfalls in Goldmedaillen.

4. Nirgendwo gibt es mehr Tornados (mehr als 1000 pro Jahr).

5. Amerikaner sind auch Weltmeister im Fernsehen. (Amerikaner gucken 293 Minuten pro Tag, damit schlagen sie die Deutschen um mehr als eine Stunde.)

6. Das führt direkt zu Übergewicht: Die Amis sind die Dicksten (Deutschland liegt abgeschlagen auf Platz 14).[7] Mehr als zwei Drittel der Amerikaner (70,7 Prozent) sind übergewichtig und schon 17 Prozent der Kinder. Die Amerikaner machen sich zwar gerne darüber lustig, dass die Deutschen das Bier aus Maßkrügen trinken, aber die überdimensionalen Colabecher in den USA sind deutlich größer.

7. Dass Amerika mehr Geld für den Militärhaushalt ausgibt als die nächsten fünf Staaten zusammen,[8] mag direkt damit zusammenhängen, dass die Amerikaner auch das ängstlichste Volk der Welt sind.[9] Fast jeder fünfte Ami hat mindestens einmal im Jahr so gravierende Angstzustände, dass Psychiater sie als klinisch bezeichnen würden.

8. Vielleicht deshalb rüsten die Amerikaner auch zu Hause auf. Amerika hat mehr Waffen (88 Waffen pro 100 Einwohner)[10] und gleichzeitig mehr Waffentote als jedes andere Land der Welt. Dies wiederum bringt mehr Menschen ins:

9. Gefängnis. Land der Freiheit? Kein Land sperrt mehr Menschen ein als die USA.[11] Im Augenblick sitzen dort 2,2 Millionen Menschen im Knast – viermal so viel wie in

China oder Russland. Das liegt nicht wirklich daran, dass in Amerika viermal so viele Verbrechen begangen werden, sondern an den drakonischen Strafen, die auch für Bagatelldelikte verhängt werden. So stellen die Vereinigten Staaten zwar nur fünf Prozent der Weltbevölkerung, aber ein Viertel der Häftlinge weltweit.

10. Was bleibt einem da anderes übrig, als zum Hochprozentigen zu greifen? Niemand gibt mehr Geld für Scotch aus als die Amerikaner.[12] Nach der Wahl von Donald Trump zum Präsidenten stieg der Alkoholkonsum noch einmal sprunghaft an, vor allem an den Küsten.

Wenn man all diese Rekorde zusammennimmt, erklärt sich prächtig, warum Amerika auch den schönsten, besten, tollsten Präsidenten wählte. Trump tut so, als sei er der Reichste, schwimme in Geld, habe die »besten Worte«, die »beste Gesundheit«; er wurde durch seine Fernsehserie weltberühmt und will Amerika weiter aufrüsten. Trump wirbelt wie ein Tornado durch die USA, seine wichtigste Strategie ist die Angstmache – und man braucht viel Scotch, um ihn sich schön zu trinken.

2. Willkommen im Land der Freien und Tapferen!

Gesichter von amerikanischen Immigranten

In diesem Kapitel wird enthüllt,

- Warum der amerikanische Staat 178 Fingerabdrücke von mir hat
- Warum Sie Ihre Kleidung am besten gleich zerwühlt in den Koffer werfen, bevor Sie zum Flughafen fahren
- Was Sie bei der Einreise auf keinen Fall machen dürfen

Bitte nicht lächeln!

Die überbordende Freundlichkeit der meisten Amerikaner wird mühelos wettgemacht von der Unfreundlichkeit der Einwanderungsoffiziere. Die haben irgendwie den Grundkurs in Höflichkeit geschwänzt und behandeln jeden, der es wagt, sich ihnen auf zwei Metern zu nähern, von vornherein wie eine akute Bedrohung. Das Assessment-Center der Einreisebehörden möchte ich sehen: Dort scheint ein grimmiger Gesichtsausdruck das wichtigste Einstellungskriterium zu sein. Besonders stark herabhängende Mundwinkel werden mit Extraboni prämiert. Dem Rest wird das Lächeln chirurgisch entfernt.

Sogar im internationalen Vergleich schneiden die Amerikaner bei der Einreise mit Abstand am schlechtesten ab. Das konnte ich in Eigenerfahrung überprüfen, denn ich bin natürlich nicht gleich Hals über Kopf mit Hab und Pack in die Staaten gezogen. Meine Familie, meine Redaktionen und meine Coaching-Firma sind weiterhin in Deutschland, deshalb pendle ich oft zwischen München und Los Angeles. Seither kenne ich die Ankunftshallen der Flughäfen in MUC, LAX und einige dazwischen wie meine Jackentasche.

Ich erinnere mich mit Schaudern an den Multi-Nationen-Vergleich, den ich dank eines Lufthansa-Streiks unfreiwillig durchführte, als die Direktflüge von München nach Los Angeles annulliert wurden. Also Billigflug von München mit

Zwischenlandungen in Frankfurt und London Heathrow auf dem Weg nach Los Angeles, Panoramarundreise durch die Temperamentsunterschiede dreier Länder gratis mit inbegriffen.

In MUC waren die Sicherheitsleute professionell, in FRA gehetzt, in LHR geriet ich an ein Team extrem sympathischer Frauen, die wie Comedians bei dem Massenandrang erst zu Hochform aufliefen. Die Heathrower Sicherheitsdame bot mir lachend eine Rückenmassage an, während sie mir die Rückseite abtastete, quetschte zweimal wie eine professionelle Masseuse meine verspannten Schultern, und als ich ihr für ihre Herzlichkeit ein Kompliment machte, lächelte sie zurück und sagte: »Wir wissen ja selbst, dass diese ganzen Sicherheitskontrollen für Reisende lästig sind, also versuchen wir wenigstens, die Prozedur so angenehm wie möglich zu gestalten.« Kudos! Ich meine: *Great!*

Aber sobald man amerikanischen Flughafenboden betritt, verflüchtigt sich der Humor schlagartig.

(Tipp einer viel fliegenden Viel-Leidenden: Vermeiden Sie eine internationale Zwischenlandung in Amerika wie die Pest. Buchen Sie nie, nie, nie eine Zwischenlandung an einem gigantischen amerikanischen Drehkreuz wie Charlotte, Philadelphia oder Boston auf dem Weg zu Ihrer Endstation. Sie müssen nämlich auch bei einer Zwischenlandung aus dem Ausland kommend Ihr ganzes Gepäck aufsammeln und es meilenweit über endlose Flughafengänge durch Zoll und Sicherheitskontrollen schleppen, bevor Sie es wieder einchecken dürfen. Sie werden bei diesem Gepäck-Marathon im Halbschlaf um drei Uhr morgens mehr schwitzen, als hätten Sie den berüchtigten Ironman auf Kauai absolviert. Glauben Sie's mir, probieren Sie's bloß nicht aus!

Es ist übrigens auch völlige Zeitverschwendung, Ihr Fluggepäck fein säuberlich zu packen, die T-Shirts auf Kante zu legen und die Blusen zu bügeln, denn die amerikanischen Flugbehörden durchwühlen Ihre Koffer sowieso. Sparen Sie sich die Zeit! Schmeißen Sie einfach alles drunter und drüber in den Sack. Das kommt bei der Ankunft auf das Gleiche hinaus.)

Die USA haben inzwischen die treuherzigen grünen Einreiseformulare abgeschafft, die bisher ganz direkt fragten: »Sind Sie ein Terrorist?« Merkwürdigerweise haben Terroristen trotz des einfachen Multiple-Choice-Formats darauf Jahrzehnte lang nicht ehrlich geantwortet. Inzwischen muss man nur noch versichern, dass man kein Obst, keine Milch, keine Samen und keine Tierprodukte einführt, denn damit könnte man ja die kontaminierte amerikanische Landwirtschaft noch weiter kontaminieren. Ein uniformierter Beagle in der Ankunftshalle wird die bayerischen Weißwürste attackieren, die Sie für Tante Clarita eingepackt haben.

Auch hat sich inzwischen hoffentlich herumgesprochen, dass selbst ironisch gemeinte Anspielungen auf versteckte Bomben im Handgepäck mit Verhaftung, stundenlangem Verhör und saftigen Geldstrafen geahndet werden. Ein bombiger Scherz kostete einen Arzt am Flughafen von Miami 90.000 Dollar.[13] Also Obacht: Machen Sie im Flughafen keine Witze! Über gar nichts, aber am wenigsten über den Sprengsatz in Ihrem Koffer.

Willkommen fühlt man sich am Flughafen trotz der Willkommensschilder noch lange nicht. Sie klettern also nach zwölf Stunden Holzklasse wie geschreddert aus der Lege-hennenbatterie, wackeln schlaftrunken kurz nach Mitter-nacht in eine lange Schlange, freuen sich schon darauf, die ersten Palmen zu sehen, und werden stattdessen am Schalter unsanft von einem militärischen Kommandoton geweckt: »Was wollen Sie hier?!« Das frage ich mich in einem solchen Moment schlagartig selbst.

Jetzt kommt das volle Programm: Fingerabdrücke – nein, den Daumen fester auf die Maschine drücken, dann den Zeigefinger nach links –, jetzt bitte trotz der rot gequollenen Economy-Class-Augen direkt in die Kamera starren für die *Mug Shots*, nein, nicht lächeln – und so weiter. ICH SAGTE: NICHT LÄCHELN!!!, brüllt es, und man fragt sich, ob die Maschine wohl noch am Gate steht und man damit einfach wieder zurückfliegen könnte.

Die amerikanischen Einwanderungsbehörden halten Un-freundlichkeit für ein probates Mittel, Terroristen (und Tou-risten) abzuschrecken. Ich habe viele Freunde, die sich über die rabiate Behandlung so geärgert haben, dass sie nicht mehr nach Amerika reisen. Das gilt für die Müllers und Haberls, aber ganz besonders für meine Freundin Martina, die einen Deutschen mit dem arabischen Nachnamen Abadi geheiratet hat. Trotz deutscher Pässe sind die beiden noch nie unter mindestens vier Stunden Kreuzverhör aus einem amerikanischen Flughafen gekommen.

Aber auch für Lieschen Schmidt-Kunz gilt: Beim kleins-ten Fehler wird man zur Mücke gemacht. Das fehlerlose Be-wältigen der Flughafenkontrollen ist indes gar nicht so leicht, denn jeder amerikanische Flughafen handhabt die Bestimmungen ein wenig anders. Bei manchen muss man für die Sicherheitskontrolle den Laptop aus der Tasche nehmen, bei anderen nicht. Bei manchen muss man alle Flüssigkeiten wegschütten, bei anderen nicht. Bei manchen darf man Schuhe und Jacke anlassen, bei anderen muss man sich bis auf das Unterhemd ausziehen. Aber wehe, Sie können nicht hellsehen!

Deshalb hier der Vorschlag: Sehen Sie's gelassen! Nehmen Sie's sportlich! Als Hindernisparcours auf dem Weg in das Land der begrenzten Unmöglichkeiten.

Sosehr ich meinen eigenen Rat beherzigen möchte, das gelingt mir leider selbst nicht immer.

Meine Amerikanisierung vollzog sich schrittweise zuerst mit einem Touristen-, dann mit einem Journalisten-, schließlich mit einem Professorenvisum. Nach der Heirat mit meiner amerikanischen Liebe beantragte ich eine Green Card. Ich erspare Ihnen die erbärmlichen Details, aber im Schnelldurchgang: Dazu gehören mehrere persönliche Interviews, das Ausfüllen Dutzender detaillierter Formulare, das Beibringen von 495 Seiten Dokumentation inklusive Kontoauszüge der letzten Jahre, Steuererklärungen, persönliche Fotos, Bluttests und natürlich Fingerabdrücke, viele, viele Fingerabdrücke, immer wieder neue Fotos, das Überweisen von 850 Dollar, das neuerliche Überweisen von 450 Dollar, die abermalige Überweisung von 120 Dollar und so weiter. Habe ich die Fingerabdrücke schon erwähnt?

Trotz all dieser Berge an Privatdaten, die auf den Computern der Einreisebehörden inzwischen Gigabytes einnehmen:

Nachdem man den Antrag auf die Green Card gestellt hat und während man auf die Genehmigung wartet, die immerhin ein Jahr Bearbeitungszeit in Anspruch nimmt, darf man nicht einfach wie ein beliebiger Tourist ein- und ausreisen. Ich muss für die Rückreise nach Deutschland extra eine Genehmigung beantragen, komplett mit Brief vom deutschen Verlag, in dem mein Verleger beim Leben seiner Mutter schwört, dass meine Anwesenheit bei der Buchpremiere unabdingbar ist. Allein die Begründung, meine Eltern möchten gelegentlich ihre einzige Tochter umarmen, würde nicht reichen. Die Aus- und Einreisegenehmigung kann man nicht etwa online beantragen, per Post oder per Telefon, sondern nur mit einem persönlichen Vorstellungsgespräch in Downtown L.A. Am nächsten Tag darf man noch mal zwei Stunden im Stau und drei in der Schlange stehen, um sich die bewilligte Genehmigung wieder abzuholen. Also zwei volle Tage für den Versuch, zwei Wochen in die Heimat zurückzukehren.

Nach der Buchpremiere in München werde ich bei der Wieder-Einreise nicht nur fotografiert, wie immer, sondern ein besonders bulliges Exemplar in schwarzer Ausrüstung mit Maschinengewehr fasst mich unsanft am Ellbogen, um mich vom Schalter wegzuziehen. »Wohin bringen Sie mich?«, frage ich überrascht.

»Nach Disney-Land!«, knurrt der Terminator in einem Ton, der klingt wie: Next Stop Guantanamo.

Aber diesmal habe ich doch alle Formulare lange vorher ausgefüllt, war zweimal beim persönlichen Vorsprechen, habe alle Stempel. Ich bin nicht vorbestraft, habe einen

Doktortitel und bin so amerikanisiert, dass ich dem Offizier die Nationalhymne auswendig vorsingen könnte (»Land of the Free-eee, Home of the Braaa-aave!«). Es nützt alles nichts. Er führt mich in einen mit Sicherheitsglas verstärkten Raum, in dem schon die anderen Pechvögel auf unbequemen Stühlen hängen: Eine Iranerin argumentiert, sie werde der Todesstrafe ausgeliefert, wenn man sie zurückschicke. Eine nepalesische Mutter von vier Kindern weint sich die Augen aus, weil an ihrem Visum ein Stempel fehlt. Zwei Stunden lang werde ich Zeuge, wie Polizisten Fragen schmettern und Menschen zitternd, weinend und verzweifelt um Verständnis flehen.

In dieser Zeit tigert mein Schatz am Flughafeneingang auf und ab und fragt sich, ob ich mir die Sache mit der Ami-Ehe wieder anders überlegt habe. »KEIN HANDY!«, ruft der Wachmann bei jedem meiner Versuche, unverdächtig ein Rauchzeichen an die Außenwelt zu schicken.

Wann genau bin ich zur Verbrecherin geworden? Was habe ich verbrochen? Brauche ich einen Anwalt?

Erst in der Woche zuvor wurde ein deutscher Autor, der zu einem Kongress wollte, in New York an der Einreise gehindert und musste auf eigene Kosten wieder zurückfliegen – bis heute weiß er nicht warum. Vielleicht, weil er eine Petition für den Whistleblower Edward Snowden unterschrieben hatte? Ich habe schon alle möglichen Petitionen unterzeichnet, das kann ja heiter werden. Es ist wie bei Kafka: Man weiß nicht, was man ausgefressen hat, aber an der Reaktion aller Uniformierten ist klar, dass es etwas ganz Schlimmes sein muss.

Endlich, nach zwei Stunden werde ich aufgerufen. Der Offizier hinter der schusssicheren Glasscheibe grüßt weder mit dem üblichen »Hallo« noch »Wie geht's?«, sondern brummt nur ein einziges Wort: »Sozialversicherungsnummer!«

Damit habe ich nicht gerechnet. Ja, ich habe inzwischen durch meine temporäre Green Card eine neunstellige Nummer, aber keinen blassen Schimmer, wie die lautet. Da könnte er mich foltern, selbst unter Androhung der Todesstrafe würde mir die nicht einfallen. Ich bin ja schon froh, wenn ich mir meine Handynummer merken kann.

»Keine Ahnung!«, sage ich, überrumpelt von der Frage.

Sein Gesicht verfinstert sich: »Woher soll ich dann wissen, wer Sie sind?«

Na, möchte ich sagen, weil Sie von mir 58 Einreisefotos, 178 Fingerabdrücke, einen Pass, einen Personalausweis und einen Führerschein gespeichert haben, dazu alle drei E-Mail-Konten, meine sämtlichen Kontonummern in Deutschland und Amerika, meine Handy- und Festnetznummern, außerdem meinen Impfpass, und Sie könnten mir mehr über meine Reiserouten der letzten zehn Jahre erzählen als ich Ihnen selbst. Ihre Verwaltung hat meine Privatfotos aus dem letzten Strandurlaub, Schnappschüsse von meinen Flitterwochen, ein Blutbild, die vom Arzt beglaubigten Eckdaten der wichtigsten Kinderkrankheiten (Mumps mit drei, Masern mit vier), und Sie haben doch sicher auch schon meinen Facebook-Account gecheckt, oder?

Wenn er mich damit nicht identifizieren kann, ist ihm nicht zu helfen. Oder mir.

Selbst in der Militärdiktatur von Burma waren sie bei der Einreise freundlicher. Es explodiert wirklich kein Sprengsatz, wenn einer mal die Mundwinkel hebt.

»Hier muss jeder seine Sozialversicherungsnummer auswendig kennen!«, belehrt er mich in einem kaltschnäuzigen Ton.

Ich nicke brav. »Sorry, Sir, klar, tut mir leid.«

Das vielleicht Wahnsinnigste an der ganzen Tortur ist, dass man die Green Card auch einfach in der Lotterie gewinnen könnte. Jedes Jahr verlost Amerika 50.000 Green Cards! Im Ernst! Einerseits veranstaltet die Einwanderungsbehörde einen Bürokratiewahnsinn, an dem sich die geduldigsten Buchhalter die Manschettenknöpfe ausbeißen, und dann schmeißen sie die restlichen Visa einfach in einen Lostopf!

Alternativ kann man sich auch einfach ein Visum kaufen. »Haben Sie eine halbe Million?«, fragte mich eine Einwanderungsanwältin bei unserer ersten Konsultation.

»Äh, nein, wieso?«, entgegnete ich verdutzt.

»Na, dann könnten Sie hier investieren und kämen ganz einfach rein. Das machen vor allem viele Chinesen so.« Aha. »Haben Sie vielleicht wenigstens 100.000 Dollar?«, bohrte die Anwältin nach. Damit könne man es auch versuchen. Leider nein. Kapitalismus muss man sich leisten können.

Und so wanke ich vier Stunden nach meiner Landung schließlich mit verklebten Haaren und Augenringen wie Güllegruben in die Ankunftshalle, meinem aufgelösten Darling in die Arme.

Willkommen in Amerika! Dem Land der Freien und der Heimat der Tapferen. Frei? Na ja. Aber tapfer muss man schon sein, um sich durch den Einwanderungsdschungel zu schlagen.

Doch ich schwöre: Die Tortur lohnt sich. Amerika ist *great*! Ab der Ankunftshalle werden die Amerikaner viel freundlicher, versprochen!

3. Reisen: Ride Like the Wind

Der Traum: Einmal die Route 66 auf der Harley

In diesem Kapitel erfahren Sie,

- Wie ich mit Mick Jagger einmal so richtig in Fahrt kam
- Was Sie tun müssen, um einem happigen Strafzettel zu entkommen
- Warum Parken schlimmer ist als im Stau stehen
- Bonus: Wo Michelle Obama mit Missy Elliott rockt

Never Stop

Plötzlich liegt sie vor mir, die Versuchung: eine frisch geteerte Landstraße in den Erdbeerplantagen zwischen Los Angeles und Santa Barbara, schnurgerade Strecke, bis auf die nagelneuen, glänzenden Markierungen noch unbefleckt. Ich allein im Auto, freie Sicht, keine anderen Autos am Horizont, keine Fußgänger. Mick Jagger feuert mich aus dem Autoradio an: *Start me up!* Hey, Mick, jetzt schauen wir mal, was der Mietwagen drauf hat, oder?

In Amerika gibt es keinen Meter Asphalt ohne Geschwindigkeitsbegrenzung. Das ist auch gut so, denn die vielen Schlaglöcher verwandeln jede Landstraße in eine Achterbahn. Aber nach all diesen Monaten im Stau und den wenigen Glücksmomenten, wenn sich das Meer aus Bremslichtern mal so weit lichtet, dass ich auf Ortsgeschwindigkeit beschleunigen darf, juckt der Gasfuß auf dem Rückweg vom Workshop in Ojai, gleich nach der Autobahnausfahrt von der chronisch verstopften 101. Mal ausprobieren, was geht? Wie schnell der BMW beschleunigt? *Mean machine,* röhrt Mick, *kick on the starter, give it all you've got.*

Ich bin nun mal in Deutschland aufgewachsen und zu einer Zeit zwischen Köln und München gependelt, als ganze Autobahnen noch regelrechte Rennstrecken waren, auf denen man richtig Gas geben durfte. Ohne Geschwindigkeitsbegrenzung. Das liegt mir in den Genen, dafür kann ich nix.

Jetzt habe ich 228 Pferdestärken unter dem Hintern, der

X1 gibt Gas wie ein junger Rolling Stone. 100, 120, 140 ...
Mick Jagger stöhnt: *Ride like the wind, at double speed.* Mick
und ich waren immer schon ein gutes Team. Moment mal!
War das ein Cop am Straßenrand? Mist, Tatsache, das war
ein Sheriff! Im Rückspiegel sehe ich, wie er zurücksetzt, wendet und die Verfolgung aufnimmt. Wäre verführerisch, jetzt
einfach noch mehr Gas zu geben (*never stop, never stop ...*
Mick, du alter Brite), aber ich will ja nicht im Live-TV landen
und schon gar nicht im Straßengraben. Lieber gleich gute
Führung zeigen und bremsen, dass die Reifen quietschen.

»Ma'am!«, herrscht mich der bullige Cop mit grimmiger
Miene an, als bewerbe er sich bei *Police Academy 2.* »Wissen
Sie, wie schnell Sie gefahren sind?«

Please don't make a grown woman cry ... Ich klimpere mit
großen Augen und betoniere meine Antwort mit dem dicks-
ten deutschen Akzent. »Siiiiir, war ich etwas zu schnell?!«
Mein Charme prallt an der Cop-Uniform ab wie Jagger beim
Stage-Bouncing. *Every cop is a criminal,* das weiß ich von
Mick.

»160 km/h!«, knurrt der Bulle. Erlaubt sind 80. Herrje, das
wird teuer! »Führerschein! Versicherungsnachweis!«, bellt er.

Während der Sheriff zurück zu seinem Auto geht, um
mich zu überprüfen, google ich kurz, was mich der rasante
Spaß kosten wird. Google sagt: etwa 2.000 Dollar, Führer-
scheinentzug, Fahrschule und bis zu sechs Monate Gefängnis. Beim heiligen Christophorus, Schutzpatron der Autofahrer, da hört der Spaß auf! Der Sheriff hat inzwischen
herausgefunden, dass ich keine Serientäterin bin: keine Vor-
strafen, bisher keine Strafzettel. »Wie teuer wird das?«, flüs-

tere ich ängstlich, nun eher verschwitzter Roadie als Rockstar, aber der Cop händigt mir nur eine Vorladung aus und brummt: »Das sehen wir dann vor Gericht.«

Als ich beim Workshop am nächsten Tag von meinem Missgeschick erzähle, erwarte ich Mitleid, vielleicht einen Anflug von Schadenfreude, schließlich habe ich mir das Schlamassel selbst eingebrockt. Ich rechne nicht mit der gelassenen, kurzen Antwort meiner Workshop-Teilnehmer: »Ist doch kein Problem, noch nie von der *Ticket Clinic* gehört?«

Wie bitte, es gibt eine Klinik für Strafzettel? Kann ich mich da in die Notaufnahme einliefern lassen?

Eine kurze Recherche ergibt: Es gibt nicht nur eine Klinik, es gibt Hunderte. *Ticket Clinic, Ticket Crushers, Traffic Ticket Superheros*, das scheint ein boomender Markt zu sein.

Ich rufe an, überweise achtzig Dollar und bekomme eine vierzehnseitige, eng beschriebene Verteidigungsschrift zugeschickt, die ich ausfüllen und an das Gericht weiterleiten soll. Darin liste ich alle entlastenden Umstände auf (Ersttäterin, trockene Straße, niemanden gefährdet), aber das Hauptargument macht mich sprachlos: Der Sheriff, sagt mein Verteidigungsantrag, war unfähig, seine Instrumente richtig zu lesen.

Das geht niiiiie durch, denke ich. Für wie blöd halten die den Richter? Wenn in Deutschland einem Autofahrer keine bessere Ausrede einfällt als den Polizisten für dumm zu erklären, würde ich als Richter die Strafe wegen Uneinsichtigkeit erst recht verdoppeln. Das muss ein Internetschwindel sein, auf den nur Idioten wie ich reinfallen. Aber gut, was habe ich zu verlieren? Sechs Monate Gefängnisboden schrubben klingt gar nicht gut. Also schicke ich den Antrag an das Gericht: Der Cop war unfähig.

(Hier eine dringende Durchsage an alle aktiven Leserbrief-Schreiber: Ja, Sie haben völlig Recht! Rasen ist dämlich und gefährlich. Dafür gehöre ich bestraft, mindestens mit einem saftigen Denkzettel, das finde ich auch. Aber jetzt mal ganz ehrlich, wer von Ihnen noch nie zu schnell gefahren ist, der werfe den ersten Strafzettel in meinen Briefkasten!)

Nach zwei Wochen kommt die Antwort vom Gericht. Ich kann es nicht glauben: Das Verfahren ist eingestellt, der Gerichtstermin abgesagt. Meine Strafe: Zero, nullinger, gar nichts. Keine Punkte in der Strafkartei, kein Eintrag ins Sündenregister. Das Geheimnis: Die Gerichte sind einfach zu überlastet, um sich mit jedem Geschwindigkeitsverbrecher anzulegen.

Mick hat Recht: *And all the sinners are saints.*

Der längste Parkplatz der Welt

Nun bauen die Amis ja wunderbare Gefährte: Seit ich auf einer Enfield durch Indien ritt, träume ich davon, die klassische Route 66 auf einer Harley zu genießen. Ich habe fest vor, die amerikanischen Nationalparks in einem Airstream zu erobern, also in einer der klassischen Aluminiumkugeln, die Wohnwagen richtig cool aussehen lassen. Und sobald Elon Musk seine Batterien optimiert hat, kaufe ich mir einen selbst fahrenden Tesla, der mich durch den zwölfspurigen

Wahnsinn von L.A. kutschiert, während ich lässig auf meinem Laptop eine neue Kolumne tippe. Oder ich melde mich gleich bei Musk zum Marsflug an: Das ist dann der Gipfel des amerikanischen Höhenflugs, die ultimative Beschleunigung.

Denn das ist ja die Crux an der amerikanischen Begeisterung für Motoren: Zwar kann man stunden-, ach was, tagelang auf schnurgeraden Straßen durch endlose Landschaften in North Dakota oder Montana cruisen, ohne einer Menschenseele zu begegnen, das liegt aber daran, dass sich all diese Millionen Menschen in den Metropolen ballen. Der Grund, warum die frisch geteerte Landstraße hinter Ojai so einladend leuchtet, ist, dass selbst die Highways eher Standplätze sind.

Gerade Los Angeles hängt am Tropf der Einfallstraßen wie ein Alkoholiker am steten Zufluss von Hochprozentigem. 281.000 Autos rollen jeden Tag allein über die Interstate 405. Wenn Sie in Deutschland im Stau stehen und fluchen, dass Millionen andere Deutsche auch an genau den gleichen Tagen ins Grüne/in den Süden/nach Hause wollen, dann habe ich einen Tipp für Sie: Besuchen Sie mich mal in Los Angeles. Danach werden Sie das bisschen Verkehr zu Hause entspannt beiseitemeditieren.

Los Angeles hat nämlich gerade den ersten Platz gewonnen: Wir sind offiziell die amerikanische Stadt, in der es am meisten Stau gibt. Juchu! Stau-Spitzenreiter! Eine Studie vom Institut Inrix hat uns zu den unangefochtenen Siegern erklärt: Jeder Angelino steht pro Jahr 104 Stunden im Stau. Fernsehkomiker Stephen Colbert warnte gar, stillende Mütter seien so gefährdet, ihre Muttermilch könne im *Carma-*

geddon zu Joghurt gerinnen. Die Stadt der Engel mag Erd-beben, Feuersbrünste und Schwarzeneggers Gouverneurszeit überlebt haben, scherzte Colbert, aber nichts löse so viel Furcht aus wie die drohende »Carpokalypse«.

Mit dieser Statistik schlagen wir Moskau (91 Stunden), New York (89 Stunden) und San Francisco (83 Stunden).[14] Ich denke, dass wir damit auch im internationalen Vergleich erstklassig dastehen. (Das meine ich ganz unironisch.)

»Nobody walks in L.A. – Niemand geht in L.A. zu Fuß«, rockte die Band Missing Persons schon in den Achtzigerjah-ren. Los Angeles hat es geschafft, auf 18 Millionen Menschen anzuwachsen, ohne ihnen ein funktionierendes öffentliches Nahverkehrsnetz anzubieten. Alle Versuche, ein vernünfti-ges U- oder S-Bahn-Netz zu errichten, haben die Bentley fahrenden Grundstücksbesitzer von Beverly Hills und Brent-wood mit ihren Scheckbüchern verhindert. Das ist das haus-gemachte *Carma* der Amerikaner: Sprit tanken bis zum Um-fallen, Gas geben bis zum totalen Stillstand.

Der 405 (»*Four-Oh-Five*« sagen die Einheimischen, alle Freeways sind hier nach Zahlen benannt) ist die andere chronisch verstopfte Ader, die L.A. täglich den Verkehrs-infarkt beschert. Statt der normalen Valentinskarten werden hier romantische Karten mit dem ultimativen Liebesbekennt-nis verkauft: »Für dich, mein Schatz, würde ich mich nach-mittags um fünf auf den 405 wagen!« Mehr Herzblut geht nicht.

Wer Spitzenreiter im Stau ist, der hat natürlich auch beim Parken den Bogen raus.

Mein erstes Konzert in der Hollywood Bowl war ein umwerfend beeindruckendes Erlebnis, nicht nur weil Lady Gaga eine grandiose Bühnenshow hinlegte, sondern weil ich keine Ahnung hatte, wie in Los Angeles Parken geht: In das Open-Air-Theater passen 17.000 Besucher, von denen die meisten mit dem Auto kommen. Um diese Autos alle unterzubringen, werden riesige Betonwüsten geöffnet, in denen man für zwanzig Dollar parken kann. Je dichter, desto besser. Nein, nicht wie in Deutschland mit markierten Stehplätzen und Durchfahrten: Jeder parkt Seitentür an Seitentür, Kotflügel an Kotflügel, Stoßstange an Stoßstange. Damit mehr reinpassen. Die Genialität dieser Methode erschließt sich einem erst am Konzertende: Wenn nämlich alle gleichzeitig aus der einzigen Ausfahrt wollen. Und wenn der Vordermann, der einen eingeparkt hat, beschließt, statt zum Auto erst noch auf drei Absacker in die Bar zu gehen, stehen Sie da nachts auf dem Parkplatz und kommen bis um zwei Uhr morgens nicht weg. Dafür können Sie dann beim Warten noch mal drei Stunden Gaga im Autoradio hören. Und gaga werden.

Kein Wunder, dass Fahrdienste wie Uber hier so erfolgreich sind. Denn allein die Parkgebühr ist meistens teurer als der Uber-Tarif. Denken Sie daran, bevor Sie in Deutschland einen Falschparker als Nachtwächter beschimpfen. Der Wahnsinn hat in Amerika Methode. Zusammen sind die Amis im letzten Jahr acht Milliarden Stunden im Stau gestanden. Genau, Sie sehen die Dimension: In der gleichen Zeit fahren die Deutschen acht Millionen Mal nach Italien.

In dem Sinne: Gute Fahrt! Wir sehen uns dann auf dem Mars.

Carpool-Lane

Als ich das erste Mal in Amerika auf den Highway fuhr, tauchte prompt ein Schild mit einer Raute auf, das ich noch nie zuvor gesehen hatte: CARPOOL – TWO OR MORE PERSONS.

Keinen blassen Schimmer, was das bedeuten sollte. Bis mich eine Amerikanerin aufklärte: Das war früher mal die Busspur. Auf dieser Spur dürfen heute nur Autos fahren, in denen zwei oder mehr Personen sitzen. Babys zählen auch, mein Border Collie leider nicht. Es gibt auch die HOV 3, das heißt *High Occupancy Vehicle Lane* für mindestens drei Menschen im Auto. Die Idee, die dahintersteckt, ist richtig gut, denn mehr als drei Viertel der Pendler fahren allein zur Arbeit. Mit der Extraspur, die in der Regel weniger verstopft ist, sollen Autofahrer motiviert werden, Fahrgemeinschaften zu bilden, damit nicht jeder solo Sprit verbraucht.

Die Carpool-Lane ist inzwischen eine so etablierte Institution, dass sie sogar einen Ehrenplatz im Fernsehen erhielt. Der Late-Night-Comedian James Corden tut jede Woche so, als bräuchte er dringend einen Beifahrer, und sammelt dann Promis wie Michelle Obama, Adele oder Justin Bieber am Straßenrand auf, um mit ihnen gemeinsam das Autoradio auf volle Lautstärke zu drehen und richtig abzurocken. Die ehemalige First Lady rappte »Get Ur Freak On!« mit Missy Elliott, Jennifer Lopez flirtete mit Leonardo diCaprio, und Stevie Wonder rührte James Corden zu Tränen, als er James' Frau anrief, um zu singen: »Just called to say James loves you.« Absolut sehens- und hörenswert![15]

Richtig verwirrend ist, dass die Beschreibung der »Carpool« streng genommen nicht stimmt, denn »Carpool« heißt ja Fahrgemeinschaft, bestehend eben aus *two or more persons*. Aber auch Motorradfahrer dürfen die Spur benutzen, Fahrradfahrer und Notärzte, ebenso energieeffiziente Autos mit Sondergenehmigung, selbst wenn nur der Fahrer drinsitzt.

Nicht zu empfehlen: Ausrangierte Schaufenstermannequins, aufblasbare Gummipuppen, Labrador Waldi oder den lebensgroßen Starschnitt von Mick Jagger auf dem Beifahrersitz zu platzieren. Das haben vor Ihnen schon andere vergeblich versucht. Ein besonders smarter Zeitgenosse schnallte seine Firmenlizenz auf dem Beifahrersitz an, weil eine Firma laut Gesetz eine Personifizierung darstellt. Damit kam er vor dem Verkehrsgericht trotzdem nicht durch. Der Vorsitzende Richter entschied, der gesunde Menschenverstand wisse, dass »ein Blatt Papier auf dem Sitz keinen Stau mildert«.

Also: Schließen Sie schnell Freundschaften! Bilden Sie ein Team! Zeugen Sie Kinder!

(Oder nehmen Sie das Rad.)

4. Geschmackssache: Bitte Nachschlag!

Guten Appetit!

In diesem Kapitel wird Ihnen serviert,

- Wo es nicht nur Fast, sondern auch Slow Food gibt
- Welche zehn typisch amerikanischen Gerichte Sie unbedingt probieren müssen
- Warum in Amerika genmanipuliertes Essen nicht gekennzeichnet wird und wie Sie sich trotzdem gesund ernähren können
- Wo Sie im Exil richtig »shunklen« können

Schmeckt's Ihnen?

Natürlich fällt einem zu Amerika als Erstes Fast Food ein, also Essen, das fast Nahrung ist. An jeder Ecke stehen McDonald's, Burger King, Denny's, Wendy's oder irgendein anderer Billigdiner mit Burger, Fritten und Cola. Ich war überrascht zu erfahren, dass McDonald's ursprünglich als innovativer Imbiss im kalifornischen San Bernardino begann und die McDonald's Brüder Richard und Maurice zunächst hochwertige Zutaten aus lokaler Herkunft mit modernster Technik und innovativem Design kombinierten. Sie experimentierten jahrelang, um die luftgetrockneten Kartoffeln knackig zu frittieren, Milchshakes aus echter Milch zu mixen und frisches Rindfleisch von Bauern in der Umgebung im Rekordtempo auf den Grill zu werfen. Das war mal *State of the Art*. Familien gingen zu McDonald's, wenn sie ein gutes, preiswertes Dinner essen wollten. (Übrigens waren Frauen dort als Personal nicht immer erlaubt: Jahrelang wurden nur Männer eingestellt, einige Jahre darauf dann nur verheiratete und möglichst unattraktive Frauen, damit sie nicht vom Essen ablenken.) Erst ein knappes Jahrzehnt später, nachdem die Brüder ihr wachsendes Imperium längst an den Geschäftsmann Ray Kroc verkauft hatten, wurde die Qualitätsware unter den goldenen Torbögen durch das gefrorene Billigfleisch, die vorgefertigten Pulvermischungen und die chemiegeladenen Fritten ersetzt, die aus McDonald's ein extrem ungesundes, aber lukratives Unternehmen machten.

In vielen Orten und Stadtvierteln ist Fast Food das Einzige, was Restaurants anbieten. Tatsächlich nähren sich die Speckröllchen der Amerikaner in erster Linie von Donuts, Keksen und Frittierwaren, die mit Cola und Soda hinuntergespült werden.[16] Darüber kann man sich mokieren, aber viele Amerikaner haben oft schlicht keine andere Wahl. Die amerikanische Gesellschaft ist auch beim Thema Essen viel gespaltener als in Europa: Gesundes Essen, Fitness und eine schlanke Linie sind Statussymbole; die muss man sich leisten können. Allein zwischen 1995 und 2010 hat die Regierung die Grundzutaten der Kalorienbomben – also Mais, Soja, Weizen, Reis, Milch und Fleisch – mit 170 Milliarden Dollar gefördert. Ich bin durch Gegenden gefahren wie in Iowa, in denen man meilenweit nichts anderes sieht als Mais-Monokultur. So bleibt Junk Food billig. Tacos für 99 Cents mögen nicht viel echtes Rindfleisch enthalten, aber ein billiges Familienmenü aus dem Drive-Thru ernährt eine ganze Familie für ein paar Dollar. Der »Team Gulp«-Becher bei Seven Eleven fasst unheimliche 3,8 Liter, mehr als doppelt so viel, wie eine normale Blase verkraften kann. Ähnlich wie früher die Tabakindustrie stecken die Lebensmittelgiganten Millionen von Dollars in den Versuch, die Öffentlichkeit davon zu überzeugen, dass ihre Produkte nicht schädlich sind. (Zum Beispiel hat Coca-Cola allein in den letzten fünf Jahren fast hundert Studien gesponsert, die nachweisen sollen, dass Süßgetränke nicht dick machen.)

Die Regierung empfiehlt zwar, dass wir unsere Teller mit Brokkoli, Spinat und Obst füllen, aber nur ein kleiner Teil der Agrarsubventionen kommt frischem Obst und Gemüse zugute. Benzin, Strom und Burger sind billiger als in Europa, aber frischer Salat und Obst wesentlich teurer. Ich war in Supermärkten in North Dakota und in den ärmeren Vierteln von Los Angeles, in denen sich außer einigen verschrumpelten Äpfeln keine frischen Produkte finden ließen, nur Dosenfutter und Zuckerdrinks, so weit die Regale reichen.

Mein Schatz konnte es kaum fassen, als ich zum ersten Mal Salatsoße selbst machte. Ein Dressing ist nun wirklich das Einfachste der Welt, aber in Amerika scheint das Zusammenrühren von Öl, Essig und Gewürzen eine Heldentat und Grund für einen Heiratsantrag. Als meiner Schwiegerfamilie am Weihnachtstag der Egg Nog ausging, eine Art Eierpunsch, und die Egg-Nog-Kartons in den leeren Supermarktregalen alle ausverkauft waren, machte sich akute vorweihnachtliche Panik breit. Ein Weihnachten ohne Egg Nog ist wie ein Christkind ohne Geschenke. Ich verschaffte mir den Respekt aller Versammelten, indem ich rasch »das beste Egg-Nog-Rezept« googelte und das köstliche Getränk *from scratch* machte, also richtig mit frischen Eiern, Sahne und Rum. Das dauerte exakt fünf Minuten, aber es reichte, um mich in die Hall of Fame meiner Schwiegerfamilie aufsteigen zu lassen: Von meiner unglaublichen Meisterleistung schwärmen sie noch heute. Mir persönlich sind schon die falschen, flüssigen Chemie-Eier aus dem Saftkarton ein Graus, aber dass man etwas selbst anrührt, was es auch fertig zu kaufen gibt, scheint vielen Amerikanern gänzlich undenkbar. Wer die Chemie-Eier nicht will, muss selbst in teuren Restaurants extra darum bitten, dass für das Rührei bitte echte Eier von echten Hühnern aufgeschlagen werden; in den billigen

Ketten stehen solche ausgefallenen Wünsche gar nicht zur Diskussion.

Das heißt aber nicht, dass man in Amerika nicht gut essen kann, im Gegenteil. Denn während McDonald's zum größten Hamburgerkonzern der Welt aufstieg und jeden Tag rund 68 Millionen Kunden bewirtet, entwickelten sich auch Gegenbewegungen wie Slow Food, die den Genuss wieder in den Vordergrund stellen. Metropolen wie New York, Chicago oder Los Angeles wetteifern sowieso um die besten Drei-Sterne-Küchen. Auch der Markt für Bio-Produkte setzt mittlerweile 40 Milliarden Dollar pro Jahr um (verglichen mit den 1,5 Trillionen der »Big Food«-Industrie ein Klacks, aber immerhin). Es ist kein Zufall, dass Michelle Obama als eine ihrer ersten Amtshandlungen nach ihrem Einzug ins Weiße Haus einen Bio-Gemüsegarten anlegte und Bio-Salat zum First-Lady-Thema machte. Und Barack Obama kaufte sich von seinem eigenen Geld ein *Homebrewing Kit*, mit dem er das erste *Craft Beer* im Weißen Haus braute, das *White House Honey Ale*. Auch viele Amerikaner schätzen wieder das Handgefertigte, Handgebraute, von Hand Angebaute. Damit guten Appetit!

Zehn Gerichte, die Sie unbedingt probieren müssen

Am besten essen Sie in Amerika, was frisch ist und in der Gegend vor Ort als Spezialität gilt: *Crab Cakes* in Maryland, Wild-Lachs in Alaska, frische Ananas in Hawaii, Barbecue in Texas, Sauerteigbrot in San Francisco, Muschelsuppe (*Clam*

Chowder) in New England, *Pastrami* im New Yorker Deli, würzigen *Jambalaya*-Eintopf in Louisiana, mexikanische Tacos in Kalifornien. Fast alle diese Gerichte zeigen, dass auch die Kochtöpfe im wahrsten Sinn des Wortes *Melting Pots* sind, in denen sich indigene, europäische, afrikanische, lateinamerikanische und asiatische Ideen (und Gewürze) vermischen. Aber egal wo Sie reisen, hier sind zehn typisch amerikanische Gerichte, die Sie unbedingt probieren müssen, denn sonst können Sie nicht behaupten, Amerika zu kennen:

1. S'Mores

S'More ist eine Abkürzung für »some more«: bitte Nachschlag! Man röste Jumbo-Marshmallows über dem offenen Feuer (Amerikaner nehmen dazu die Drahtkleiderbügel aus dem Kleiderschrank), bis sie fast vom Draht fallen, und klebe sie zwischen zwei *Graham Cracker*, belegt mit Milchschokolade, die dann dahinschmilzt. Sozusagen ein geröstetes Schokoladensandwich. S'Mores verbinden alles, was Amerikaner lieben: Lagerfeuer, Schokolade und Kekse. Wie treffend, dass die von dem presbyterianischen Missionar Sylvester Graham im 19. Jahrhundert erfunden wurden. Mit seiner vegetarischen Diät wollte er Masturbation und andere Übel seiner Zeit bekämpfen. Amerikanischer geht es nicht.

2. Das Erdnuss-Marmeladen-Brot

Der Klassiker. In Deutschland schmiere ich Marmelade oder Nutella auf das Brot, in Skandinavien sind mir Schnitten mit Marmelade auf Schweizer Käse am Büffet untergekommen, aber in Amerika geht kaum ein Kind ohne Erdnussbutter-Marmeladen-Brot zur Schule (»*peanutbutter jelly sandwich*« oder abgekürzt »*PB&J*«). Ganze Generationen von Amerikanern sind mit dieser Mixtur groß geworden. Virgin America hat es sogar im Flugzeug auf der Speisekarte. Das Überraschendste: Es schmeckt nicht einmal schlecht.

3. Soul Food

Die afroamerikanischen Sklaven mussten mit dem vorliebnehmen, was sie selbst fangen konnten oder was ihre Besitzer wegwarfen: Kaninchen, Schweinefüße, Hühnerflügel oder Schlachtabfälle wie Innereien. Dazu billige Magenfüller wie Mais, Reis und Kartoffeln. Das mag zunächst wenig appetitanregend klingen, aber vor allem die Südstaatler zaubern heute daraus mit viel Gewürzen wie Cayenne, Zimt, Muskatnuss (und eben einer ordentliche Prise Soul) wahre Wunder. *Soul Food* wurde mit der Bürgerrechtsbewegung von Martin Luther King weltberühmt, und die Einflüsse der afrikanischen und indianischen Kulturen machen es nur noch interessanter. Vor allem wenn Sie in Virginia, den Carolinas, Tennessee, Mississippi, Kentucky, Georgia, Alabama, Louisiana und Arkansas unterwegs sind, dann suchen Sie sich die Soul-Food-Hütte, vor der die meisten Trucks stehen, und bestellen Keks mit Soße (*Biscuit'n Gravy*), Maisbrot, Rippchen, mit Zucker glasierte Süßkartoffeln und frittierte Maisbällchen (*hushpuppies*). Nein, schlank werden Sie davon nicht, aber wie der Name schon sagt, macht die »Seelenkost« satt, glücklich und zufrieden.

4. Büffelflügel

Natürlich haben Büffel keine Flügel, aber Büffelflügel (*buffalo wings*) findet man praktisch in jedem Restaurant. Eine Barbesitzerin mit dem schönen Namen Teresa Bellissimo in Buffalo, New York, soll als Erste auf die Idee gekommen sein, Hühnchenflügel in scharfem Cayennepfeffer und Butter zu frittieren. Die einzige Stadt, in der sie nicht Buffalo Wings heißen ist … genau, Buffalo! Da nennt man sie *Hot Wings*, heiße Flügel. Erst als Bill Murray in einem Hollywoodfilm versuchte, das *National Buffalo Wing Festival* zu erobern, stellten sie in Buffalo fest, welche PR-Chance sie da verpassen, weil es das Festival gar nicht gab, und gründeten 2002 flugs eins. Insider-Tipp: Wenn Sie es schaffen, mehr als 188 *Hot Wings* auf einmal zu essen, haben Sie Chancen auf den Meistertitel.

5. Corn Dog und sein älterer Bruder, der Hot Dog

Amerika hat zwar nur die Fritten, nicht die Fritteuse erfunden (das waren die Siedler im antiken Mesopotamien, denen wir auch andere bahnbrechende Erfindungen wie die Schrift und das Bier verdanken), aber die Amerikaner kommen auf immer neue Ideen, welche Nahrungsmittel man noch in die Fritteuse werfen kann. Auf einem Volksfest in Texas hatte 1942 ein gewisser Neil Fletcher einen Geistesblitz: Hot Dogs schmecken noch besser, wenn man sie in dickes Maismehl taucht, frittiert und am Stiel isst. So wurde der *Corn Dog* erschaffen. Amerikaner frittieren nicht nur die üblichen Verdächtigen, sondern auch Hamburger, Kekse, ja sogar Cola und Bier. Ein Texaner hat sich sogar die Methode patentieren lassen, Bier (und andere Getränke) in dicken Brezenteig zu füllen und bei fast zweihundert Grad zwanzig Sekunden zu frittieren, damit das Bier zwar heiß wird, aber noch seinen Alkoholgehalt behält. »*Butt Fries*« sind übrigens keine frittierten Hintern, sondern Schweinerippchen auf Fritten. Abnehmen können Sie dann ja später, wenn Sie das Death Valley mit dem Fahrrad durchqueren.

6. Popcorn

Eine weitere antike Erfindung, die den Amerikanern heilig ist: Popcorn. Seit die Ureinwohner in New Mexico 3600 vor Christus entdeckten, dass man Puffmais zum Platzen bringen kann, gibt es kein Halten mehr. Während selbst gemachtes Popcorn ohne Zusätze eigentlich ein gesunder, kalorienarmer Snack ist, wird das »Kino-Popcorn« mit so viel Fett, Zucker und chemischen Zusatzstoffen kandiert, dass eine mittlere Tüte mehr Kalorien enthält als ein ganzer Big Mac mit Fritten plus Steak. Die Amerikaner konsumieren etwa 14 Milliarden Liter pro Jahr, das macht rund 40 Liter pro Kopf. Habe ich schon erwähnt, dass gut zwei Drittel der Amerikaner übergewichtig sind?

7. Reuben Sandwich

Viele Amerikaner denken, das Reuben Sandwich sei eine deutsche Erfindung, weil es Sauerkraut enthält (Sauerkraut ist ein deutsches Wort, das sich in Amerika gut eingebürgert hat), und sie sind sehr überrascht, wenn Europäer es nicht kennen. Ich kannte es jedenfalls nicht und habe es in New York zum ersten Mal gegessen. Man nehme Roggenbrot, belege es mit gepökeltem Rindfleisch oder Pastrami, Schweizer Käse, Sauerkraut und einem Dressing, über dessen Rezeptur je nach Bundesstaat erbittert gestritten wird (ich sage nur: russisch, Thousand Island, Dijon Senf). Das Ganze wird gegrillt und heiß serviert. Das einzig Deutsche an dem Brötchen ist der Name: Der mutmaßliche Erfinder, Arnold Reuben, Besitzer von Reubens Delikatessen in New York, hatte wohl deutsch-jüdische Vorfahren.

8. Craft Beer

Was trinkt man dazu? Natürlich Craft Beer. Amerika hat kein Reinheitsgebot, und Jahrzehnte lang glichen die amerikanischen Dosenbiere eher chemikalienverseuchtem Abwasser. Daran ändert es auch nichts, dass Budweiser sein Bier kurzzeitig in »America« umgetauft hat. Wenn das Amerika sein soll, dann spült man es am besten gleich ins Klo. Mit dem Boom der Craft-Biere, also der meist in kleinen Brauereien mit viel Liebe gefertigten Gerstensäfte, hat sich das schlagartig geändert. Die Craft-Beer-Tradition mag in Europa ihren Ursprung genommen haben, aber seit Jimmy Carter 1979 den Biermarkt liberalisierte, bieten Tausende Minibrauereien ihr Gourmetbräu an. In fast jeder Bar und den meisten Restaurants findet man inzwischen eine passable Auswahl an Ales und Lagers, und es ist eine Freude, sich durch die Palette diverser Craft-Biere zu probieren. (Übrigens nicht zu verwechseln mit dem sogenannten »*Root Beer*«. Das »Wurzelbier« ist eine übersüßte Limonade, die kein Mensch mit funktionierenden Geschmacksnerven trinken kann und die mit Bier nichts zu tun hat.) In der Stadt

Portland in Oregon kann man sich mit mehr als hundert Brauereien gar zur Erleuchtung ins »Biervana« trinken. Dort kann man B&B buchen (»Bed & Beer« statt des üblichen »Bed & Breakfast«), Wacholderbier, glutenfreies Quinoa-Weizen oder mexikanisches Cornflakes-Bier kosten und das »Rogue Ales Bart-Bier« mit wilder Hefe, die aus neun Bart-haaren des Braumeisters gewonnen wurde. Es ist also nicht so schlimm, wenn Sie ein Haar in der Suppe, äh, im Bier finden. Darauf heben wir ein Glas. Prost!

9. Der Thanksgiving-Truthahn

Beinahe hätte es der Truthahn zu höchsten Ehren geschafft: Benjamin Franklin wollte den Truthahn sogar zum amerikanischen Wappentier machen. Nix stolzer Adler. Franklin hielt den Adler für einen Fiesling mit schlechter Moral, den Puter dagegen für einen respektablen Ureinwohner Amerikas. Der hässliche Vogel auf dem Wappen blieb den Amerikanern erspart, dafür feiern sie Thanksgiving mit einer Inbrunst, als sei es wichtiger als Weihnachten und alle Nationalfeiertage zusammen. Der Präsident »begnadigt« jedes Jahr zwei große Truthähne, während im Rest des Landes Zigtausende geschlachtet werden. Traditionell kommt die ganze Familie zusammen, um einen riesigen Vogel zu grillen und den drei heiligen T's von Thanksgiving zu huldigen: Truthahn, Trinken, TV.

Ich war irrsinnig aufgeregt, als ich zum ersten Mal auf eines der legendären Thanksgiving-Feste eingeladen wurde. Das war in Denver, Colorado. Bei meinem Jungfernfest wollten die Gastgeber mich mit einem Zwölf-Kilo-Vogel beeindrucken und hatten dafür extra einen riesigen Ofen im Garten aufgestellt. Um drei Uhr nachmittags warfen sie das Tier in das Feuer. Um es kurz zu machen: Ich habe an diesem Abend kein Stück davon abbekommen. Der Truthahn war einfach zu groß und selbst bis Mitternacht nicht richtig gegart. Aber ich lernte dafür die anderen Gepflogenheiten bei Thanksgiving kennen. Erste Überraschung: Die sogenannte Familienfeier erweist sich fast immer als Fernsehabend. Alle, wirklich ausnahmslos alle, sitzen vor dem überdimensionierten Flachbildfernseher und gucken Football. Gespräche beschränken sich auf das gemeinsame Brüllen nach einem Touchdown. Zweitens: Die traditionellen Beilagen, also die bittersüße Cranberry-Sauce, das Maisbrot und die Bohnen, sättigen auch ohne Federvieh. Und drittens: Ich hoffe trotzdem, dass nicht jeder, der einen dicken Vogel hat, auch eine Meise hat.

10. Glückskeks

Ich dachte natürlich auch, dass diese halbmondförmigen Kekse, die in jedem China-Restaurant serviert werden, in China erfunden wurden, aber weit gefehlt: Sie sind in ihrer heutigen Form eine amerikanische Kreation. Wo genau sie erfunden wurden, war schon Gegenstand von Gerichtsprozessen, aber die Möchtegern-Erfinder streiten sich zwischen San Francisco, Los Angeles und Japan, nicht China. Die Japaner hatten nämlich schon im 19. Jahrhundert den Tempelbrauch, religiöse Zitate in Sesam-und Miso-Kekse zu backen, aber erst ein japanischstämmiger Amerika-Einwanderer, Makoto Hagiwara, der Gründer des japanischen Tee-

gartens in San Francisco, amerikanisierte das »Fortune Coo-
kie« und begann um 1900, die Extraportion Weisheit nach
dem Dessert in seinem Teegarten zu servieren. Alle Versuche, die Glückskekse in China einzuführen, scheiterten
kläglich: Die Chinesen finden sie einfach »zu amerikanisch«.
In der Comicverfilmung *Iron Man 3* erzählt Ben Kingsley (in
der Rolle des Bösewichts Mandarin) die wahre Geschichte
der Glückskekse: »Sie sehen chinesisch aus. Aber sie sind in
Wahrheit eine amerikanische Erfindung. Deshalb sind sie
hohl, stecken voller Lügen und lassen einen schlechten Geschmack im Mund zurück.«

Die Weizenmehlscheibchen an sich sind fast immer un-
genießbar, aber ich kann nie der Versuchung widerstehen,
sie wegen ihres Inhalts zu knacken. Was wird der Tag bringen? »Du wirst lachend durchs Leben gehen« oder eher
»Bleibe besser zu Hause«?

Meine Weissagung für Ihre Amerika-Reise: »Essen Sie,
was Ihnen schmeckt, und Sie werden sehr glücklich sein.«
(Für Nebenwirkungen wie Gewichtszunahme und Taillen-
verlust übernehme ich keine Verantwortung!)

Na dann, viel Glück!

Im Gen-Paradies

Hurra, der erste Gen-Apfel ist da! Wir können nun den
rundum perfekten *Arctic Golden Delicious* genießen. Das
Besondere: Dieser Apfel wird nicht braun – auch dann nicht,
wenn man ihn aufschneidet und liegen lässt. Endlich ist

eines der drängendsten Probleme der Menschheit gelöst. *Arctic Granny Smiths, Arctic Fujis* und mehrere Kartoffelsorten sollen bald folgen. Demnächst kommt auch der Gen-Lachs, der doppelt so schnell an Gewicht gewinnt wie sein dürres Brüderchen, das noch wuchs, wie Gott es schuf.

Während sich die armen Deutschen mit braunen Apfelschnitzen und mageren Lachshäppchen zufriedengeben müssen, lebe ich in Amerika wie im Schlaraffenland. Hier ist Gentechnik überall: auf den Feldern, in meinem Müsli, sogar im Bioladen. Ja, tatsächlich! Ich nahm anfangs unbedarft an, dass im Bioladen um die Ecke keine genmanipulierten Lebensmittel verkauft werden, aber das erwies sich als geradezu fahrlässige deutsche Naivität. Ich habe eine Weile gebraucht, bis ich erkannte, dass der gentechnische Fortschritt hier selbst vor den sogenannten Bioläden und Bauernmärkten nicht Halt macht. Das Ausmaß kapierte ich erst, als ich mit einer Freundin dort beim Einkaufen war und sie auf eine Tüte Chips zeigte. »Die schmecken am besten!«, sagte Carol, »schade, dass sie aus GMO-Mais gemacht sind.« Ich nahm die Tüte und las die Inhaltsstoffe: Mais, Limonen, Salz. Kein Wort von GMO (gentechnisch veränderte Organismen).[17]

»Bist du sicher?«, fragte ich verwirrt.

Sie nickte, und dann machte ich meine Hausaufgaben. 90 Prozent des Mais, 89 Prozent der Baumwolle, 94 Prozent der Sojabohnen, 75 Prozent der Papayas und mehr als die Hälfte der Zuckerrüben in Amerika stammen von genmanipulierten Pflanzen.[18]

Wenn es nicht ausdrücklich anders draufsteht, hat jeder,

der Cornflakes, Zucker und Tofu zu Hause hat, mit an Sicherheit grenzender Wahrscheinlichkeit damit auch GMO in der Küche.[19] Das sei, sagen die Hersteller, nicht weiter schlimm, schließlich sei noch keiner an einer Schüssel GMO-Müsli gestorben. Was aber, wenn ich lieber das esse, was die Konzerne nicht genetisch verändert haben? Wenn ich ihnen nicht abnehme, dass alles supersicher ist, weil sie gar keine langfristigen Studien dazu haben?

64 Länder auf der Welt verlangen, dass genmodifizierte Lebensmittel gekennzeichnet werden, darunter Mitgliedsstaaten der Europäischen Union, Australien, Russland und China. Nur Amerika hatte bisher darauf keinen Appetit. Warum? Weil Amerika der weltgrößte Markt für GMO-Lebensmittel ist. Wo kämen wir hin, wenn das allen Verbrauchern plötzlich bewusst würde?

Das würde die Menschen nur verunsichern, sagen die einflussreichen Lobbyisten, deshalb sei es am besten, sie gar nicht erst darauf hinzuweisen. Zwar trat Barack Obama 2009 mit dem Versprechen an, Amerikaner hätten ein Recht zu wissen, was in ihrem Essen steckt, aber tatsächlich wurde 2016 im Schnellverfahren ein Gesetz durchgepeitscht, das die Kennzeichnung genmanipulierter Lebensmittel aushebelt. Verbraucherschützer nennen das Gesetz den *DARK Act* (*Denying Americans the Right to Know*, etwa: »das Gesetz, das den Amerikanern das Recht auf Information verweigert«), denn es radiert die solide Kennzeichnungspflicht aus, wie sie zum Beispiel die Staaten Vermont und Connecticut schon beschlossen hatten. Das neue Gesetz »verbietet mit sofortiger Wirkung, dass Staaten oder andere Einheiten die

Kennzeichnung genetisch veränderter Nahrungsmittel oder Saat verlangen.«

Voller Schlupflöcher steckt es auch: Unter anderem werden einige der häufigsten GMO-Zutaten von der Kennzeichnungspflicht ausgeschlossen (eben Mais, Zucker, Soja etc.), und für den Rest darf die GMO-Kennzeichnung in einem QR-Code versteckt werden. Selbst der mickrige Hinweis »Für mehr Informationen rufen Sie bitte die Nummer soundso an« wird wohl ausreichen. Ich müsste dann also mit meinem Smartphone erst einmal den Code scannen, um die Info zu finden, ob das, was ich gerade kaufen möchte, genmanipuliert wurde – oder direkt aus dem Supermarkt die Hotline des Herstellers anrufen, um mich nach jedem einzelnen Produkt zu erkundigen. So macht Shoppen richtig Spaß.

Auch die Hühner-, Rinder- und Schweinezucht-Lobby hat erfolgreich durchgesetzt, dass sie von der Kennzeichnungspflicht ausgenommen wird, wenn sie ihren Tieren GMO füttert. (Dass Tiere mit GMO gefüttert werden, ist übrigens auch in Deutschland gang und gäbe.) Und, nebenbei bemerkt, selbst wenn ein Hersteller gegen die windelweichen Bestimmungen verstößt, sind dafür keine Strafen vorgesehen. Das scheint nur gerecht: Schließlich haben die Lebensmittel- und Saatgut-Konzerne schon Milliarden für die Lobby-Arbeit ausgegeben.

Das Gesetz ist auch für Europäer interessant: Mit den ganzen Ausnahmegenehmigungen ist es schlicht unmöglich, Gewissheit zu erlangen, welche aus Amerika importierten Nahrungsmittel genmanipuliert wurden. Man kann es ja schon im Ursprungsland nicht zweifelsfrei herausfinden.

Selbst Bio-Produkte sind in Amerika zwar pestizidfrei, aber nicht automatisch naturbelassen. Nur offiziell vom Agrarministerium (USDA) zertifizierte Bio-Produkte sind angeblich garantiert GMO-frei, aber selbst da lässt sich das nicht mehr hundertprozentig sagen: Bio-Bauern beklagen seit Langem, dass die GMO-Saat auch ihre eigenen Felder verunreinigt.

Und dabei hören die Verdunkelungsversuche nicht auf: Auch ansonsten kann man sich in Amerika nicht darauf verlassen, dass das, was draufsteht, auch drin ist. Der Kongress hat zum Beispiel erst 2015 die Vorschrift zurückgenommen, dass bei Rind- und Schweinefleisch das Ursprungsland der Tiere genannt werden muss. Wer Fleisch kauft, erfährt nicht, woher es stammt. Fleisch von Rindern, die »natürlich aufgezogen« (*naturally raised*) oder »mit Gras gefüttert« (*grassfed*) wurden, ist teurer, es gibt aber keinerlei Garantie, dass diese Angaben auch stimmen. Das Landwirtschaftsministerium kontrolliert sie nämlich nicht mehr. Die Landwirtschaftsindustrie beaufsichtigt sich nun selbst, was soll dabei schon schiefgehen?

Viele Lebensmittelzusatzstoffe, die in Europa verboten sind, gehören in Amerika zum Alltag: künstliche Hormone in der Milch, Arsen im Huhn, das Wachstumshormon Ractopamin im Fleisch,[20] der fragwürdige Lebensmittelzusatz Kaliumbromat[21] im Brot. Die Liste ließe sich ewig fortsetzen, denn mehr als 3.000 Zusatzmittel sind in Amerika erlaubt, von denen viele in anderen Ländern verboten sind. Gekennzeichnet werden die wenigsten. In Amerika gilt der Grundsatz: Solange nicht eindeutig erwiesen ist, dass etwas schädlich ist, wird es erlaubt. Also testen wir es lieber erst gar nicht, sonst müssten wir ja handeln, wenn die Testergebnisse unerfreulich sind. Man könnte auch sagen: Amerika führt derzeit den größten Freilandversuch in Chemikalien-Verseuchung durch, und wir sind die Meerschweinchen. So landet in Amerika Essen im Supermarkt, das in Deutschland auf der Sondermülldeponie entsorgt werden müsste.

Was in Cremes und Kosmetika enthalten ist, muss erst gar nicht deklariert werden. Selbst *wenn* sich etwas als schädlich erweist, wird es nicht unbedingt vom Markt genommen. Als 2016 Hunderte von Verbrauchern berichteten, ein Shampoo ließe ihre Haare ausfallen – ein junges Mädchen wurde gar komplett kahl –, mussten sie feststellen, dass keine ihrer Anstrengungen dazu führte, das Produkt aus dem Verkehr zu ziehen.

So ist Amerika einerseits überreguliert – ständig werde ich genötigt, Verträge zu unterschreiben, in denen ich meinen Hotelbesitzer, Hundesitter oder Autovermieter auch bei grober Fahrlässigkeit von jeglicher Verantwortung freispreche –, andererseits haben die Lobbyisten viele sinnvolle Gesetze unterlaufen und ausgehebelt.

Amerikaner geben jedes Jahr fünf Milliarden Dollar für Nahrungszusatzmittel wie Vitamine und Kräuter aus. Aber als ein kanadisches Labor Dutzende dieser Mittel von zwölf verschiedenen Herstellern untersuchte, stellten sie fest: Ein Fünftel der ayurvedischen Kräuter, die untersucht wurden, waren so sehr mit Blei und anderen Schwermetallen verseucht, dass sie die Grenzwerte weit überschritten. Mehr als ein Drittel der Mittel enthielt gar etwas ganz anderes, als

draufstand. Oft war es nur billiges Reispulver oder Weizen-
pulver, was zum Beispiel für Menschen mit einer Weizen-
allergie fatal sein kann.

Wenn jede dritte Flasche Milch etwas völlig anderes
enthielte, sagen wir, wertloses Wasser mit weißer Farbe, würde es einen riesigen Aufstand geben. Aber bei den Vitaminen
regt sich merkwürdigerweise niemand darüber auf.

Deutsche Freunde bitten mich oft, aus Amerika Vitamine
mitzubringen, weil sie hier billiger sind, aber de facto tun sie
sich damit keinen Gefallen. Ich mache es inzwischen umgekehrt: Ich bringe meine Vitamine aus Deutschland mit,
denn das russische Roulette im amerikanischen Supermarkt
ist mir zu gefährlich.

In Europa habe ich mein Essen gelegentlich im Bioladen
gekauft, aber auch viel auf Bauernmärkten und in normalen
Supermärkten. Ich wollte mich gesund ernähren, aber nicht
um jeden Preis. Seit ich mich mit den Chemikalien im amerikanischen Essen beschäftige, kaufe ich in Amerika dagegen
nur noch direkt beim Bauern oder im Bioladen.

Ich will als Verbraucherin wissen, was in meinem Essen
steckt. Ist das zu viel verlangt? In Amerika schon.

Spread the Gemütlichkeit!

Bayern beginnt gleich einige Meilen hinter dem Internationalen Flughafen von Los Angeles, in dem unwirtlichen Vorort Torrance. Direkt hinter der Shell-Tankstelle, in einem
gottverlassenen Industriegebiet, steht das *Alpine Village*, also

das »Bergdorf« mitten im asphaltierten kalifornischen Flachland. Märchenkönig Ludwig II. grüßt in Form einer überlebensgroßen Büste am Eingang, da schlägt das Bayern-Herz im Exil sofort höher. Im *Oktoberfest One Stop Shop* kann man die kalifornischen Shorts gegen ein Dirndl oder Lederhosen eintauschen: Trachtenhüte, Maßkrüge, Gamsbärte, also die Grundausrüstung der bajuwarischen Hochkultur, alles da. O'zapft is!

Wenn in München das Oktoberfest vorbei ist, geht es in Amerika erst so richtig los. Wer von Zicke Zacke Zicke Zacke noch nicht genug hat, muss sich nur in den Flieger setzen: Das größte Volksfest der Welt ist Bayerns beliebtester Exportartikel. Allein in Los Angeles und Umgebung gibt es gut vierzig »Oktoberfeste«, auf denen mehr oder weniger original bayerisches Bier und Brezn kredenzt werden, in ganz Amerika sind es Tausende. (Dass das Oktoberfest eigentlich im September stattfindet, hat sich in Amerika noch nicht herumgesprochen. Logisch, es heißt schließlich nicht Septemberfest!)

Das Alpine Village in Torrance verspricht, das älteste, größte und beste Oktoberfest der Gegend zu veranstalten. Seit den Hippie-Tagen von 1968 versammeln sich die Bierjünger in dieser Enklave der blau-weißen Rauten. 3.000 passen auf die Bierbänke im Zelt unter die schwarz-rot-gelben Flaggen, und es ist jedes Wochenende rappelvoll.

»*Spread the Gemütlichkeit*!«, fordern »Festmeister Hans & Gretel« und wollen die Amis mit einer original deutschen »Oompah-Band« im Bierzelt das »*Shunklen*« und das »*Chicken Dancing*« lehren. Klar, das sind die bayerischen Königsdisziplinen, da muss ich hin!

Ist man lange genug aus der Heimat weg, dann sehnt man sich plötzlich zurück nach Dingen, für die man sich zu Hause nur mäßig begeistern konnte: Schloss Neuschwanstein, überfüllte Festzelte, lauwarme Biersuppe und Blasmusik. Als ich mit Anfang zwanzig zum ersten Mal in China war, im Rahmen einer Journalistenreise, schleppten uns unsere Gastgeber gleich an unserem ersten Abend in Shanghai sehr stolz ins Hofbräuhaus. Dort servierten uns spindeldürre Chinesinnen in Plastikdirndln Weißbier und Bratwürste. Wir hätten damals lieber scharfe Dim Sum probiert, aber nach drei Wochen China-Rundreise, in denen uns Schlangen, Eidechsen, Katzen- und Hundefleisch vorgesetzt wurden, sah es ganz anders aus: Da hätten wir eine Einladung zu deutschem Schweinebraten begierig und dankbar angenommen.

Aus diesem Grund war ich auch schon im Hofbräuhaus in Chicago, wo sie den »famous Munich Pork Roast« (aka Schweinebraten) und »very special German noodles« (Allgäuer Käsespätzle) zum original Oktoberfestbier servieren. Und es gibt ganze Orte in Amerika, die komplett wie bayerische Bergdörfer dekoriert sind. Knapp fünfzig Millionen Deutsch-Amerikaner leben in den Staaten, vor allem im »deutschen Gürtel« zwischen Oregon und Pennsylvania. Wir Deutschen sind damit die größte ethnische Gruppe in Amerika, auch wenn nur noch fünf Prozent davon Deutsch sprechen. Wir haben den Apfelstrudel, Frikadellen (Hamburger) und Blasmusik mitgebracht – und eben das Oktoberfest.

Nun leuchtet Schloss Neuschwanstein auf einer Fototapete, die zwölf »Böhmischen Straßenmusikanten« aus Köln blasen ihre Trompeten, »Festmeister Hans«, 39, tanzt auf den

Tischen und heizt mit einer Eigenversion von Princes »Let's go crazy!« ein, bis wir ihm Dollarnoten in die Strümpfe stecken. Mit seinem aufgezwirbelten Schnauzer und den Original-Lederhosen müht er sich redlich, den Leuten anständiges Bayerisch beizubringen: »No, not eins, zwei, gesoffen!« ruft er. »Das muss heißen: Oans, zwoa, g'suffa!«

Festmeister Hans aka »Mister Oktoberfest himself« muss es wissen. Er heißt zwar eigentlich John Baumgärtner und ist in La Crosse, Wisconsin, geboren, hat aber immerhin deutsche Vorfahren (einen Urgroßvater in Passau) und war auch schon mal auf der Original-Wiesn, nämlich 1993. In dem Jahr paukte er als sechzehnjähriger Austauschschüler in Amberg seine ersten Deutschvokabeln. Auch in La Crosse gibt es ein jährliches Oktoberfest, und John erinnert sich, dass er das schon als Kind nie verpasste: »Da zogen wir alle unsere Lederhosen an und los ging's«, sagt er in seinem entzückend amerikanisch-hochdeutschen Dialekt.

Es gibt Gerüchte, ein gewisser Franz Baumgartner, Lohnkutscher und Unteroffizier der Nationalgarde, habe 1810 das allererste Münchner Oktoberfest initiiert (das damals noch ein Pferderennen war), und Johns Eltern haben ihm erzählt, der Franz sei einer ihrer Vorfahren, aber so richtig bestätigen konnte er die These, die Wiesn sei ihm sozusagen schon in die Wiege gelegt worden, nie.

Dafür moderiert er fachgerecht den »Steinholding Contest«, also den Wettbewerb, wer unter den zunehmend beschwipsten Gästen einen vollen Maßkrug am längsten in die Höhe stemmen kann, dirigiert die Massen im »Zillertaler Hochzeitsmarsch«, und seine Frau »Frollein Gretel« (eigent-

lich Kolby Baumgärtner) bringt den Leuten endlich das
»Shunkeling« bei: Ganz nah an den Nachbarn heranrücken,
Schulter an Schulter! Alle Arme in die Höhe! Einhaken!

Zur Melodie von *Love Shack* lernen wir den amerikanischen Trinkruf: »Bang! Bang! Goes the Stein, Babe!« »Stein«
nennen die Amis die Maßkrüge, die hier allerdings aus
Plastik sind, aber bis Mitternacht kann jeder zumindest die
wichtigsten deutschen Vokabeln: »Jawohl!« »Prost!« und
»Holleri«, damit kommt man ja in Deutschland schon ziemlich weit.

Die Japaner im Publikum tragen eindeutig die besten,
echtesten Dirndl, die Amis Polyester und Plastik, die Mexi-
kanerinnen sehr kurze Lederhosen, der Rest ist Fasching.
Es ist ein wenig irritierend, eine Armee aus Dutzenden zer-
lumpter Gestalten mit rasierten Halbglatzen in den ersten
Reihen zu finden, die mit ihren aufgemalten Narben, selbst
gebastelten Speeren und abenteuerlichen Helmen aussehen,
als seien sie direkt aus »Mad Max« entflohen. Eine junge
Frau im Lumpenrock, das Gesicht zur Hälfte blutrot bemalt,
trägt gar ein totes Huhn auf der Schulter. Das, erklärt John-
Hans, sind die »Wastelander«, die Anhänger des Videospiels,
das nach der nuklearen Apokalypse im Niemandsland spielt,
denn an diesem Abend findet im Oktoberfest-Zelt die »*Beer-
pocalypse*« statt. Aber ehrlich gesagt, so sieht es nach dem
letzten Abend auch auf der Theresienwiese aus.

Man könnte nun natürlich aufzählen, was es auf der ame-
rikanisierten Wiesn alles *nicht* gibt: keinen Trachtenzug, kein
Riesenrad, kein Toboggan, kein Schichtl, kein bayerisches
Weißbier, keine Schweinshaxn. Nun gut, im Laden nebenan

verkaufen sie Leberkas in der blau-weißen Dose, selbst gebackenen Christstollen und Tannenzäpfle, das »Original-Bier aus dem Schwarzwald«, ansonsten lässt sich nur hoffen, dass die Oktoberfest-Besucher die auf lapprigen Brötchen servierte lauwarme Bratwurst mit Sauerkraut nicht wirklich für ein Paradebeispiel teutonischer Kochkunst halten. Festmeister Hans preist das im Zelt beliebte Wiener Schnitzel als »Gateway Drug zur German Cuisine«. Auf die trockene Nachfrage, seit wann Wien in Deutschland liegt, muss er selber lachen. »Und Warstein, wo unser Bier herkommt, liegt auch nicht in Bayern, oder?«, fragt er. Sorry, du falscher Hans, als ich das letzte Mal auf die Landkarte guckte, lag es immer noch in Nordrhein-Westfalen.

Aber das ist alles Nebensache, denn eines ist dann doch genau wie auf der richtigen Wiesn: »Am Anfang spielen wir eher klassische Blasmusik, später Schlager und amerikanischen Pop mit Blaskapelle«, erklärt Hans. »Später, wenn die Jüngeren kommen und mehr trinken, geht die Party richtig los. Sobald man ein paar Bier intus hat, läuft das alles flüssig.«

Und wie das Flüssige läuft! Spätestens ab der zweiten Maß verabschieden sich die Geschmacksnerven sowieso. Gerade die Amis, die bekanntlich sonst ihr Bier aus Cocktailgläsern trinken, lassen sich von der schieren Menge an Warsteiner und Craft Bier leicht überwältigen, und die ersten Bierleichen werden hinausgetragen. Die, die noch aufrecht sitzen können, schunkeln zu Nenas »99 Luftballons« und »In München steht ein Hofbräuhaus«. Wir sind nun alle untergehakt, und als die Umsitzenden herausfinden, dass ich eine waschechte Bayerin bin, bin plötzlich ich die Attraktion des Abends. Ein

Ansturm dringender Fragen prasselt auf mich ein. Wie viele Dirndl besitze ich? Wie viele Maß vertrage ich? Wie oft gehe ich jedes Jahr auf die Wiesn? Wahrheitsgemäße Antworten würden meine neuen Freunde nur enttäuschen. Ich trage inzwischen einen Stofflöwen mit blauweißen Pfoten auf dem Kopf, den mir ein Sitznachbar gekauft hat, und erweise mich als würdige Vertreterin des bayerischen Volksstammes. Statt des in Amerika üblichen »Cheers« singe ich die bayerische Nationalhymne der Bierseligen, bis sie alle am Tisch fehlerfrei nachgröhlen können: »Ein Prooo-sit, ein Prooo-oho-sit der Gemüüü-ühü-tlichkeit!« Endlich, endlich fühle ich mich in Amerika ganz wie zu Hause.

5. Gesundheit! Zahlen Sie Cash?

Feilschen um jeden Cent

In diesem Kapitel lernen Sie,

- Warum in den High-Tech-Krankenhäusern von Amerika ähnliche Zockerregeln gelten wie auf dem Basar von Bombay
- Weshalb Sie sich von einer Krankenschwester keine Beruhigungspille zwischen die Zähne schieben lassen sollten
- Dass sich allein für dieses Kapitel die Anschaffungskosten des Buches schon gelohnt haben
- Das gute deutsche Wort »Gesundheit!« sagen auch die Amerikaner, wenn jemand niest.

Wo die Rechnung mehr Schmerzen bereitet als das Wehwehchen

Eines der Dinge, die ich an Amerika liebe, ist, dass das Land so viele Outdoor-Abenteuer bietet. Skifahren und Surfen, das geht in Kalifornien sogar am gleichen Tag. Selbst wenn man von der Küste in Los Angeles aus startet, schafft man es lässig, in eineinhalb Stunden an einem passablen Hausberg zu landen, Mount Baldy. Da ist man unter der Woche fast allein unterwegs und kann dann locker unter Föhrenwipfeln den Hang herunterwedeln, während am Horizont Los Angeles im Smog versinkt.

Das Dumme daran ist nur, dass man sich dabei das Kreuzband reißen kann. Zumindest wenn, wie in meinem Fall, die Bindung nicht aufgeht, die der nette Hiwi in der Bergstation zu streng eingestellt hat.

Gut, dass ich vor meinem Abstecher nach Amerika zwei Jahre lang in Indien studierte. Dort habe ich gelernt, dass ein Preisschild nur eine ungefähre Richtungsangabe ist, man auf die Nennung von Rupien am besten sofort mit einem Beinahe-Ohnmachtsanfall und dem Aufschrei »Um Himmels willen! Viel zu teuer!« reagiert – nur um dann, wenn man sich von dem ruckartigen Kreislaufabfall einigermaßen erholt hat, mit Schnappatmung etwa ein Zehntel des Preises als Gegenangebot zu nennen.

Aber nie hätte ich gedacht, dass sich dieser zweijährige Fortgeschrittenenkurs im Feilschen wunderbar in Amerika bewähren würde, und zwar, jetzt kommt's, im Krankenhaus. Im Krankenhaus!

Amerika hat ganz wunderbare Ärzte, ich würde sogar sagen, mit die besten der Welt. Aber leider auch die teuersten. Innerhalb kürzester Zeit wurden mir nach meinem Sturz von Freunden mehrere exzellente Orthopäden und Chirurgen empfohlen. Ich entschied mich für den hübschesten: Der grau melierte Dr. Neal ElAttrache könnte jederzeit auch als Fernseharzt Karriere machen. Er wurde mir so glühend vor allem von weiblichen Freunden ans Herz gelegt, dass ich den Verdacht hege, die ruinierten sich ihre Menisken, nur um bei ihm eine Audienz beantragen zu dürfen. Wegen seines Charmes habe ich ihn mir aber nicht ausgesucht, sondern weil er zu den weltbesten Knie-Chirurgen zählt. Er hat schon Hollywood-Star Charlize Theron, Football-Quarterback Tom Brady, Ex-Gouverneur Arnold Schwarzenegger, Surf-Star Laird Hamilton und Basketball-Legende Kobe Bryant operiert, weshalb ich erwarte, dass ich nach der OP mehr Bälle ins Körbchen kriege als vorher. Was aber wird mich das Ganze kosten?

Viele Auslandskrankenversicherungen schließen Amerika als Reiseland aus, weil in den Staaten selbst Routineuntersuchungen doppelt und dreifach so viel kosten wie in Europa. »Gesundheit!« ist eines der wenigen deutschen Worte, die fast alle Amerikaner beherrschen. Sie rufen es zwar freudig, wenn man niest, die Ärzte sehen aber nicht ein, dass ihre Rechnungen eben gerade dieser Gesundheit abträglich sind.

Als ich einmal ein Magenmedikament vergessen hatte und mir bei einer Allgemeinärztin ein Rezept ausstellen lassen wollte, traf mich an der Kasse fast der Schlag: 350 Dollar! Für ein Standardrezept (Medikament im Preis nicht inbegriffen)! Wir hatten uns nur kurz unterhalten, ich hatte ihr erklärt, dass ich dieses Medikament schon seit Jahren nehme und nur nicht genügend aus Deutschland mitgebracht hatte. Diese fünfzehn Minuten kosteten mich so viel wie ein Flugticket nach Hawaii. Ich fragte, wie sie denn diesen Preis rechtfertige, und die Ärztin sagte, das sei ihr Standardhonorar, senkte aber angesichts meines steigenden Bluthochdrucks die Rechnung auf 220 Dollar. Fand ich nett, aber immer noch zu viel. Anschließend hätte ich eigentlich auch noch ein Beruhigungsmittel gebraucht, aber das konnte ich mir nicht mehr leisten.

Die *Los Angeles Times* berichtete kürzlich von einer Frau, die am Sterbebett ihres Vaters im Good Samaritan Hospital von L.A. von seinem Ableben so erschüttert war, dass sie umkippte. Sie bekam von der Krankenschwester eine Beruhigungstablette, die in einer Apotheke 14 Cent kostet. Weil ihr aber von den guten Samaritern auch der Blutdruck gemessen wurde und sie sich neunzig Minuten lang auf einem Bett ausruhte, bis sie wieder zu Kräften kam, belief sich die Rechnung auf 2.000 Dollar. Worauf sie noch einmal umkippte und sich aus der Apotheke für 14 Cent eine Beruhigungspille liefern ließ.

Da wird schnell klar, warum eine Krankheit für viele Amerikaner direkt in die Armut führt. Trotz aller Bemühungen, eine allgemeine Krankenversicherung für jeden einzuführen, hat der umstrittene *Affordable Care Act* (besser bekannt als »*Obamacare*«) so viele Schlupflöcher, dass knapp zehn Prozent der Amerikaner durch das Raster fallen, vor allem die ärmsten. Und selbst wer eine Krankenversicherung hat – die Zuzahlungen sind derart horrend, dass sich eine ernsthafte Erkrankung ganz schnell zu einer Finanzkrise ausweitet.

Amerika wird zwar insgesamt immer reicher, hat aber dennoch die zehntschlimmste Kindersterblichkeitsrate der Welt. Wie kann das sein? Nun, die Kinder der wohlhabenden weißen Mittelschicht haben eine ähnliche Lebenserwartung wie Kinder in Deutschland. Aber zu den Errungenschaften der modernen Medizin haben viele Amerikaner schlicht keinen Zugang, weil sich die Einkommensschwachen die entsprechende Gesundheitsversorgung nicht leisten können. Die reichsten amerikanischen Männer leben fünfzehn Jahre länger als die ärmsten. Bei Frauen liegt der Unterschied bei zehn Jahren. Die Lebenserwartung der Kinder von nicht weißen, schlecht ausgebildeten Müttern liegt ähnlich niedrig wie in Entwicklungsländern. Teure Medikamente für Krebsbehandlungen, Multiple Sklerose oder chronische Beschwerden können sich sogar viele Mittelständler nicht mehr leisten.

Richtig schlimm wird es, wenn man Notärzte braucht. Meine Schwägerin Monica wurde letztens aus heiterem Himmel zu Hause abends vor dem Fernseher von so schlimmen Schmerzen geschüttelt, dass mein Schwager Ricky Angst bekam und einen Krankenwagen rief. Der brachte sie ins nächste Krankenhaus, das nur zehn Minuten entfernt lag. Dort wartete sie sechs Stunden, bis die Ultraschallmaschine frei wurde und der Arzt auf einen Nierenstein tippte. Dann fuhr mein Schwager sie mit einer Überweisung zu ihrem Allgemeinarzt wieder nach Hause.

Die Rechnung für die Fahrt zum Krankenhaus kam eine Woche später: 2.300 Dollar! Wohlgemerkt: Da war der Ultraschall nicht mitgerechnet.

»Du bist doch krankenversichert!«, rief ich naiv.

»Das schon«, sagte Monica, »aber für Fahrten zum Krankenhaus habe ich 5.000 Dollar Eigenbeteiligung, das muss ich selber zahlen.«

Damit reiht sie sich nahtlos ein in die Phalanx der Amerikaner, denen die Arztrechnungen mehr Schmerzen verursachen als ihre Wehwehchen. Die meisten Krankenhäuser und Ärzte schicken ihre Rechnungen nämlich nicht auf einmal, sondern scheibchenweise: Die Ärztin, ihr Assistent, der Anästhesist, der Röntgengehilfe, die Krankenschwester und das Krankenhaus (Raummiete!) rechnen alle extra ab, so dass sich die Gesamtsumme auch bei Routine-Prozeduren wie etwa einer Darmspiegelung leicht auf den Gegenwert eines Porsches hochrechnen lässt.

Aber, Achtung, hier ist der Trick: Wie die Ärzte auch müssen Sie die Kunst des Zockens lernen. Das geht so: Wie auf dem Basar von Bombay imitieren Sie einen Ohnmachtsanfall, wenn Ihnen ein Arzt eine Rechnung präsentiert, ächzen »Um Himmels willen!« und sinken in die Knie. Bevor die Krankenschwester Ihnen eine 2.000 Dollar teure Beruhigungspille zwischen die Zähne schieben kann, zücken Sie Ihr Portemonnaie und rufen: »Ich zahle bar!«

Ich war angenehm überrascht, dass ich mit dieser Methode schon von den Röntgenkosten 200 Dollar abschleifen konnte.

Hauptargument: Der Anbieter um die Ecke kostet nur die Hälfte. (Das stimmte auch.) Und sie wollen doch ihre teuren hypermodernen Geräte auslasten!

In einer Studie fanden die Wissenschaftler der University of San Francisco heraus, dass die Krankenhäuser verlangen, was sie wollen.[22] Eine Knöchelverstauchung kann Sie so viel kosten wie eine Tasse Kaffee (4 Dollar) oder ein Familienurlaub in Neuseeland (24.110 Dollar), Nierensteine 128 bis 39.000 Dollar, eine Blasenentzündung zwischen 50 und 73.000 Dollar. Im Land der Vereinigten Kapitalisten ist alles eine Frage von Angebot und Nachfrage. Also, damit die Amerikareise nicht die Lebensersparnisse auffrisst: Feilschen Sie! Rufen Sie den lieben Gott zu Hilfe! Wenn der nicht hilft: American Express!

Richtig zum Einsatz kommt diese Theorie aber erst beim Einchecken im Krankenhaus für die Kreuzband-OP. »Zahlen Sie Cash?«, fragt die freundliche Dame an der Rezeption sofort, noch bevor Sie sich nach meinen Beschwerden erkundigt, als sei ich nicht für einen körperlichen Eingriff hier, sondern um einen Gebrauchtwagen zu kaufen. Aber klar doch. Damit bekomme ich vierzig Prozent Cash-Rabatt. Ab Werk.

Und für schlappe 15.000 Dollar ist mein Knie nun so hübsch wie das von Charlize Theron.

6. Eat, Pray, Cut: Wer schön sein will, muss schneiden (oder reiben)

Schöner Schein

In diesem Kapitel verrate ich Ihnen:

- Wie Sie sich mit Nacktschnecken rundum optimieren
- Wie Gwyneth Paltrow, Victoria Beckham und Naomi Campbell ewig jung bleiben
- Wo Sie Ihren doppelten Espresso am effektivsten verreiben

Die radikalsten Schönheitstipps aus Hollywood

Schauspielerin und Multimillionen-Erbin Tori Spelling bereut öffentlich ihre vielen Brustvergrößerungen. Die fünffache Mutter sagte, sie hätte sich nicht schon mit Anfang zwanzig die Brüste vergrößern lassen, wenn sie gewusst hätte, dass dies die Milchproduktion beeinträchtigen könnte: »Ich hätte sie niemals operieren lassen«. Sie reiht sich damit ein in eine immer länger werdende Liste von Hollywood-Stars, die ihre Ballon-Balkone bereuen: Victoria Beckham, Sharon Osbourne (»Es fühlt sich an, als hätte man ein Wasserbett auf der Brust«) oder Charlie Sheens Ex-Frau, Schauspielerin Denise Richards, die sagt: »Als ich 19 war, hat ein Arzt größere Implantate als bestellt eingesetzt. Ich hatte es so eilig, sie zu bekommen, dass ich den Arzt nicht richtig recherchiert habe. Ich dachte, weil er Berufschirurg ist, muss er gut sein.«

Das Erschreckendste an diesen Statements sind die Münder, aus denen sie kommen. Die verzerrten Visagen der einst recht hübschen Blondinen reihen sich narbenlos ein in die Riege reicher Frauen, die Beverly Hills mit ihren Glupsch-Lippen in ein Goldfischbecken verwandelt haben. Anders als in Europa gehört es in Amerika zum guten Ton zu zeigen, dass man sich einige Tausend Dollar im Monat für Statussymbole wie Ballon-Lippen, schockgefrostete Stirne (Gehirne?) und Stupsnasen leisten kann. Ich lebe in einer Stadt, in der das Nervengift so alltäglich geworden ist, dass man es sich in der Notaufnahme spritzen lassen kann!

Natürlich haben sich Frauen (und Männer) seit jeher für Schönheitsideale geschunden. Afrikanerinnen verlängerten ihre Hälse mit Reifen, Chinesinnen band man die Füße zu Stümpfen, Krieger kennzeichneten sich mit Tattoos. Aber neu ist, sagt die britische Therapeutin und Buchautorin Susie Orbach, »dass wir jetzt alle glauben sollen, wir könnten von der Kindheit bis zum Altersheim aussehen wie Angelina Jolie. Mehr noch: Es wird von uns erwartet.«

In Amerika gilt das noch mehr als in Europa. In meinem amerikanischen Bekanntenkreis kenne ich kaum eine Frau über vierzig, die noch naturbelassen ist. Die VIPs, VVIPS (*Very Very Important Persons*), VVVIPs (*Very Very Very Important Persons*) und MIPs (*Mega Important Persons*) könnten auch als VIPTs (*Very Injected Parodies of Themselves*) durchgehen.

Kürzlich wurde einer Mutter das Sorgerecht entzogen, weil sie ihrer achtjährigen Tochter Botox spritzte. Schon vierzig Prozent aller Mädchen zwischen sechs und sechzehn Jahren würden sich gerne Fett absaugen lassen. Zwei Drittel aller Mädchen auf der ganzen Welt sagen laut der Psychoanalytikerin Susie Orbach, dass sie es »schwierig finden, sich schön zu fühlen, wenn man mit den heutigen Schönheitsidealen konfrontiert ist«. Jedes dritte Mädchen zeigt »ein auffälliges Essverhalten«, schon Siebenjährige mit Diäterfahrung werden in Kliniken für Ess-Störungen eingeliefert.

Die VIPTs finden immer neue Körperregionen, die sich noch optimieren lassen. Kaum haben sich Frauen daran gewöhnt, dass ihr Hintern an dem von Kim Kardashian gemessen wird, ihre Oberweite an Pamela Anderson, die Lippen an Julia Roberts und die Oberschenkel an Kate Moss, findet sich immer noch ein neues Körperteil, von dem frau bisher nicht wusste, dass es verbesserungsbedürftig ist. Nach »*Thigh Gaps*« und »*Bikini Bridge*« ist der jüngste Trend die »Labia-Verjüngung«, also die chirurgische Verschönerung der Schamlippen. Deutschland steht bei diesen richtungsweisenden Trends noch ganz am Anfang, aber in Amerika gehören Schamlippen, die »wie Brötchen« aussehen, bereits zum Must-Have-Accessoire. Es ist etwas verwirrend, weil die als »Verjüngung« bezeichnete OP immer mehr Jugendliche attraktiv finden. Die Schönheitschirurgen jubeln, weil sich zunehmend Mädchen unter achtzehn Jahren unters Messer legen, die damit eine ganz neue und durchaus zahlungskräftige Kundengruppe bilden: Allein im letzten Jahr verzeichnete die Labia-Verjüngung bei Jugendlichen einen Anstieg um achtzig Prozent! Amerika muss schöner, jünger und enger werden, vor allem da unten!

Tori Spellings groteske Grimasse erscheint mir immer noch ehrlicher, weil durchschaubarer, als die hartnäckigen Beteuerungen alternder Hollywood-Stars wie Julia Roberts, Sharon Stone oder Nicole Kidman, sie würden ihre makellose Haut nur mit Hilfe von frischer Luft, Liebe und Vitaminsäften runzelfrei halten.

Dass der Kosmetikkonzern L'Oreal seine Make-up-Werbungen mit Julia Roberts und Supermodel Christy Turlington zurückziehen musste, weil sie »unrealistische Erwartungen wecken«, ist gerecht: Kein Mensch sieht ohne Nachhilfe aus wie die überirdisch perfekten Pixelbilder: makellos, cellulitefrei, engelsgleich.

Ausgerechnet Julia Roberts, die seit Jahren mit ihrem Image als Naturschönheit kokettiert! Schon seit vielen Jahren veröffentlichen amerikanische Webseiten regelmäßig Jugendfotos von ihr, die unerklärlich bleiben lassen, wie aus dem schmallippigen College-Girl ohne Präzisionschirurgie *Pretty Woman* mit dem breiten Lächeln wurde. Wer Julia Roberts nach dem Geheimnis ihrer ewigen Jugend fragt, bekommt Sätze diktiert wie: »Es ist die Liebe meines Mannes und meiner drei Kinder, ehrlich.« Bei aller Liebe, Pretty Julia, drei Kinder können eine Menge Gutes bewirken, aber beim besten Willen keine Umkehr der Schwerkraft.

Sharon Stone sagte erst kürzlich wieder: »Ich habe null machen lassen, kein Lifting, kein Botox, keine Injektionen.« Nun kenne ich zufällig eine enge Freundin von ihr, und die verrät, dass Sharon Stone privat witzelt, wer ihr eine Ohrfeige gebe, laufe Gefahr, sich eine Botulinum-Vergiftung einzufangen. Aber wer »Sharon Stones Beautygeheimnisse« googelt, stößt auf Aromatherapie, Meditation, Pilates und »vollkommene Selbstakzeptanz«. Nicole Kidman erklärt ihren bleichen, straffen Twilight-Teint und die runden Brüste, die sie bei der letzten Oscar-Verleihung spazieren führte, mit »Sonnencreme« und »Fitness-Studio.«

Ich verwette mein silikonloses Herz darauf, dass diese Botox-Biester keine Bioplakette für naturbelassene Haut verdienen. Keine Frau hat mit vierzig weniger Falten als mit dreißig, zumindest wenn sie gelegentlich lächelt.

Diese Märchen sind noch verlogener als Photoshop. Es kann ja jeder seinem Körper antun, was der Geldbeutel hergibt, aber ständig öffentlich zu beteuern, alles sei, wie Gott es schuf, ist Blasphemie. Wie bei der Lebensmittelverordnung der EU plädiere ich auch bei Prominenten für eine Kennzeichnungspflicht aller künstlichen Zutaten. Für die Altmodischen unter uns, die ihre Nasen und Lippen noch bei Mama und Papa haben machen lassen, ist es einfach nicht fair, täglich in die Gesichter praller Michelin-Mädchen zu starren, die so tun, als hätten sie ihre makellose Haut nur mit ein bisschen Foundation von Lancome geglättet. So wie wir bei der Tour de France die Steroidstrampler aus dem Verkehr ziehen, sollten auch in diesem Anti-Aging-Wettlauf gedopte Gesichter wegen unlauteren Wettbewerbs disqualifiziert werden – oder die Sünder sollten im Schönheitsrennen wenigstens auf einer eigenen Umlaufbahn mit chirurgischer Präzision in einer Sonderdisziplin Extraetappen kurven.

Nur schlechte Menschen haben schlechte Zähne!

Nichts regt die Amerikaner an uns Europäern mehr auf als unser Mund. Nein, nicht das, was wir sagen. Es sind die Zähne! Die Amerikaner haben einfach andere Schönheitsideale als wir. Das fängt bei den *Hair Extensions* an und hört bei den geschliffenen Eckzähnen nicht auf. Bereits nach dem zweiten Bier drucksen Amerikaner verlegen herum und fragen schließlich, ob man denn bitte schön erklären könne, warum die Europäer ihre Zähne nicht pflegen?

Wir? Nicht pflegen? Also bitte, wir putzen, wir spülen, wir flossen, wie andere Nationen auch, sogar mit deutscher Gründlichkeit.

Inzwischen weiß ich schon, was dann kommt: Weil unsere Zähne so unheimlich gelb sind. Nun ja, Kaffee, Tee, der gute Wein und einfach das Leben bleiben halt irgendwo hängen. Amerikaner gehen deshalb mindestens einmal im Jahr nicht nur zur Zahnreinigung, sondern zum Zähnebleichen. Nur schlechte Menschen hätten schlechte Zähne, erklärte mir einmal ein Amerikaner, und der meinte das ernst. Jeder, der es sich irgendwie leisten kann, hat gerade, ebenmäßige, weiße Beißerchen. Wer es sich nicht leisten kann, kauft zumindest die *Whitestrips* aus dem Supermarkt für Dreineunundneunzig. Es gibt eine ganze Industrie, viel ausgeprägter als in Europa, damit die Amerikaner nicht nur kraftvoll, sondern auch ansehnlich ihre fettigen Rippchen futtern können. Wie das Herrchen, so der Hund: Sogar ihren Vierbeinern verordnen die Amerikaner das Zähnebleichen, und auch Zahnimplantate für Waldi gibt es, damit man sich als Hundebesitzer mit Hollywoodlächeln nicht für Waldis Karies schämen muss.

Also, liebe Landsleute, wir müssen jetzt alle unsere Zähne zusammenbeißen.

Gleich bei meinem allerersten Besuch in Los Angeles hat mich meine neue Liebe zum Zahnarzt geschleppt. Ich wollte nicht, war aber schwer verliebt. Bitte, an den Zähnen sollte das gemeinsame Glück nicht scheitern! Drei Stunden Laser und fünfhundert Dollar später leuchteten meine Beißerchen so reinweiß, dass jede Kloschüssel vor Neid erblassen würde. Mein neues Lächeln fühlte sich so künstlich an, dass ich – wie früher, als ich eine Spange trug – mir verlegen die Hand vor den Mund hielt, weil ich fürchtete, ich würde nachts im Dunkeln Gespenster erschrecken. Aber kein Mensch fragte mich, ob ich Meister Propper geheiratet hätte. Ich gehörte nun dazu, nach Amerika.

Einige Jahre, mehrere Tassen Tee und Gläser Rotwein später machte mich sogar meine amerikanische Verlegerin, ansonsten supernett, superspirituell, super Yoga-Smoothie-Transzendentale-Meditations-Veganerin, vor meiner Lesereise freundlich, aber bestimmt darauf aufmerksam, bevor ich ins US-Fernsehen dürfte, müsste ich bitte zwei, drei Schattierungen bleicher werden … Dabei ging es in meinem letzten Buch um Psychologie, nicht um die neue Zahnpasta von Colgate!

Genugtuung verspürte ich erst, als ich den deutschen Schauspieler Thure Lindhardt im Chateau Marmont interviewte. Lindhardt war in Hollywood, um einen Preis für seine Rolle als Entführer von Natascha Kampusch entgegenzunehmen. Er hat schon im Tatort, in internationalen Kinofilmen, aber auch in großen Hollywoodproduktionen wie *Illuminati* und *Into the Wild* gespielt. Natürlich fielen mir, mittlerweile war ich ja Amerika-versiert, seine schiefen, gelben Zähne auf. Bei der Zigarette nach dem Essen (auch das eine Todsünde in Hollywood) erzählte er lachend, sein Manager beknie ihn seit Jahren, er solle sich »die Zähne richten lassen, wenn ich groß in Hollywood rauskommen will«. Aber was selten ist, hat eben Seltenheitswert. Ist Ihnen schon mal aufgefallen, dass inzwischen in den Hollywoodfilmen sogar die Gangsta und Ganoven alle Filmstargebisse haben? Eben! »Nun bin ich froh, dass ich's nicht gemacht habe«, meinte Lindhardt fröhlich, »denn so kriege ich viel interessantere Rollen.«

Auch ich habe längst mit dem Bleichen aufgehört und gehe inzwischen wieder al natura. Warten Sie's nur ab, damit komme ich noch ganz groß raus – als einzige Buchautorin, die in Amerika grinsend den Bösewichten Konkurrenz machen kann!

Rundumoptimierung mit Nacktschnecken und Nachtigall

Zuallererst muss ich bekennen: Es ist mir auch diesen Sommer wieder nicht gelungen, meinen Körper rechtzeitig vor der Strandsaison in einen kalifornischen Beachbody zu verwandeln. Im Sommer zeigen sich ja leider wieder alle Sünden: Jede Stunde, die ich nicht im Fitnessstudio war, jedes Croissant mit Schokofüllung, jeder Tag, den ich vornübergebeugt am Laptop sitzend verbrachte statt auf dem Rennrad, diese S'Mores, von denen ich Ihnen im dritten Kapitel erzählte, all das schlägt nun in der Bikiniphase Wellen, und zwar auf meinem Bauch und meinen Oberschenkeln. Wäre ich jetzt in Deutschland, wäre das zwar bedauerlich, aber ich würde das Schicksal mit fast allen anderen Frauen in meinem Alter teilen. Da würde ich mir am Ammersee keinen Kopp drum machen.

In Amerika aber, vor allem in Kalifornien, sind diese Sünden keine Sünden, sondern Verbrechen. Und zwar so schwerwiegende, dass sie mit umgehender Folter geahndet werden müssen. 91 Prozent aller Frauen hassen ihren Körper, habe ich gelesen, aber in Los Angeles, davon bin ich überzeugt, sind es 100 Prozent.

In meiner implantatlosen Brust schlägt mein Herz für Naturbelassenes, trotzdem würde ich gerne so knackig bleiben wie der genmanipulierte Apfel, der nie schrumpelt. Nur eben auf biologisch-dynamische Art. Gott sei Dank stehen mir Prominente mit Rat und Tat zur Seite, damit auch ich Normalfrau runzelfrei auftreten kann. Und zwar, jetzt kommt's, wie die Natur mich schuf. Denn weil auch die A-Lister nicht zugeben, dass sie ihre Oscar-prämierten Körper chirurgisch rundumoptimieren ließen, verkünden sie stattdessen die neuesten Rezepte, wie man *ganz natürlich* jung/schön/glatt bleiben oder werden kann. Hier exklusiv die fünf überzeugendsten Geheimtipps:

1. Bienengift

Schauspielerin Gwyneth Paltrow gibt nicht zu, dass sie ihre Stirn mit Gift glättet. Stattdessen behauptet sie, sie lasse sich von Bienen stechen: »Api-Therapie ist Tausende von Jahren alt, und Menschen nutzen es, um Entzündungen oder Narben zu heilen«, erzählte die blasse Bienenkönigin der *New York Times*.[23] »Die Vorteile sind ziemlich unglaublich, wenn man das mal recherchiert.« Ja, ziemlich unglaublich, in der Tat. Die Bienen können von Multipler Sklerose bis zu Arthritis alles heilen und das Immunsystem sowie die Haut verjüngen – nicht ganz schmerzfrei, dafür aber natürlich. *Vanity Fair* spekulierte gar, auch Kate Middletons makelloser Prinzessinnenteint werde durch Facials mit Bienengift gebleicht.

Nebenwirkungen? Gwyneth Paltrow warnt: »Aber Mann, tut das weh!«

2. Kaffeesatz

Noch besser finde ich den Rat von Supermodel Naomi Campbell, sich regelmäßig Kaffeesatz in Klarsichtfolie um die Oberschenkel und den Hintern zu wickeln und damit etwa dreißig Minuten zu entspannen. Das hilft gegen Cellulite, sagt sie. Sie hat keine, also muss das stimmen. Aber Achtung, es ist sehr wichtig, dafür keinen Instantkaffee zu nehmen, sondern guten Espresso!

3. Uguiso no fun

Victoria Beckham schwört auf Ausscheidungen der Nachtigall, speziell von der japanischen Insel Kyushu. Die Exkremente werden in Facials zur Entgiftung und Reinigung eingesetzt. Im Deutschen würde ich das vulgär als »Vogelmist« übersetzen, aber auf Japanisch hört sich das viel eleganter an: »Uguiso no fun«. Klingt ziemlich verdächtig nach: genau, kein Spaß!

4. Nacktschnecken

Der größte Trend, das habe ich exklusiv von Schauspielerin Ayda Fields erfahren, der Ehefrau von Robbie Williams, sind Nacktschnecken. Ist ein Geheimtipp aus Thailand. Wer dann einige Helix Aspersa Muller (zu Deutsch: braune Nacktschnecken) über das Gesicht gleiten und sich von ihnen die abgestorbenen Hautzellen abknabbern lässt, wird sich durch den Schneckenschleim eines glatteren Teints erfreuen.

Bonus: Die Nachbarn freuen sich, dass ich ihnen die Plage aus dem Garten klaue.

5. Rotwein

Zu jedem Sommerurlaub gehört Rotwein, der Trick besteht aber laut Schauspielerinnen Teri Thatcher und Jessica Simpson darin, den Traubensaft nicht mit Trinken zu vergeuden, sondern ihn ins Badewasser zu gießen. Der Wein helfe der »Zellerneuerung«, mache die Haut seidig und bringe sie zum »Leuchten«, verriet Hatcher dem einschlägigen Branchenguide Wikitricks.

Da habe ich nun jahrelang den Merlot falsch angewandt, nämlich oral, und gedacht, echte Schönheit käme von innen!

Das Schöne ist ja, dass all diese Hilfsmittel bereits in einem normalen Badeurlaub quasi von Natur aus inbegriffen sind und man sich dafür noch nicht einmal körperlich anstrengen muss. Selbst Wenigverdiener, die sich Victoria Beckhams Dreihundert-Dollar-Facials nicht leisten können, können die Billigvariante in der freien Natur genießen: Nacktschnecken gibt es schließlich an jedem Baggersee, und auch am Meer ist nun klar, warum man nach drei Tagen Strandurlaub drei Jahre jünger aussieht: Vogeldreck von oben gibt's gratis (tut's auch Möwe?), doppelter Espresso (den schütte ich mir nun eben über die Oberschenkel) und Mückenstiche (Low-Budget-Bienen) gibt es ohnehin in allen sonnigen Gefilden im Übermaß. Den Tag lasse ich dann mit einem guten Cabernet ausklingen, von dem ich ein Tröpfchen ins Badewasser gebe. Spätestens beim dritten Glas macht es dann keinen Unterschied mehr, wohin Victoria Beckham ihren Mist reibt. Dann leuchte ich nämlich von innen!

7. Die besten Kinder der Welt

Was kann Ihr Knirps?

In diesem Kapitel erfahren Sie,

- Wie Sie das volle Potenzial Ihres Nachwuchses aus-schöpfen
- Dass Sie mit der Optimierung Ihres Kindes bitte schon vor dem Kindergarten beginnen, ach was, vor der Zeu-gung
- Dass nicht nur freilaufende Hühner, sondern auch frei-laufende Kinder selten sind

Make Your Kid Great Again!

Wir müssen über Ihr Kind reden. Ja, Ihres. Schöpfen Sie das volle Potenzial Ihres Nachwuchses aus? Haben Sie Ihr Kind schon optimiert? Oder hat Ihre Kleine bereits den Anschluss verpasst? Wenn die Sommerferien zu Ende gehen und die Kinder in die Schulen strömen, mache ich mir ernsthaft Sorgen um die deutschen Sprösslinge, denn in Amerika beobachte ich, wie Eltern ihre Knirpse schon im Kleinkindalter in Stellung bringen, die Weltherrschaft zu übernehmen.

Wie immer kommen die tollsten Ideen zur frühkindlichen Förderung aus Amerika, dem Paradies der Selbstoptimierung. Eltern, die den eigenen Körper und Status optimiert haben, wollen sich natürlich nicht mit einem suboptimalen Kind blicken lassen. Während in Deutschland Eltern Monate damit vertrödeln, den richtigen biologisch-dynamischen Waldkindergarten auszusuchen, bringen die Trendsetter im Silicon Valley den Zwergen schon im Kindergarten mit lustigen Apps das Programmieren bei. Kaum sind die Windeln trocken, stehen da Überlebensstrategien wie Design Technik und »überzeugend Argumentieren« auf dem Stundenplan. Nein, das habe ich mir nicht ausgedacht, das wird da tatsächlich unterrichtet. Wenn Ihr Sohn mit dreieinhalb noch keinen iPad bedienen kann, ist was schiefgelaufen. Wenn Ihre Tochter mit fünf noch keine App programmiert hat, wird aus ihr vermutlich in diesem Leben nix mehr. Den Rückstand holt die dann nie mehr auf.

Es reicht nicht, das Kind gleich nach dem positiven Schwangerschaftstest in Harvard anzumelden. Das *rat race* um die beste Grundschule, das beste Gymnasium und die beste Uni beginnt schon mit dem besten Kindergarten. Jetzt bloß keinen Fehler machen! Früh übt sich, wer einmal Bill Gates werden will!

In Amerika gibt es deshalb Trainingsprogramme, die Kinder für den Kindergarten fit machen.[24] Das einwöchige *KinderPrep Bootcamp* der *Academic Achievers* in Santa Monica, zum Beispiel, bereitet Dreieinhalb- bis Fünfjährige auf den Kindergarten vor, und das zum kindgerechten Preis von tausend Dollar pro Woche. (Für Kinder, die in dieser Preisklasse keine gleichwertigen Spielkameraden finden, können Eltern auch Privatcoaching ab hundertzwanzig Dollar pro Stunde buchen.) Weil die Eltern bei Trendfirmen wie Google, Yahoo, HBO und Hulu um die Ecke arbeiten, dürfte die Eintrittsgebühr kein Problem sein. Dafür lernen die Kinder dann den Kalender, malen, und sie schreiben ihre Eindrücke auf. Wie bitte? Ihre Vierjährige kann nur buchstabieren? Bitte setzen, sechs!

Die heiß begehrten Kindergartenplätze der besten Privatschulen kosten gut 25.000 Dollar im Jahr. Das muss man sich natürlich erst einmal leisten können. (Dass Amerika gleichzeitig im internationalen Vergleich mit anderen Industriestaaten bei der frühkindlichen Bildung fast das Schlusslicht bildet, ist kein Widerspruch, ganz im Gegenteil: Gerade weil sie sich nicht auf »normale« Kindergärten und Schulen verlassen wollen, geben wohlhabende Eltern so viel Geld für Eliteprogramme aus. Denn auch das ist Realität: Jedes dreißigste Kind in Amerika ist zumindest zeitweilig obdachlos und kann von einer guten Schule nur träumen.[25]) Mit Geld allein kann sich aber auch Steve Jobs jr. noch keinen Kindergartenstuhl kaufen: Auf einen Platz kommen bei den besten Kindergärten gut fünf Bewerber. Das heißt: Die Knirpse müssen Bewerbungsgespräche, intensive Eignungsprüfungen und bei manchen sogar Intelligenztests überstehen. Für den Kindergarten! Praktischer Nebeneffekt: Damit sind sie bestens auf die harten Assessment-Center im späteren Berufsleben vorbereitet.

Sogar der Kindergarten ist also inzwischen eine Leistungssportart mit Olympia-Potenzial. »Wenn sie dann in den Kindergarten kommen«, sagt Elizabeth Fraley, die Direktorin von *KinderPrep*, »ist keine Zeit zum Spielen. Da ist es eher wie sonst in der ersten Klasse.« Da mag Donald Trump noch so laut fordern: »*Make America Great Again!*« Eltern fokussieren ihren Optimierungswillen doch in erster Linie auf den eigenen Nachwuchs: »*Make Your Kid Great Again!*«

Deshalb füttern amerikanische Eltern ihren Kindern auch schon im Kleinkindalter Psychopharmaka. Ich bin der Meinung: Damit kann man gar nicht früh genug anfangen! Wer steht schon gerne den Wutanfall von Klein-Tommy bei Aldi durch? Wissen Sie, wie ohrenbetäubend eine Zweijährige kreischen kann? Während deutsche Eltern dann mühsam versuchen, die Süße mit Schaukeln, Gutzureden oder Lollis zu beruhigen, schlagen die Amis auch da den effektivsten Weg ein: 83.000 Kinder unter zwei Jahren nehmen schon Antidepressiva, 20.000 weitere Kinder unter zwei Jahren schlucken Risperidal, Seroquel und andere antipsychotischen

Medikamente. Die Zahlen der verschreibungspflichtigen Psychopharmaka steigen jedes Jahr, das Alter der Empfänger sinkt. Einfach eine Pille zwischen die Zähne schieben, schon ist das Problem gelöst! Das Kind macht keinen Mucks mehr. Na bitte, es geht doch!

Ich bin auf dem Land großgeworden, mitten in Bayern. Nach der Schule schnell Hausaufgaben gemacht, dann raus zum Spielen. In der freien Natur! Unbeaufsichtigt! Hin und wieder Tennis- oder Gitarre-Stunden, aber das war's dann schon. Die amerikanischen Kinder gut betuchter Eltern dagegen pendeln nach der Schule so penibel ausgetaktet zwischen Ballett-, Cello- und Sprachunterricht, dass einem CEO schwindlig werden könnte. Ach, was aus mir alles hätte werden können, wenn ich mit fünf schon Chinesisch gelernt und mit sechs mein erstes Praktikum bei Bill Gates gemacht hätte!

In amerikanischen Vorstädten entdecke ich Anzeichen von Kinderleben – Windeln in den Einkaufstüten, Spielzeuge, Basketballkörbe –, aber eines sehe ich so gut wie nie: spielende Kinder. In Schwarzen-Vierteln schon, da jonglieren Eltern oft mehrere Jobs und wünschen sich vergebens, sie hätten Zeit, ihre Kinder von der Schule abzuholen. Aber gerade in den weißen Vierteln regieren die Helikoptereltern. In manchen Staaten wie Illinois ist es sogar illegal, Kinder unter vierzehn Jahren alleine zu Hause zu lassen. Wir sprechen nicht davon, dass die Eltern für eine mehrmonatige Weltumseglung in See stechen, sondern schlicht und einfach davon, dass sogar Teenagern nicht zugetraut wird, sich eine Stunde ohne Aufsicht zu beschäftigen. Vor jeder Schule stehen Dutzende von Autos mit laufendem Motor, damit Klein-Mary ja keine fünfhundert Meter zu Fuß laufen muss.

Dagegen kann es durchaus passieren, dass eine Mutter in Handschellen landet, wenn sie es doch mal wagt, ihr Kind allein aus dem Haus zu schicken. So erging es der sechsfachen Mutter Maria Hasankolli in Wallingford, Connecticut, als ihr Jüngster, der acht Jahre alte Lucan, den Schulbus verpasste und beschloss, die drei Kilometer zur Schule zu Fuß zu laufen. Hasankolli hatte die Nacht bei ihrer sterbenden Tante am Krankenhausbett verbracht und deshalb den Wecker verschlafen. Sie wurde unsanft von zwei Polizisten geweckt, die ihr Handschellen anlegten und ihr mit zehn Jahren Gefängnis wegen Kindesgefährdung drohten.

Wenn man »Amerikas schlimmste Mutter« in die Google-Suchmaschine eingibt, landet man bei Lenore Skenazy in New York. Ihr Verbrechen: Sie ließ ihren neun Jahre alten Sohn Izzy alleine mit der Metro fahren. Nein, passiert ist ihm nichts, aber allein die Tatsache, dass ihm etwas passieren hätte können, brachte ihr Morddrohungen und eine Anklage wegen Kindesvernachlässigung ein. Wegen Geschichten wie dieser hat die in Yale ausgebildete Fernsehproduzentin Skenazy die Selbsthilfegruppe *Free Range Kids* gegründet, »freilaufende Kinder«. Wie bei den Hühnern auch sind freilaufende Exemplare in Amerika in der Minderzahl. Skenazys Mission: »Kinder brauchen Freiraum, auch mal ohne die Eltern zu spielen. Wir haben eine solche Gehirnwäsche verpasst bekommen, dass wir fürchten, unsere Kinder seien ständig in Gefahr durch Perverse, Kidnapper, Bakterien oder nicht biologisch-dynamisch angebaute Trauben«, mokiert sich Skenazy, »aber unsere Kinder brauchen keinen Bodyguard rund um die Uhr. Dass Fremde ein Kind kidnappen, kommt extrem selten vor. Unsere Kinder sind sicherer denn je, aber weil diese seltenen Verbrechen in den Medien viel Aufmerksamkeit erhalten, denken Eltern, unsere Kinder seien ständig in Gefahr.« Für solche Aussagen wird sie angefeindet, als zwinge sie ihre Söhne, ihr Morgenmüsli in Wodka einzurühren.

Im Idealfall führt dieser fürsorgliche Erziehungsstil zu *Affluenza*, dem sogenannten »Wohlstandssyndrom«, mit dem sich selbst Verbrechen straffrei begehen lassen. Der sechzehnjährige Ethan Couch fuhr im Alkoholrausch vier Menschen tot, bekam aber zunächst nur eine milde Bewährungsstrafe, denn seine Anwälte argumentierten erfolgreich, seine wohlhabenden Eltern hätten ihn so privilegiert erzogen, dass er nicht abschätzen konnte, welch negative Konsequenzen unverantwortliche Handlungen nach sich ziehen. (Erst als seine Mutter mit ihm nach Mexiko floh – ein Verstoß gegen die Bewährungsauflagen –, wurde er doch verhaftet und zu zwei Jahren Gefängnis verurteilt.)

Noch genialer wäre es, mit der Optimierung schon vor der Zeugung anzufangen. Denn wenn wir ehrlich sind, beginnt das Dilemma unserer Kinder ja schon damit, dass wir selbst im Durchschnitt alle nur Durchschnitt sind. Es gibt in Amerika Samenbanken, die gegen Aufpreis Sperma von Nobelpreisträgern, Olympia-Siegern und Männern mit einem sensationellen IQ anbieten, also »Genie-Samenbanken«. Idealerweise könnten wir unsere Kinder bereits mit einem optimalen Usain-Bolt-Sprint ins Leben starten lassen.

Ach so, aber dann müssten wir sie ja laufen lassen.

8. Dollarzeichen: Alles auf Pump

Amerika ist ein 24-Stunden-Shopping-Paradies

In diesem Kapitel erfahren Sie,

- Dass Sie erst kreditwürdig sind, wenn Sie Schulden haben
- Wo das Starship Enterprise gelandet ist
- Dass ein Prozent der Amerikaner ein Fünftel des Geldes besitzt

Weshalb es eine gute Idee ist, auch einen Kaugummi mit fünf Kreditkarten zu bezahlen

Endlich bin ich eine richtige Amerikanerin: Ich mache Schulden. Das war eines der ersten amerikanischen Hobbys, die mir meine neue Liebe ans Herz legte: »Du musst deine Kreditwürdigkeit bilden!«

»Kreditwürdigkeit? Wieso? Ich habe doch gar keine Schulden!«

»Eben! Genau das ist das Problem.«

Wer keine Schulden hat, ist in Amerika nicht kreditwürdig. Eigentlich logisch. Aber es ist ein Teufelskreis, denn irgendwo muss man anfangen. Und es gibt einem keiner einen Kredit, solange man keinen hat. Nicht einmal ein Handy kann man sich zulegen, wenn man keine Schulden hat: Der amerikanische Telefonanbieter Sprint hat – ohne meinen Kontostand zu kennen – meinen Antrag auf einen Handy-Vertrag abgelehnt, weil ich eben nicht kreditwürdig bin. Siehe oben. Seither arbeite ich geflissentlich mit den Kredithaien, und es ist ein anstrengender Job.

Inzwischen besitze ich fünf Kreditkarten. Die werden einem in jedem Supermarkt hinterhergeworfen: »Möchten Sie mit Ihrem T-Shirt auch eine neue Kreditkarte?«, flötet die Verkäuferin bei Macy's. »Damit bekommen Sie fünfzehn Prozent Rabatt.« Seither mache ich es wie die Amis und bezahle auch jeden Kaugummi für 99 Cent mit der Karte statt mit Kleingeld. Inzwischen lease ich auch mein Auto, statt es zu kaufen, denn in Amerika sind die Leasing-Raten wirklich unschlagbar. Ich habe mir sogar ein Häuschen gekauft (das eigentlich der Bank gehört), denn je mehr Schulden ich mache, desto kreditwürdiger werde ich. Inzwischen liegt mein »Rating« schon bei über 800. Das Maximum ist 850. Aber da mache ich mir keine Sorgen: Wenn ich mir irgendwann eine Millionenvilla zulege, die ich mir eigentlich nicht leisten kann, knacke ich diese Hürde auch noch.

Meine bodenständigen deutschen Eltern haben mir eingebläut, dass wir nur das kaufen, was wir uns leisten können. Das klingt vernünftig, aber die amerikanische Wirtschaft fußt darauf, dass wir uns Dinge kaufen, die wir nicht brauchen und die unser Budget übersteigen. Ein Fünftel der Amerikaner hat kein Sparkonto. Mehr als sechzig Prozent haben weniger als tausend Dollar Rücklagen. Aber das Shoppingparadies Amerika verführt selbst in Kleinstädten mit rundum-die-Uhr-Shopping, denn so was wie Ladenschlusszeiten gibt es hier nicht wirklich. Unser Supermarkt hat vierundzwanzig Stunden geöffnet, damit ich auch sonntags um zwei Uhr morgens Klopapier besorgen kann. Wer sich ein Auto zulegt, dem wird Kredit zu null Prozent angeboten. Der Verkäufer bei Best Buy verspricht, ich müsse meinen neuen Fernseher erst im nächsten Jahr bezahlen. American Express wirbt damit, dass ich nun zu den ganz besonders bevorzugten Kunden gehöre, die ihre Bilanz nicht mehr jeden Monat abbezahlen müssen, sondern bitte, bitte immer nur den Mindestbetrag und den Rest auf später vertagen. Wer, danke schön, möchte da nicht zugreifen?

Ach so, ja, die vielen Schulden waren der Grund, warum

die amerikanische Wirtschaft 2007 zusammengebrochen ist, weil auch Menschen, die dafür das Geld nicht hatten, der Traum vom eigenen Haus versprochen wurde.

Das Risiko werden die Banken schnell wieder los: Noch bevor wir den Kreditvertrag für unser Häuschen unterzeichneten, hatte unser Kreditunternehmen den Kredit schon weiterverkauft – an eine Bank, die wir nicht kennen und mit der wir nie etwas zu tun hatten.

Überhaupt, Banken! *Don't get me started!*

Eines der Dinge, die mich anfangs fassungslos machten, waren die Schecks, die mein Darling jeden Monat handschriftlich ausstellte: jeweils einer für das Telefon, für die Miete, für den Strom, das Gas, die Autoversicherung, die Leasing-Rate ... Ungelogen, jeden Monat ging ein Stapel Schecks raus, so hoch wie das Empire State Building.

Denen werde ich zeigen, was gutes deutsches Banking ist, dachte ich mir. Nachdem ich eingezogen war, stellte ich alle regelmäßigen Haushaltszahlungen auf elektronisch um. Haha, das war gut gedacht, aber ich hatte nicht mit dem Widerstand des amerikanischen Bankensystems gerechnet: In Deutschland überweist die Bank mit einem Dauerauftrag automatisch die Rechnungen für Strom, Internet usw., das heißt, das Geld flutscht einfach von meinem Konto direkt auf das Konto des Anbieters. Aber in Amerika? Nicht so schnell, mein Freund! Ich kann zwar die Zahlungen elektronisch avisieren, aber die Bank schickt dann dem Anbieter – genau! – einen Papierscheck! Per Post! Eine direkte Überweisung von einem Konto auf das andere nennt sich *Wire Transfer* (»Draht-Übertragung«, arbeiten die noch mit Drähten?) und erfordert das Ausfüllen mehrerer (Papier-)Formulare, telefonische Bestätigungsanrufe und dann, schließlich, jedes einzelne Mal eine Gebühr von 35 Dollar. Da könnte man sich echt die Drähte raufen.

Sogar als ich mir selbst Geld von einem Konto auf das andere überweisen wollte und dies elektronisch tat, kam nach einer Woche in der Post: ein Scheck! Von mir an mich! Den ich dann persönlich zur Bank tragen durfte, an die ich das Geld überweisen wollte. Seit Weihnachten 1978 war beim Auspacken die Überraschung über etwas, das ich selbst bestellt hatte, nicht mehr so groß.

Viele Amerikaner halten übrigens das elektronische Banking für zu unsicher. Da haben sie auch recht. Es gibt zwar nichts Unsichereres, als einen Scheck mit der Schneckenpost von A nach B zu schicken, weil ihn sich jeder Passant aus dem Briefkasten greifen kann, aber die elektronische Kontoführung ist in Amerika wirklich ein Sicherheitswitz: keine TANs, keine PINs. Nur gelegentliche Sicherheitsfragen, bei denen ich jedes Mal wieder überlegen muss, was ich da irgendwann mal angegeben habe (Was war noch mal meine erste Lieblingsband? Waren das die Teens oder Madonna? Wie lautete der Name meiner Lieblingslehrerin in der Grundschule? Habe ich da meine Sport- oder meine Deutschlehrerin eingetragen?), und ein Passwort, das man sich selber zusammenstellt wie beim Netflix-Account. Die Bank verlangt noch nicht einmal Großbuchstaben, Umlaute und Zahlen wie jeder drittklassige Abonnementanbieter. Meines lautet natürlich *#CrazyAmerica*. Aber das verrate ich nur Ihnen.

Wer hat den Größten? Der Häuserkampf der Milliardäre

Leonard Nimoy, die irdische Inkarnation des geliebten Mr. Spock aus der *Star Trek*-Serie, durfte bis kurz vor seinem Ableben direkt auf das Starship Enterprise blicken. Nein, nicht *das* Starship aus *Star Trek*, mit dem man abheben und ferne Galaxien erkunden kann, sondern das futuristische Starship von Nimoys Nachbar Mohamed Hadid in Bel Air: ein imposantes Gebilde aus Beton und Stahl, das so außerirdisch aussieht, dass es die Kalifornier Starship Enterprise getauft haben.

Das Starship von Bel Air ist ein eindrucksvolles Konstrukt und in jedem Fall ein abenteuerliches Enterprise: Mit seinen 2.800 Quadratmeter Wohnfläche, mehr als 21 Meter hoch, eigenem IMAX-Kino und Ballsaal, unterirdischen Schlafzimmern und einem Preisschild um die hundert Millionen Dollar hängt es wie das riesige, halb fertige Nest eines gigantischen Geiers in den Hügeln von Los Angeles.

Der Rohbau schillert ebenso pompös wie sein Bauherr: Mohamed Hadid ist der Vater der Models Gigi und Bella Hadid, Gaststar der »Real Housewives of Beverly Hills« und einer der mächtigsten Immobilien-Mogule in Amerika. Er hat unter anderem die Ritz-Carlton-Hotels in Washington und Aspen gebaut und den Palast, in dem Michael Jackson starb. Auf Instagram spricht er mit seinen Schwänen (»Hallo Schwäne, hoffe, ihr habt ein schönes Wochenende ...«), und oft postet er Fotos von seinem Raumschiff mit dem Hashtag #themodernhouseofhadid.

Das alles wäre nun nicht der Rede wert, wenn das Starship nicht – wie sein Filmvorbild – Symbol eines zunehmend eskalierenden Krieges wäre, in diesem Fall zwischen normalsterblichen Erdlingen und Milliardären, die auf ihrem ganz eigenen Planeten leben. Obwohl: Zugegeben, ganz normale Erdlinge sind es nicht, die hier wohnen. Schließlich befinden wir uns in der palmengesäumten Nachbarschaft von Stars wie Bruce Springsteen und Britney Spears. Aber die Millionäre, die sich das schöne Fleckchen einst aussuchten, um ihre Villen zu bauen, kämpfen nun gegen die neuen Nachbarn, neben denen sie arm aussehen: Die Neuzugänge machen Zehn-Millionen-Dollar-Villen dem Erdboden gleich und ersetzen sie durch luxuriöse Hundert-Millionen-Dollar-Villen. Mega-Mansions weichen Giga-Mansions. Die Milliardäre sind zu einem Wettkampf angetreten: Wer hat den Größten? 1.000 Quadratmeter reichen nicht mehr, es müssen 2.000-, 4.000-, ja, 8.000-Quadratmeter-Villen sein, mit fünf Swimmingpools, unterirdischen türkischen Bädern, per iPad gesteuerten Springbrunnen, von Hand gedrechselten ägyptischen Säulen, sogar einem eigenen OP-Saal im Keller, damit man für die Nasenkorrektur nicht in ein ordinäres Krankenhaus umziehen muss. Derzeit ist in Bel Air ein Palästchen mit 21 Badezimmern in Bau, das 500 Millionen Dollar kosten soll. Touristen stehen vor den Klötzen und fragen sich: Ist das noch ein Privathaus oder schon das Hyatt? Lebst du noch, oder wohnst du schon?

Die Klassengegensätze sind in Amerika wesentlich größer als bei uns: Die reichsten 10 Prozent der Amerikaner teilen sich laut des *Credit Suisse Global Wealth Reports* 75 Prozent des amerikanischen Wohlstands. 95 Prozent der Vermögens-zuwächse gehen auf ihr Konto – das ist der krasseste Gegen-satz zwischen Arm und Reich seit den Zwanzigerjahren.

Auf dem Papier verdienen Amerikaner zwar im Durch-schnitt mehr als Deutsche, Franzosen oder Briten, sie haben allerdings auch wesentlich höhere Ausgaben für unerläss-liche Dinge wie Gesundheitsversorgung oder Ausbildung, so dass ihnen letztlich im Durchschnitt weniger zum Leben übrig bleibt.

Zum Vergleich: In Deutschland machen die einkommens-schwachen Schichten 7 Prozent aus, die Reichen 8 Prozent. In Amerika dagegen stellen die Einkommensschwachen 17 Prozent und die Reichen 13 Prozent. Nur 70 Prozent der Amerikaner zählen zur (stetig schrumpfenden) Mittelklasse.[26] Amerika hat damit die schwächste Mittelklasse in der west-lichen Welt.[27]

Dies wirkt sich direkt auf die Lebensqualität der Amerika-ner aus. So verdienen beispielsweise die Franzosen weniger Geld als die Amerikaner, genießen aber wesentlich mehr Lebensqualität. Zum Beispiel leben die Franzosen einige Jahre länger (80 Jahre) als die Durchschnittsamerikaner (77 Jahre), und sie arbeiten wesentlich weniger: Amerikaner arbeiten gut dreihundert Stunden mehr im Jahr.[28] Deshalb sprechen wir vom »Leben wie Gott in Frankreich«, aber nicht »wie Gott in Amerika«.

Es sei denn, man gehört zu den »Ein-Prozentern«, den Megareichen. Die regieren tatsächlich gottgleich.

Wer also sind diese Neureichen in Bel Air? Und was wol-len sie? Gute Frage. Das würden nicht nur die Nachbarn, sondern auch die Stadt und ihre Rechtsanwälte gerne wissen. Sowohl Hadids Nachbarn, etwa die Walmart-Erbin Nancy Walton Laurie, als auch die Stadt klagen gegen das Raumschiff in der 901 Strada Vecchia wegen einer langen Liste an Verstößen gegen die Baugenehmigung. Unter anderem ist das Haus mit knapp 22 Metern mehr als doppelt so hoch wie erlaubt und 800 Quadratmeter zu groß. Unzählige Baustopps hat Hadid bereits kassiert, aber er tut unbekümmert kund, er werde einfach weiterbauen, und die Stadt erlebte eine Überraschung: Wer für den Glasklotz rechtlich verantwortlich ist, ist gar nicht so einfach ausfindig zu machen. Zwar hat Hadid das Grundstück ursprünglich gekauft, aber als die ersten Strafbescheide eintrudelten, verkaufte er es an eine Briefkastenfirma, die es wiederum an eine weitere Strohfirma mit beschränkter Haftung verkaufte, 901 Strada LLC. Hadid tut gut daran, zwischen sich und das Spaceship mehrere Briefkästen zu schieben: Auf so eklatante Bauverstöße stehen mehrmonatige Gefängnisstrafen, und das Ding abzureißen oder auf halbe Größe zurechtzustutzen wird teuer.

Aber er befindet sich in bester Gesellschaft: Laut einer Analyse der *New York Times*[29] sind Briefkastenfirmen beim Kauf von drei Vierteln der Luxusimmobilien in Los Angeles involviert, die mehr als fünf Millionen Dollar kosten. Drei Viertel! In New York sind es immerhin noch mehr als die Hälfte: 55 Prozent. In Los Angeles verstecken sich nicht nur die Besitzer hinter den hohlen Hüllen, sondern auch die Bauträger. »Klar«, sagte mir eine Maklerin in Los Angeles, »wir haben ständig mit Strohfirmen zu tun. Wir verlangen dann halt eine höhere Provision, weil wir im Ernstfall den

Besitzer ja nicht belangen können, aber für uns gehört das zum Alltag.« Sie fiel aus allen Wolken, als ich ihr erklärte, dass das in Deutschland undenkbar wäre.

In Amerika ist nicht nur ein Immobilien-Tycoon zum Präsidenten aufgestiegen, sondern Typen wie er genossen schon vorher extrem üppige Privilegien. Donald Trump brüstete sich damit, zwar Milliardär zu sein, aber keine Steuern zu zahlen. Megareiche müssen sich keine Strohmänner in Panama suchen. *Shell Companies* zu gründen und sich dahinter zu verstecken ist auch mitten in Amerika kinderleicht; es ist regelrecht eine boomende Industrie. Staaten wie Delaware, Wyoming und Nevada werben mit besonders minimalen Vorschriften, aber auch im sogenannten Platinumdreieck zwischen Beverly Hills, Bel Air und Holmby Hills sind sie gang und gäbe.

Als ein Team der *New York Times* monatelang zu diesem Thema recherchierte, stießen sie im Bauboom von Los Angeles und New York nicht nur auf Promis, Rechtsanwälte und reiche Scheichs, sondern auch auf zahlreiche schmierige Kandidaten: »Le Palais« beispielsweise, ein kitschiges Schloss mit Schwanenteich, gehört einer Briefkastenfirma, die mit der unter Korruptionsverdacht stehenden Familie des usbekischen Präsidenten in Verbindung gebracht wird; weitere Nachforschungen führten unter anderem zu nigerianischen Handlangern mit dubiosen Verbindungen zum unter Korruptionsverdacht stehenden früheren Ölminister, russischen Magnaten und Diktatorensöhnen. Wie viele Millionen aus illegalen Geschäften stecken in den amerikanischen Glaswänden und Schwanenteichen?

Das amerikanische Finanzministerium arbeitet an einem neuen Gesetz, das Briefkastenfirmen verpflichten soll, Klarnamen offenzulegen, aber bis es so weit ist, werden Jahre vergehen. Bis dahin können weder die Stadt, ihre Rechtsanwälte noch die Banken und das Finanzamt so einfach auf die Person zugreifen, die Hadids Spaceship nach Bel Air verpflanzt hat.

Das alles erscheint mir so unglaublich, dass ein beunruhigender Verdacht in mir keimt: Zieht denn niemand in Betracht, dass vielleicht wirklich Außerirdische in Bel Air gelandet sind? Wesen, die in ihrem eigenen Kosmos nach ihren eigenen Gesetzen leben und alles daransetzen, dass wir ihren Planeten nicht entdecken? Irgendwann wird das Spaceship einfach abheben und uns Erdlinge ratlos zurücklassen. Mit den monströsen Rohbauten ihrer unverwirklichten Ambitionen.

9. Law & Order:
Alles, was Recht ist

Die Polizei, dein Freund und Räuber

In diesem Kapitel lernen Sie,

- Wie Sie mit zu kalten Eiswürfeln, zu heißem Kaffee und zu knusprigen Fritten Ihre erste Million verdienen.
- Wie die Amerikaner das deutsche Wort Schadenfreude interpretieren: erst der Schaden, dann die Freude!
- Die zehn verrücktesten Gesetze Amerikas

Risiko-Kapital: So klage ich mich reich!

Hiermit verklage ich die deutsche Fußball-Nationalmannschaft, Trainer Jogi Löw und Kapitän Bastian Schweinsteiger, weil sie die Weltmeisterschaft 2016 gegen Frankreich verloren haben. Wegen der erlittenen psychischen und emotionalen Schäden verlange ich 88 Milliarden Dollar. Auch habe ich mir in meiner blinden Verzweiflung den Knöchel am Wohnzimmersofa angestoßen, für die medizinischen Kosten muss natürlich jemand aufkommen. Von Schweini will ich wegen des Hand-Elfmeters vor der Halbzeit eine Extramillion.

Nein, kein Witz, das wird klappen. In Deutschland hätte ich damit natürlich keine Chance. Aber weil ich das Spiel in Amerika gesehen habe, ist Amerika das Gerichtsland, und da funktioniert so was.

Ich orientiere mich in der Schadenshöhe an meinem Vorbild Terry Hendrix aus Colorado, der die National Football League auf 88 Milliarden Dollar (um genau zu sein: exakt 88.987.654.321,88) verklagt hat, weil seinem Football-Verein, den Dallas Cowboys, wegen eines fragwürdigen Stunts der Sieg gegen die Green Bay Packers nicht anerkannt wurde. Bei genauerem Hinsehen stellte sich heraus, dass er 88 Milliarden forderte, weil 88 die Trikotnummer seines Lieblingsathleten ist. Es ist also durchaus möglich, dass es für mich nur auf 17 Milliarden hinauslaufen wird. Aber für neunzig Minuten Herzrasen fände ich den Geldregen zumindest eine passable Entschädigung.

Jedes Jahr veröffentlicht das US Chamber Institute for Legal Reform eine Liste der albernsten Klagen. Das mögen angehende Rechtsanwälte zur Belustigung lesen, aber ich persönlich durchforste die Liste als Fundgrube für ertragreiche Ideen. Als freiberufliche Autorin bin ich immer auf der Suche nach lukrativen Nebeneinkünften. Das wirklich Faszinierende ist nämlich nicht, dass Menschen solche Klagen einreichen, sondern dass viele davon erfolgreich sind. Nun gut, die Klage des Biertrinkers, der Budweiser wegen irreführender Werbung verklagte, weil ihn Dosenbier nicht wie im Fernsehspot attraktiver, sondern nur dicker machte, wurde abgewiesen, aber der Einbrecher, der sich beim Einstieg durch ein Fenster in eine Bar verletzte, war mit seiner Schmerzensgeldklage gegen den Barbesitzer immerhin zur Hälfte erfolgreich. Oder nehmen Sie die Eltern der beiden Schülerinnen, die wegen rassistischer Ausfälle von der Schule suspendiert wurden. Obwohl die Worte der Teenager so übel waren, dass ich sie hier nicht wiedergeben kann, verklagten die Eltern die Schule wegen des Rauswurfs trotzdem auf eine Million. Das Konzept ist genial: erst pöbeln, dann abkassieren! Da sehe ich vom Niveau her noch viel Spielraum nach unten.

Natürlich habe ich mich bereits der Sammelklage von Stacy Pincus angeschlossen. Die Frau aus Chicago hat Starbucks auf fünf Millionen Dollar verklagt, weil zu viel Eis in ihrem Eiskaffee war. Wenn ich für jeden Drink, in dem ich vor Eiswürfeln das Getränk nicht erkenne, auch nur einen Dollar bekomme, ist meine Altersversorgung gesichert. Eiswürfel gelten in Amerika als Grundnahrungsmittel. Amerikanische Kühlschränke spucken Eiswürfel auf Knopfdruck aus, im Hotel gibt es auf jeder Etage Eismaschinen, und Getränkebecher werden automatisch bis über den Rand hinaus zunächst einmal mit Eis gefüllt, bevor das Getränk nachgegossen wird. Wer seine Speiseröhre nicht schockfrosten will, muss sich entschieden dagegen wehren. Insofern ist eine solche Klage schon lange überfällig.

Grundsätzlich sind da die Möglichkeiten unendlich. Das sieht man schon am Diesel-Skandal: In Amerika macht Volkswagen wegen der Manipulationsvorwürfe die Rekordsumme von gut 15 Milliarden Dollar locker, um die amerikanischen VW-Fahrer mit bis zu 10.000 Dollar pro Person zu entschädigen, und zu Hause im VW-Mutterland gehen die Dieselfahrer leer aus! Ist es zu spät, mir nun einen VW Diesel zu kaufen?

Meine Lieblingsklage ist jedoch die von DeToya Moody aus Georgia, die so auf ihr Smartphone fixiert war, dass sie auf dem Bürgersteig in eine Handwerkerleiter lief. Das brachte ihr eine Gehirnerschütterung und 161.000 Dollar. Das Ermutigende an der Klage ist, dass Moodys Missgeschick von einer Überwachungskamera gut dokumentiert ist: Der Arbeiter hatte die kleine Baustelle ordnungsgemäß mit orangefarbenen Warnkegeln gesichert, Moody war vorher schon mehrmals dran vorbeigelaufen, und das Video zeigt, dass sie im Gehen tippte und mit der Nase quasi am Smartphone klebte, aber das half dem Bauarbeiter alles nicht. Seine Firma musste trotzdem zahlen. Die Jury entschied, Moody sei für das Missgeschick nur »zu acht Prozent« verantwortlich, den Rest der Schuld trage die Firma.

Da sehe ich angesichts der vielen Baustellen in meiner Straße die Dollarzeichen leuchten.

Inspirierend auch das Vorbild einer Hausfrau in Florida, die Fedex verklagte, weil sie über ein Paket vor ihrer Haustür stolperte. Sie machte »schlimme körperliche Schmerzen, mentale Ängste und Erniedrigung« geltend. Auf die Idee wäre ich von alleine nie gekommen. Kann man doch mal versuchen, oder? Fedex hat sich mit ihr außergerichtlich geeinigt, denn darin liegt der Trick vieler dieser Klagen: Für große Konzerne ist es schlicht zu aufwändig, für jeden Paket-Stolperer teure Rechtsanwälte zu beschäftigen. Also zahlen sie lieber, nach dem Motto: im Zweifel für den Ankläger. Wo kämen wir hin, wenn Kunden für ihre Schusseligkeit plötzlich selbst verantwortlich wären?

Die Gewinnaussichten sind jedenfalls erfolgversprechender als die Chancen beim Lotto: Seit ich mich mit dem Thema eingehend beschäftige, habe ich erfahren, dass ein obdachloser Amerikaner seine Eltern wegen ihrer lieblosen Erziehung verklagte und als Entschädigung zwei Pizza-Läden in seinem Namen forderte. Ich fürchte, meine Eltern haben mich für eine Pizzeria in bester Lage zu sehr geliebt. Aber könnte die Tatsache, dass ich als Einzelkind aufwachsen musste, möglicherweise für einen Urlaub in Hawaii reichen?

Es gibt Anwälte, die sich auf diese Art von Klagen spezialisiert haben, die sogenannten *Ambulance Chaser*. Je höher der Schadenersatz, desto höher das Anwaltshonorar: Dr. jur. bekommt oft ein Drittel des Geldsegens, deshalb treibt er die Forderung so hoch wie möglich. Achtzig Prozent der Rechtsanwälte dieses Planeten leben in Amerika. Die müssen natürlich bezahlt und beschäftigt werden: Gemeinsam fechten sie fünfzehn Millionen Zivilrechtsklagen pro Jahr aus. Keine andere Nation klagt so viel, so gerne und so teuer.

Als ich zum ersten Mal durch Amerika reiste, war ich entsetzt darüber, an der Hotelrezeption ein Schild zu entdecken, das unmissverständlich darauf hinwies, das historische Gebäude enthalte krebserregende Substanzen. Ich überlegte, mir sofort eine andere Bleibe zu suchen. Wer will schon bei der Nachtruhe Bleidämpfe oder Arsen einatmen? Dann entdeckte ich das gleiche Schild in Dutzenden weiterer amerikanischer Hotels und verstand: Es weist nicht auf eine konkrete Giftquelle hin, sondern erfüllt nur eine einzige Funktion – damit Sie nicht klagen können, wenn Sie fünf Jahre später Krebs bekommen.

Die üppigen Klagesummen sind auch der Grund, weshalb nach einem Unglück, sagen wir, einer Gasexplosion, die Anwälte oft wie eine Heuschreckenplage über einen Stadtteil herfallen und auch noch Anwohner, die drei Straßenzüge entfernt wohnen, ermutigen, eine Klage wegen posttraumatischer Belastungsstörung einzureichen. Andererseits: Wenn es eine arme Gegend trifft, wie etwa die Bewohner von Flint, die jahrelang mit Blei verseuchtes Leitungswasser tranken, oder die Stadt Eight Miles in Alabama, in der die Einwohner acht Jahre lang mit den stinkenden Folgen eines Gasunfalls leben mussten, kümmert sich keiner. Bis sich irgendwann gemeinnützige Pro-Bono-Juristen der Geschädigten annehmen.

Ein gravierender Nachteil der Klagesucht: Wenn einem wirklich etwas passiert, aber sich der Schaden nicht unmittelbar in Dollar umsetzen lässt, findet man keinen Anwalt, der einen vertritt. Als ich eine Hundetrainerin, die unseren Hund fast verhungern ließ, zur Verantwortung ziehen wollte, rief ich ein Dutzend Verbraucheranwälte an, und alle erzählten mir das Gleiche: Sie wollten den Fall nicht übernehmen. Warum? Weil ein Hund als Sache gilt und mein Tierheimmischling höchstens achtzig Dollar wert ist. Die Tatsache, dass da eine »Trainerin« frei herumläuft, der man eigentlich das Handwerk legen müsste, wird zweitrangig, es geht nur um eins: Da gibt es nichts zu holen.

Die Mutter aller Millionenklagen ist natürlich die legendäre Kaffee-Klage gegen McDonald's, bei der Stella Liebeck, 79, aus New Mexico, 2,8 Millionen Dollar gewann, weil sie ihre Oberschenkel im Drive-Through mit zu heißem Kaffee verbrühte. (Weil McDonald's danach in Berufung ging, erhielt sie letztendlich übrigens weniger als 600.000 Dollar. Eigentlich wollte Liebeck nur die Kosten für die medizinische Behandlung erstreiten, aber weil McDonald's sich weigerte, entwickelte sich die Sache zu einem teuren Rechtsstreit.) Seither frage ich mich: Würde ich für eine halbe Million Euro Verbrennungen dritten Grades, einen einwöchigen Krankenhausaufenthalt und lebenslange Narben in Kauf nehmen? Ist es das wert?

Hunderte von Menschen haben diese Frage bereits mit Ja beantwortet. Ständig schütten sich Amerikaner absichtlich Kaffee über die Oberschenkel, in der Hoffnung, üppig zu kassieren. McDonald's wehrt sich bislang erfolgreich: Der Konzern druckt seit der Causa Liebeck eine deutliche Warnung auf die Kaffeebecher: Achtung, heiß!

Zuletzt benetzte sich sogar ein Polizist in North Carolina großzügig den Schoß mit brühend heißem Koffein, um dann eine Klage über eine Dreiviertelmillion einzureichen. Dumm, dass er dabei die Überwachungskamera übersah, die ihn dabei filmte und der Absicht überführte. Oder wollte er eventuell nur seine Cellulitis wie Naomi Campbell kurieren? Kinders, lasst das mal den Profi machen!

Ich tippe dieses Kapitel in mein Smartphone, während ich über eine Großbaustelle jogge. Zu Hause wartet hoffentlich schon eines der Pakete, die ich inzwischen täglich via Fedex bestelle. Obwohl ich eigentlich kein Fast Food mag, bin ich nun Stammgast bei McDonald's, in der Hoffnung, mich an einer zu heißen Fritte zu verbrennen. Als Nachtisch werde ich mir Eistee über die Beine schütten, bis mir die Zehen abfrieren.

Da bin ich eiskalt: Ich arbeite an meiner ersten Million.

Verboten! Die zehn verrücktesten Gesetze Amerikas

Bevor ich jemanden verklagen kann, muss ich natürlich erst einmal die Gesetze kennen, damit ich nicht selbst verklagt werde. Gesetzestreu zu leben ist aber in Amerika gar nicht so einfach. Denn die Gesetze unterscheiden sich von Bundesstaat zu Bundesstaat, ja, manchmal sogar von Gemeinde zu Gemeinde. Wer soll sich da auskennen?

Zum Beispiel hätte ich beinahe mein Krokodil auf die berühmte Mardi-Gras-Parade nach New Orleans mitgenommen. Glücklicherweise las ich mich vorher noch in die Verordnung Nummer 19.314, Paragraph 1 ein.[30] Die schreibt ganz eindeutig vor, dass lebende Krokodile bei der Parade nicht erlaubt sind. Das Gesetz tritt jeweils zwei Stunden vor dem Beginn des Umzugs in Kraft. Auch mit meiner Eidechse, meiner Boa Constrictor oder einem anderen Reptil darf ich mich dem Umzug nur auf 183 Meter nähern. Aber die wichtigste Frage beantwortet die Verordnung nicht: Wo bekomme ich um diese Zeit für mein Krokodil einen Sitter her?

Mit Tieren macht man sich überhaupt schnell strafbar. In Arizona ist es nämlich illegal, Kamele zu jagen. Wer hätte das gedacht? Im kalifornischen Arcadia hingegen haben Vögel Vorfahrt! Wenn ich dort einem Pfau begegne, muss ich ihm die Vorfahrt gewähren, sonst könnte er mich verklagen. Das muss einem doch erst mal jemand sagen! Bei meiner amerikanischen Fahrprüfung wurde diese Straßenvorschrift nicht einmal erwähnt.

(Die gute Nachricht: Das Gesetz in Vermont, das es illegal machte, eine Giraffe an eine Telefonzelle zu binden, wurde inzwischen abgeschafft. Sie können also zwar in New Orleans nicht Ihr Krokodil, aber in Vermont immerhin Ihre Giraffe parken.)

Eine weitere Quelle der Verwirrung ist der Alkohol, buchstäblich und juristisch. Während es in Deutschland völlig okay ist, auf dem Bürgersteig oder am Seeufer ein Bier zu trinken, ist das in Amerika fast überall verboten. Ja, man darf eine Flasche Bier nicht einmal unverpackt auf dem Rücksitz spazieren fahren. (Deshalb hüllen die Spirituosenläden jede Flasche Alkohol in braunes Packpapier. Mit dem braunen Flaschenkondom ist es plötzlich legal.) Das sind die Überreste aus den Jahren der Prohibition, also des Alkoholverbots, das übrigens in unzähligen Gemeinden nie aufgehoben wurde, was zu absurden Situationen wie in Lynchburg, Tennessee, führt. Dort brennt zwar Jack Daniel's den weltberühmten Whiskey, und auf der Terrasse der Destillerie darf man ihn auch kosten, aber kaufen können Sie ihn in dem Städtchen nirgends, denn ausgerechnet Lynchburg ist eine »trockene Gemeinde«, in der das Alkoholverbot immer noch gilt. Aber sich einen Joint anzustecken und zu rauchen, sogar in aller Öffentlichkeit und beim Autofahren, ist in vielen Staaten inzwischen erlaubt.

Lieber Pot als Promille?

Immerhin kennt jeder Amerikaner das deutsche Wort »verboten!«. Damit Sie sich in Amerika zurechtfinden, ohne mit dem Gesetz in Konflikt zu geraten, hier die zehn Gebote, mit denen Sie vermutlich nicht gerechnet haben:

1. In Marietta, Georgia, ist es illegal, aus einem Auto oder einem Bus auf die Straße zu spucken, aber es ist legal, aus einem Lastwagen zu spucken. Also: Wenn Sie spucken wollen, mieten Sie sich einen Truck! In Marietta ist es übrigens auch verboten, dass ein Huhn eine Straße überquert. Bitte bereiten Sie Ihr Huhn dementsprechend auf die örtlichen Gegebenheiten vor.

2. In Miami Beach in Florida könnte ich mir ein wenig zusätzliches Kleingeld verdienen, indem ich Orangen auf der Straße verkaufe. Wenn mich dabei die Polizei erwischt, ste-

hen darauf allerdings bis zu dreißig Tage Gefängnis, laut Verordnung 1964, Paragraph 25-67.1, Absatz 70-76.[31]

3. Egal, worin Sie sich zu Hause wohlfühlen: Körperbemalung mit flüssigem Latex gilt in Satellite Beach, Florida, nicht als angemessene Kleidung! Auch Tattoos zählen leider nicht als züchtige Körperbedeckung. Weibliche Besucher sollten eine Sonderregelung beachten: Sie müssen mindestens ein Viertel ihrer Brust bedecken, sonst laufen sie Gefahr, als Exhibitionistinnen verurteilt zu werden. Der Strand ist überhaupt eine rechtlich problematische Zone. In vielen Staaten mag es legal sein, sich eine AK 47 zu kaufen, aber die Polizei kommt gerannt, wenn eine Frau am Strand ihr Bikinioberteil ablegt. Wenn Sie jetzt glauben, dass Sie sich also lieber in einer öffentlichen Toilette umziehen – tun Sie's nicht, denn das ist unter anderem in Rehoboth Beach, Delaware, illegal. Im Auto darf man es auch nicht! Wo soll ich mich dann bitte umziehen?

4. Auch wenn Sie noch so müde sind von der langen Nacht im Casino: Sie dürfen sich in Reno, Nevada, nicht auf den Bürgersteig legen. Sonst werden Sie von den Sheriffs aufgelesen und in eine unbequeme Zelle gebracht.

5. Wenn Sie in Rehoboth Beach, Delaware (der Ort, an dem man sich nicht umziehen darf), in die Kirche gehen, dann flüstern Sie bitte nicht. Das ist nämlich verboten.

6. Sollten Sie in Oklahoma City auf eine Beerdigung geraten, merken Sie sich: Kippen Sie auf keinen Fall den Sarg um!

Die Ruhe eines Toten zu stören kann Sie ins Gefängnis bringen.

7. Überhaupt, Höflichkeit ist eine Tugend: Wenn Sie in Mississippi in der Öffentlichkeit beim Fluchen erwischt werden, kostet Sie das hundert Dollar. In Michigan dagegen dürfen Sie zwar fluchen, allerdings nicht in Hörweite von Frauen und Kindern. Verdammter Mist, Leute, es ist echt kompliziert! Am besten machen Sie es wie die Amerikaner und zensieren sich selbst. Bleep, F@*#! und S#*§!

8. Wenn Sie mit einem Teenager oder einem Rapper unterwegs sind, dann reisen Sie besser nicht nach Collinsville, Illinois. Dort ist es verboten, »saggy pants« zu tragen, also herabhängende Hosen. (Ich kenne einige deutsche Eltern, die da jetzt gerne hinziehen würden.)

9. Im Staat Washington ist es illegal, einen Automaten an einen Strom- oder Telefonpfosten zu binden. Allgemein scheinen Automaten besonderen Rechtsschutz zu genießen: Wenn Sie in Derby, Kansas, an einen kaputten Automaten geraten, die Ihnen Ihr Wechselgeld nicht zurückgibt, haben Sie Pech gehabt: Auf die Maschine einzuschlagen oder zu treten ist verboten.

10. Es gibt aber auch juristische Fortschritte: Im kalifornischen Carmel war es lange illegal, auf dem Bürgersteig ein Eis zu essen. Aber als Clint Eastwood (genau, der berühmte!) Bürgermeister wurde, hat er das Gesetz abgeschafft. Also:

Essen Sie so viel Eis, wie Sie wollen, wo Sie wollen, Vanille, Schokolade oder Himbeere, es ist alles erlaubt!

Überhaupt ist in Amerika vieles erlaubt, das in anderen Ländern verboten ist. Um die Highlights zusammenzufassen: Sie dürfen sich bis an die Zähne bewaffnen, sich mit Cannabis die Birne vernebeln und dann mit Ihren Maschinengewehren und Ihren Joints hinter das Steuer setzen,[32] in New Hampshire sogar ohne sich anzuschnallen. In diesem schönen Bundesstaat, der knapp unterhalb der kanadischen Grenze liegt, gilt die Anschnallpflicht nämlich nicht (zumindest nicht ab achtzehn Jahren). Allen Experten zum Trotz, die nachweisen, wie viele Menschenleben durch den Gurt im Auto gerettet werden, die Menschen in New Hampshire leben lieber nach dem offiziellen Staatsmotto: »Live Free or Die.«

Also: Freiheit oder Tod? Die Wahl überlasse ich Ihnen. Hauptsache, Sie machen sich nicht strafbar.

Die Polizei, dein Freund und Räuber

Stellen Sie sich vor, Sie fahren mit einigen Tausend Dollar Bargeld zu einem Autohändler, um einen neuen Wagen anzuzahlen. Auf dem Weg übersehen Sie ein Stoppschild, werden von einem Polizisten angehalten und verwarnt. Dann fragt der Sheriff: »Wie viel Bargeld haben Sie dabei?«

Sie antworten wahrheitsgemäß: »8.000 Dollar, weil ich mir einen neuen Wagen kaufe.«

Und der Polizist sagt: »Prima, die Knete händigen Sie mir

jetzt brav aus, sonst muss ich Sie leider mit auf die Wache nehmen.«

Und dann kämpfen Sie ein Jahr vor Gericht und geben Unsummen für Rechtsanwälte aus, bis Sie Ihr Geld zurückbekommen. Obwohl Sie gar nichts verbrochen haben.

Kein schlechter Scherz: So ist es einem Bauunternehmer in Georgia ergangen.

Von einem ähnlichen Erlebnis erzählt Eh Wah, der Tourmanager einer christlichen burmesischen Rockband, die auf ihrer fünfmonatigen USA-Tournee Geld für ein Waisenhaus in Burma sammelte. Wegen eines kaputten Rücklichts wurde Wah in Oklahoma kontrolliert, der Sheriff fand zwar keine Drogen oder sonst etwas Verdächtiges, beschlagnahmte aber 53.000 Dollar Spendengelder.

Besonders verängstigt war eine vierköpfige Familie auf dem Weg in den Jahresurlaub: Ein texanischer Sheriff drohte beim Highway-Stopp, der Familie die beiden kleinen Kinder wegzunehmen, wenn sie ihre Urlaubskasse nicht aushändigt.

In keinem der drei Beispiele wurde eine Straftat nachgewiesen, mal abgesehen von dem übersehenen Stoppschild und dem kaputten Rücklicht.

In dreiundvierzig amerikanischen Staaten reicht ein bloßer Verdacht aus, damit Polizisten Privatbesitz beschlagnahmen dürfen, und zwar nicht nur Bargeld, sondern auch Häuser, Schmuck und Autos. »Wir kaufen uns von dem Geld Sachen, die das Budget sonst nicht hergibt«, sagte zum Beispiel Polizeichef Ken Burton aus Missouri bei einer Anhörung. »Für uns ist das wie Geld, das vom Himmel fällt und von dem wir uns Spielzeug kaufen können.«

Aber natürlich fällt das Geld nicht vom Himmel, sondern wird in Wahrheit aus den Taschen unbescholtener Bürger gezogen. Die Dimensionen der Wegelagerei sind so atemberaubend wie die Chuzpe der Highway-Räuber in Uniform. 1985 waren es noch 27 Millionen Dollar, die auf diese Weise beschlagnahmt wurden, aber nach den Terroranschlägen vom 11. September 2001 wurden viele Gesetze verschärft. Die Polizisten sollten auf den Highways Augen und Ohren offen halten und haben dabei gelernt, auch die Hand aufzuhalten. Die Frage »Wie viel Bargeld haben Sie dabei?« gehört seither für viele Sheriffs zum Standardrepertoire. Seit 2001 hat die amerikanische Polizei mit diesem Programm mehr als dreißig Milliarden Dollar konfisziert, und zwar von Menschen, von denen die meisten nie eines Verbrechens beschuldigt wurden. Dreißig Milliarden! Davon könnte Deutschland fast den ganzen Verteidigungshaushalt bestreiten!

Allein im Jahr 2014 hat die amerikanische Polizei zusätzlich zum Bargeld Besitztümer (Autos, Häuser, etc.) im Wert von fünf Milliarden Dollar beschlagnahmt – das ist mehr, als normale Einbrecher in dem Jahr in ganz Amerika erbeutet haben.

»Das sind Highway-Raubüberfälle«, sagt Darpana Sheth, Rechtsanwältin am Institute for Justice, die den Musiker Eh Wah vertritt. »Nach diesem Gesetz ist das Geld schuldig, bis der Eigentümer die Unschuld nachgewiesen hat. Es war nie dazu gedacht, einem Gebrauchtwagenhändler seine Einkünfte abzunehmen oder einem Geschäftsmann die Tageseinnahmen auf dem Weg zur Bank.« Weil sich die Beschlagnahmung gegen eine Sache richtet, also die Dinge selbst als

schuldig betrachtet werden, steht den Opfern kein Rechts-
beistand zu. In den Akten finden sich dann so bizarre Streit-
schriften wie »die Vereinigten Staaten gegen eine Perlen-
kette« oder »die Vereinigten Staaten gegen 8.668,22 Dollar«.

Die Crux: Auch wenn keine Straftat begangen wurde, ja,
wenn nicht einmal Anklage erhoben wird, wird erst einmal
von Schuld ausgegangen. In einer Umkehrung der klassischen Beweispflicht liegt es nun an dem Besitzer nachzu-
weisen, dass er das Geld legal erworben hat. Das mag noch
relativ harmlos klingen, aber tatsächlich reicht es nicht, einen
Gehaltsnachweis zu schicken. Einem Mann, der auf dem
Weg zu seinem Zahnarzt war, um sich ein neues Gebiss ein-
setzen zu lassen, nahm der Sheriff die gut 3.500 Dollar für
den Zahnersatz ab, obwohl dieser verzweifelt den Auszug
von seinem Konto zeigte, von dem er das Geld gerade ab-
gehoben hatte. Eh Wah bot den Polizisten Spendenquittun-
gen und Nachweise über das Waisenhaus an, aber das Geld
bekam er trotzdem erst Monate später wieder, nachdem sich
Darpana Sheth eingeschaltet hatte. Das Institute for Justice
hilft pro bono und finanziert sich mit Spenden, denn vielen
Opfern wäre es sonst gar nicht möglich, den langwierigen
Rechtsweg zu beschreiten. »Viel Glück dabei, das Geld wie-
derzukriegen«, höhnte etwa ein Sheriff, der bei einem Highway-Stopp von einem Autofahrer gefilmt wurde. »Das wird
schon von den Rechtsanwaltsgebühren aufgefressen, bevor
Sie etwas davon wiedersehen.«

In Washington, zum Beispiel, kostet es bis zu 2.500 Dollar
Gebühr, überhaupt den Antrag auf Rückgabe zu stellen. Deshalb werden auch nur ein Sechstel der zivilen Beschlagnah-

mungen angefochten: Wenn man sich keinen Rechtsanwalt leisten kann oder die beschlagnahmte Summe Monate an Ärger nicht wert ist, dann ist das Geld futsch. Häufig bietet die Polizei auch Deals an: Wer den Rechtsweg beschreiten möchte, bekommt einen Teil zurück, muss dafür aber unterzeichnen, dass er auf alle weiteren rechtlichen Schritte verzichtet. Die Polizei, dein Freund und Räuber.

Die Polizei verteidigt die Praxis als sinnvoll und notwendig: So wurden aufgrund dieses Gesetzes zum Beispiel Teile von Bernie Madoffs ergaunerten Millionen sichergestellt, die übel zugerichteten Kampfhunde von Football-Star Michael Vick beschlagnahmt sowie Bargeld, das die Polizei bei Drogendealern neben den Heroin-Säckchen findet. Aber eben auch die hart verdienten Dollars, Spendengelder, Einfamilienhäuser und Familienkutschen von Normalbürgern. Auf Verdacht.

»Wir möchten die Praxis ganz abschaffen«, sagt Sheth, »denn die Gesetzeslage schafft einen perversen Anreiz, Besitz ohne Beweise zu beschlagnahmen. Die Polizei wird von Profit motiviert, das ist eine giftige Mischung.« Dass renommierte Zeitungen wie die *Washington Post*, der *New Yorker* oder auch Fernseh-Comedian John Oliver über einige der haarsträubendsten Fälle berichteten, sorgte für so viel Empörung, dass Sheth sich nun viel von einer neuen Gesetzesreform erhofft, die die Praxis einschränken soll.

»Aber der Widerstand der Polizei ist enorm«, sagt sie, denn in vielen Staaten ist es nicht nur der Bund, der mit den Millionen die Staatskasse aufbessert, sondern es sind die Polizisten selbst, die von den Himmelsmoneten profitieren.

Vereinzelt haben Kleinstädte, die knapp bei Kasse sind, aus Straßenstopps ein lukratives Geschäft gemacht. In manchen Staaten reicht die Polizei die Beute an den Staat weiter, in anderen fließt das Geld in den eigenen Haushalt. Überraschung, Überraschung: Wo die Polizei selbst profitiert, konfisziert sie viel mehr. In Tennessee etwa darf die Polizei bis zu hundert Prozent der beschlagnahmten Kostbarkeiten behalten. Das Institute for Justice hat aufgedeckt, dass sich die Polizisten mit dem Geld unter anderem Polizeihubschrauber, Dienstreisen nach Miami, Sitzungen im Bräunungsstudio, Bargeld-Boni und sogar eine Cocktail-Mix-Maschine leisteten.

Man muss sich das nur in Deutschland vorstellen: Wenn die Kassen leer sind oder die Polizeistation für die Büroparty eine neue Kaffeemaschine braucht, richtet man einfach verschärft Straßenkontrollen ein und nimmt sich, was man braucht.

Jetzt können wir alle nur hoffen, dass Wolfgang Schäuble und die Polizeipräsidenten unserer klammen deutschen Kleinstädte dieses Kapitel nicht lesen. Sonst könnten sie ihre Leute auf richtig kreative Ideen bringen.

10. Bis der Tod uns scheidet

Was verstehen Amerikaner unter Gerechtigkeit?

In diesem Kapitel erzählen Kenner der Todesstrafe,

- Wie das Prinzip Auge um Auge funktioniert
- Weshalb Sandrine Ageorges ihren Ehemann noch nie geküsst hat
- Warum Amerika als einziger demokratischer Staat an der Todesstrafe festhält
- Dass daran auch 150 unschuldig Verurteilte nichts ändern

Wie der Fall Skinner das amerikanische
Justizsystem und die Todesstrafe in Frage stellt

Die Hochzeit fand ohne den Bräutigam statt. Die Braut im festlich geschmückten Stadtsaal von Houston trug kein Make-up und die widerspenstigen rostbraunen Locken lose zurückgebunden. Der Bräutigam saß hundert Kilometer weiter nördlich in einem der stacheldrahtbewehrten, fensterlosen Betonwürfel vor dem Highway-Kaff Livingston, in denen Texas seine gefährlichsten Gefangenen verwahrt. Er trug Weiß – das verdreckte Grauweiß der ausgefransten Baumwollanzüge mit dem schwarzen »DR«-Stempel auf dem Rücken, der Abkürzung für »Death Row«. Henry Watkins Skinner, genannt Hank, 55, konnte sein Ja-Wort nur per Einschreiben schicken, aber der Standesbeamte erklärte ihn und die Französin Sandrine Ageorges am 3. Oktober 2008 rechtmäßig zu Mann und Frau.

Sandrine Ageorges-Skinner, 56, hat ihren Mann noch nie geküsst, noch nie seine Hand gehalten. »Ich weiß nicht, wie sich seine Berührung anfühlen würde«, sagt die hagere, blasse Frau mit schleppendem französischem Akzent. Wenn sie sich sehen, dann trennt sie eine Scheibe schusssicheres Plexiglas. Manchmal pressen sie die Handflächen gleichzeitig an das Glas, um die Illusion einer Berührung zu simulieren, »aber die Hände berühren sich ja nicht, sondern doch immer nur das Glas«, sagt Ageorges. »Meistens zieht Hank als Erstes die Hand zurück, weil er es nicht aushält. Es ist Folter.«

Wenn man die Fernsehproduzentin Ageorges fragt, warum sie einen Mann geheiratet hat, den sie vielleicht nie in den Arm nehmen kann, sagt sie lapidar: »Aus dem gleichen Grund, aus dem jeder heiratet – aus Liebe.« Aber dann nennt die Anti-Todesstrafen-Aktivistin noch ein anderes Motiv: »Wenn sie Hank hinrichten, steht mir als seine Frau das Recht zu, die Beweismittel ausgehändigt zu bekommen.«

Der Gefängnisdirektor hat ihr seit der Hochzeit Besuchsverbot erteilt. Er hält die resolute, wortgewaltige Frau für ein Sicherheitsrisiko. Nur wenn der Countdown zur Hinrichtung läuft, darf sie für ein knappes Stündchen zu ihm. Vier Mal bereitete sich Skinner schon auf seine Hinrichtung vor, zuletzt im November 2011. Es gehört zur Tragik ihres gemeinsamen Schicksals, dass Ageorges ihren Mann immer nur dann sieht, wenn seine Exekution unmittelbar bevorsteht. Skinner kann seine Todesnähe in Minuten beziffern: »2010 kam ich dem Tod auf 23 Minuten nahe«, erzählt er mit mathematischer Genauigkeit. »Ich hatte meine Henkersmahlzeit schon gegessen.« In letzter Minute gewährte ihm der Oberste Gerichtshof Aufschub – einer der extrem raren Momente, in dem sich Amerikas höchstes Gericht in das Todesstrafenurteil eines seiner Staaten einmischt. »Was einem in den Stunden zuvor durch den Kopf fliegt, kann niemand anderes nachvollziehen«, sagt Skinner. »Es ist mir wichtig, dass ich wie ein Mann sterbe, nicht wimmernd und zähneklappernd.« Er hat den Ablauf viele Hunderte Male im Kopf durchgespielt. Pentobarbital, Pacuroniumbromid, Potassiumchlorid – die Namen der Betäubungsmittel in der Giftspritze, die letztlich zum Atemstillstand führen, gehen ihm flüssig wie einem Chemieprofessor von den Lippen. »Acht Minuten dauert es nach der Injektion«, sagt Skinner, »das ist eine verdammt lange Zeit. Es kann sein, dass ich bei vollem Bewusstsein bin, aber nicht schreien, mich nicht bewegen kann, wenn ich ersticke.« Auch einen Abschiedsbrief an seine Frau hat er vor dem letzten Hinrichtungstermin geschrieben: »Wenn ich tot bin, dann schmeiß eine verdammt gute Party. Leg Led Zeppelin auf, rauch ein paar Joints und erinnere dich an mein Lachen.«

Die Tat, für die Hank Skinner verurteilt wurde, war bestialisch. Der Mord an seiner Lebensgefährtin Twila Busby und ihren beiden Söhnen am Silvesterabend 1993 in der texanischen Kleinstadt Pampa zeugt von enormer Kraft und Wut. Twila wurde zuerst erwürgt, und zwar so rabiat, dass ihr Kehlkopf und ihr Zungenbein zerdrückt wurden. Dann schlug ihr der Täter einen Axtstiel vierzehnmal mit solcher Wucht auf den Kopf, dass die Hiebe mehrere Knochenstücke ihrer ungewöhnlich dicken Schädeldecke in ihr Gehirn drückten. Gleichzeitig musste der Mörder ihren 1,98 Meter großen und hundert Kilo schweren Sohn Elwin »Scooter« Caler, 22, abwehren. Die Blutspritzer beweisen, dass Elwin direkt neben seiner Mutter stand, als sie geschlagen wurde. Der Mörder stach mehrmals mit dem Küchenmesser auf Elwin Caler ein, bis dieser schwerverletzt floh und später auf der Veranda einer Nachbarin verblutete. Dann ging der Mörder in das Schlafzimmer, wo Twilas jüngster Sohn, Randy Busby, 20, bäuchlings auf dem oberen Etagenbett lag, und stach auch ihn mit einem Küchenmesser zu Tode.

Für Taten von solcher Brutalität hält fast die Hälfte der

Amerikaner die Todesstrafe für angemessen. Bei Hinrich-
tungsterminen jubeln Todesstrafenanhänger vor dem Ge-
richtsgebäude wie Fußballfans beim Finale. Greg Abbott, der
amtierende Gouverneur von Texas, ist zwar gläubiger Katholik und Teil der Anti-Abtreibungsbewegung »Pro Life«, befürwortet aber die Todesstrafe, obwohl sein Papst eindeutig
dagegen predigt. Sein Vorgänger Rick Perry hält unange-
fochten den amerikanischen Rekord: Er hat in seinen zwölf
Gouverneursjahren 243 Gefangene hinrichten lassen, darunter drei Jugendliche und mindestens zehn geistig Behinderte.
Bei einer Fernsehdebatte der republikanischen Präsident-
schaftsanwärter 2012 quittierte das Studiopublikum die Er-
wähnung von Perrys Hinrichtungsrekord mit tosendem
Beifall.

»Haben Sie jemals nicht schlafen können, weil Sie vielleicht einen Unschuldigen hinrichten ließen?«, fragte NBC-
Moderator Brian Williams.

»Nein, damit habe ich noch nie gerungen«, antwortete
Perry mit ruhiger Stimme. »Jemand, der schändlichste Verbrechen begeht, bekommt eine faire Anhörung, kann Berufung einlegen und sogar bis zum Obersten Gerichtshof
gehen.« Was Perry aus der begeisterten Reaktion des Publi-
kums schließe, setzte der konsternierte Moderator nach, und
Perry konterte selbstbewusst: »Amerikaner verstehen Gerechtigkeit.«

Aber was *genau* verstehen Amerikaner unter Gerechtigkeit? Selbst für die Befürworter der Todesstrafe fußt der
Glaube an die Rechtmäßigkeit dieses Systems auf einer
unabdingbaren Prämisse: dass alle Verurteilten einen fairen

Prozess erhalten, der ihre Schuld zweifelsfrei belegt. Deshalb glaubt der pensionierte Journalismusprofessor David Protess, dass der Fall Skinner »der entscheidende Hieb sein könnte, der die Todesmaschinerie in Texas zum Erliegen bringt. Sehen Sie sich an, wie weit der Staat Texas geht, um die Wahrheit über den Fall Skinner unter Verschluss zu halten«, sagt Protess, der Gründer des *Innocence Projects of Chicago.* »Die einzige Erklärung dafür ist, dass die Verantwortlichen Angst haben, dass es ihnen an den Kragen geht.«

Längst geht es nicht mehr nur um die Frage, ob Hank Skinner schuldig ist oder nicht. Es geht um viel mehr: um die Grundsatzfrage, ob ein mittelloser Angeklagter in Amerika auf einen fairen Prozess hoffen kann. Ob Richter im erzkonservativen Texas unparteiisch sind. Ob ein Land einem zum Tode Verurteilten zwölf Jahre lang die Bitte verweigern darf, entscheidende Beweisstücke in einem Labor zu testen. Ob der Staat einen Mann hinrichten soll, dessen Schuld nicht zweifelsfrei bewiesen ist. Ob Amerika wirklich etwas von Gerechtigkeit versteht.

Obwohl die meisten demokratischen Staaten die Todesstrafe längst abgeschafft haben und die EU-Kommission sogar alle Amerika-Exporte eines Narkosemittels für die Todesspritze verbot, hält Texas unbeirrt an seinem System fest. Bei der Wahl 2016 entschied sich Amerika nicht nur zwischen Clinton und Trump, sondern in mehreren Bundesstaaten auch erneut für die Todesstrafe. Im konservativen Nebraska, das die Todesstrafe 2015 abschaffte, sprachen sich zwei Drittel für die Wiedereinführung aus; in Oklahoma bestätigten ebenfalls zwei Drittel die Todesstrafe; in Kalifornien standen sogar zwei Modelle zur Wahl, die gegensätzlicher nicht sein könnten: Abschaffung oder Beschleunigung. Die Kalifornier entschieden sich für Beschleunigung. Weil die Gesetzesvorlage keine neuen Mittel und Stellen in Aussicht stellt, befürchten Kritiker, das Gesetz würde die kalifornischen Gerichte in »Todesgerichte« verwandeln, die auch unschuldig Verurteilte schneller hinrichtet.

Umstrittene Fälle gibt es in ganz Amerika genug. »Auge um Auge«, sagt David Protess über die Mentalität der oft tiefgläubigen Todesstrafenbefürworter. »In Texas wird das biblische Motto immer noch sehr ernst genommen. Es ist für einen Politiker wichtig, dass er als *tough* wahrgenommen wird. Einen echten Mörder laufen zu lassen wäre für die Karriere jedes Politikers und jedes Richters tödlicher als ein paar fragwürdige Hinrichtungen, bei denen es vielleicht den Falschen erwischt.«

Vielleicht aber ist Hank Skinner ein Falscher zu viel. Selten gibt es nach einem Mord so viele Beweise, die über die Schuld oder Unschuld eines Verdächtigen klar entscheiden könnten: Ausgerissene Haare in Twila Busbys Faust; Vaginalabstriche; Hautspuren unter ihren Fingernägeln, die vermutlich von ihrem Kampf mit dem Angreifer stammen; Blutspuren auf den Küchenmessern, mit denen der Mörder die Söhne erstach; Fingerabdrücke; sogar eine blutbefleckte Windjacke wurde am Tatort gefunden, die aufgrund der Muster der Blutspritzer mit hoher Wahrscheinlichkeit nur der Täter getragen haben kann. Fast vierzig Beweisstücke in einer Lagerhalle im texanischen Gray County tragen den DNA-Schlüssel zur Identifizierung des Mörders in sich. Das

Problem ist nur: Da liegen sie bis heute. Die meisten wurden nie untersucht.

Um 23 Uhr 59 am 31. Dezember 1993 ging der erste Notruf eines Nachbarn bei der Polizei ein. Innerhalb von Stunden glaubte die Polizei, sie habe den Schuldigen. Die Beweise schienen erdrückend: Hank Skinner überlebte den Angriff als Einziger. Der untersetzte Bauarbeiter mit der großen Klappe hatte kein Alibi, im Gegenteil, er war so stark mit Wodka und Codein betäubt, dass er sich bis heute nur nebelhaft an die Tatnacht erinnern kann. Obwohl Skinner seine Unschuld beteuerte, brauchten die Geschworenen im texanischen Fort Worth nur zwei Stunden, um ihn im März 1995 einstimmig zum Tode zu verurteilen. Seither sitzt er im Todestrakt.

Dort sinkt Häftling 999143 auf beide Knie, wie zum Gebet, als ihn zwei Wächter zwanzig Jahre später in die winzige cremefarbene Stahlkabine mit dem schussicheren Glas führen. Sie nehmen ihm die Handschellen ab, Hank Skinner mustert mich aufmerksam und misstrauisch, dann setzt er sich, greift zum Telefonhörer und beginnt, ohne Punkt und Komma zu sprudeln, wie es oft Menschen tun, denen sonst niemand zuhört. Tiefe Schatten unter den eingefallenen graublauen Augen verraten, dass das Leben im Hochsicherheitstrakt ihn täglich quält, zwei schiefe braungelbe Zahnreihen erzählen von Jahrzehnten miserabler Gesundheitsversorgung, bis auf einen kleinen Funken in den Augen scheint alles Leben in ihm erloschen zu sein. Aber zugleich ist Skinner ein erstaunlich eloquenter und intelligenter, sogar charmanter Gesprächspartner, der den Tod als ständigen

Begleiter neben sich spürt. »Seit ich hier bin, haben sie fast vierhundert Menschen hingerichtet«, erzählt er. »Viele waren Freunde von mir.« Texas ist der einzige amerikanische Staat, der alle Todeskandidaten in schärfster Isolation verwahrt: kein Fernsehen, kein Telefon, keine Beschäftigungsprogramme, keine Kontaktbesuche, nicht einmal für enge Familienangehörige. Dass direkt vor dem Stacheldraht auf den endlosen flachen Wiesen idyllisch Pferde grasen, sieht er nie. »Am Anfang haben sie uns noch gemeinsam trainieren und handwerkeln lassen, nun sind wir völlig isoliert«, sagt Skinner. »Es ist ein Leben in der Hölle, jeder Tag ist gleich. Die einzige Möglichkeit, menschlichen Kontakt zu haben, ist, einen der Wächter so zu provozieren, dass er einen anspringt und verprügelt, was nicht besonders schwer ist.«

Dass Hank Skinner noch am Leben ist, verdankt er seiner Frau. Skinners »kluger, einzigartiger zynischer Humor« war es, der Sandrine Ageorges schon beim ersten Briefkontakt 1996 an Liebe denken ließ. Die Doktorarbeit eines Freundes über die Todesstrafe in Texas empörte sie. »Ich konnte das alles nicht glauben, was da stand. Man denkt ja, Amerika sei ein moderner, demokratischer Staat.« Der Freund gab ihr Skinners Adresse, damit sich Ageorges aus erster Hand über die Zustände im Todestrakt informieren konnte. »Schon in Hanks erstem Brief kam es mir vor, als hätte ich mein Double gefunden«, sagt die zierliche, kettenrauchende Französin über ihre randlosen Brillengläser hinweg. Aus der Brieffreundschaft wurde nach unzähligen Besuchen nicht nur eine Ehe, sondern auch ein leidenschaftlicher gemeinsamer Kampf gegen die Todesstrafe.

Schon im Jahr 2000, als George W. Bush noch Gouverneur von Texas war, machte ein Reporter David Protess auf einige Ungereimtheiten im Skinner-Prozess aufmerksam. Protess lehrte zu der Zeit investigativen Journalismus an der Northwestern University und schickte seine Journalistenschüler zum Recherchieren, wenn eine Verurteilung seinen Argwohn weckte. So gelang es ihm, die Unschuld von zwölf Strafgefangenen zu beweisen, von denen fünf bereits zum Tod verurteilt waren. Seine Recherchen führten letztlich zur Abschaffung der Todesstrafe in Illinois. Aber Skinner sitzt in Texas. »Skinner ist mein ältester aktiver Fall«, sagt Protess seufzend. »Wer hätte gedacht, dass wir mehr als zehn Jahre lang nur darum kämpfen würden, dass die Beweise analysiert werden?«

Protess' Jungjournalisten interviewten in Pampa mehr als ein Dutzend Zeugen. Akribisch rekonstruierten sie die Tat, sprachen mit der Kronzeugin, die nun zugab, gelogen zu haben, und stießen auf einen anderen möglichen Täter, den die Polizei nie befragte: Busbys Onkel, Robert Donnell. Zeugen beschrieben Donnell als aufbrausenden, gewalttätigen Ex-Häftling, der Twila Busby schon lange nachstellte. Am Abend der Tat hatte er Twila auf einer Party mit derben sexuellen Anzüglichkeiten belästigt. Die am Tatort zurückgelassene beige Windjacke hatte Donnells Größe, 44/46, der eher untersetzte Skinner trug Größe 38/40. Eine Nachbarin wunderte sich später, dass Donnell seinen Pick-up-Truck nach dem Mord wie manisch schrubbte, die Innenteppiche herausriss und die Sitze mit Bleichmittel abwusch. Was trieb den Mann, den man laut seiner Nachbarin »überreden musste, ein Bad zu nehmen«, zu diesem plötzlichen Putzfimmel? Niemand kann ihn mehr fragen, er starb 1997 bei einem Autounfall.

»Ich finde es äußerst beunruhigend, dass Universitätsstudenten in zwei Trips nach Pampa mehr entlastende Beweise zutage förderten als Herrn Skinners Verteidiger«, sagt David Protess. »Wenn sie einem normalen Polizeibeamten sagen, dass blutbefleckte Mordwaffen gefunden, aber nicht auf DNA-Spuren untersucht wurden, wird jeder bestätigen, dass das grotesk ist! Danach schreit doch der gesunde Menschenverstand.«

2000 drängte Protess den damaligen Bezirksstaatsanwalt John Mann in einer live übertragenen Fernsehdebatte in die Enge. »Ich bezahle die Tests!«, rief Protess, »damit Sie keine Steuergelder dafür hernehmen müssen!« Mann, ein texanischer Haudegen mit Stetson-Hut und Cowboystiefeln, schickte aber nur einige Haare, einen blutigen Verband und Blutspuren an das Labor GeneScreen. Mann sagte einigen Reportern voreilig, ein getestetes Haar aus Busbys Faust stamme von Skinner – eine Fehlinformation. Tatsächlich war das Blut auf dem Verband von »einer unbekannten männlichen Person« und die Haare entweder von Twila Busby oder einem Verwandten mütterlicherseits. »Keine der Proben stammte von Hank«, fasst Protess zusammen. »Das Überraschendste aber war, was danach geschah: Mann stoppte alle weiteren Tests! Skinner war Manns größter Todesstrafenfall, den wollte er sich nicht kaputtmachen lassen.« Nie wurden die Proben mit Busbys Onkel abgeglichen, nie die Windjacke untersucht, nie die Vaginalabstriche, um zu klären, ob

Busby vor der Tat vergewaltigt wurde und wenn ja, von wem. Manns Nachfolger Richard Roach versprach, auch die restlichen Beweise ins Labor zu schicken, aber dann erwischte eine Mitarbeiterin den Bezirksstaatsanwalt in seinem Büro beim Injizieren von Metamphetamin. Roach sitzt dafür gerade eine achtzehnjährige Gefängnisstrafe ab.

130.000 Menschen, darunter ehemalige Richter, Gouverneure und Staatsanwälte, unterzeichneten Aufrufe, Skinner nicht ohne DNA-Tests hinrichten zu lassen, aber vergeblich. Skinner musste bis zum Obersten Gerichtshof gehen, um sich das Recht auf Tests zu erstreiten. Er gewann, aber Recht bekam er deshalb noch lange nicht. Anwalt Rob Owen, der Skinner seit Jahren ohne Bezahlung vertritt, hält Texas für ein »viel härteres Pflaster als andere Staaten, um einen solchen Fall zu verteidigen. Das beginnt bei der Knausrigkeit des Staates, Todesstrafeprozesse adäquat auszustatten. Der Mangel an Ressourcen ist eklatant.«

Die DNA-Tests in der Causa Skinner kosten etwa 3.000 Dollar. Die sieben Berufungsverfahren, der Gang zum Obersten Gerichtshof und die Hinrichtungstermine dagegen dürften mehrere Millionen Dollar verschlungen haben. »Alles, was die Bezirksstaatsanwältin hätte tun müssen«, sagt Skinner, »ist, die Beweise auszuhändigen, sie zu testen und die Würfel fallen zu lassen. Wenn ich unschuldig bin, gehe ich nach Hause. Wenn sie meine Schuld eindeutig hätten beweisen können, hätten sie mich schon vor zehn Jahren hingerichtet.«

DNA-Tests sind keine Allzweckwaffe gegen unfähiges Justizpersonal, aber sie haben schon zu oft die Verurteilungen

Unschuldiger bewiesen. Diese hohen Zahlen stellen das gesamte System in Frage, und zahlreiche Staaten haben daraus die Konsequenzen gezogen. Illinois, New Jersey, New York, Georgia und zuletzt Connecticut haben die Todesstrafe unter anderem wegen zahlreicher fehlerhafter Todesurteile abgeschafft. Andere Staaten wie North Carolina richteten zumindest unabhängige Kommissionen ein, die Unschuldsvermutungen untersuchen. In Texas dagegen ist alles beim Alten. »Der Richter, der Hanks Berufungsgesuche prüft, ist der gleiche Richter, der ihn damals verurteilt hat«, sagt Sandrine Ageorges. »Kann man von dem Mann wirklich erwarten, dass er sagt, hmm, vielleicht habe ich damals Mist gebaut? Damit wäre seine Wiederwahl ruiniert.«

In seinem Buch *Convicting the Innocent* (»Die Verurteilung Unschuldiger«) hat der Rechtsprofessor Brandon L. Garrett von der University of Virginia die ersten zweihundertfünfzig amerikanischen Fälle analysiert, in denen DNA-Tests nachträglich die Unschuld von rechtskräftig Verurteilten bewiesen. Diese zweihundertfünfzig Fehlurteile weisen viele der Symptome auf, die auch Skinners Prozess kennzeichneten: ein fehlendes Alibi; unfähige oder unmotivierte Pflichtverteidiger, die offensichtliche Verfahrensfehler nicht monierten; Staatsanwälte, die Zeugen mit Drohungen zu belastenden Aussagen drängten; ein Verdächtiger, der so perfekt in das Raster passte, dass alternative Spuren gar nicht erst verfolgt wurden. »Es gibt dieses Phänomen des Tunnelblicks«, sagt Rob Owen, der seit 1989 zahlreiche Todeskandidaten verteidigt hat. »Sie finden einen Verdächtigen, denken, sie haben den Fall gelöst, und hören auf, nach anderen Verdächtigen zu suchen. Mit der Zeit verhärtet sich das in eine echte Unfähigkeit zu sehen, dass der Verurteilte nicht der Richtige ist.«

Ein Fall, der Skinners schrecklich ähnlich scheint, fand gerade ein Happy End. Im Oktober 2011 setzte Texas den Gemüsehändler Michael Morton, 57, nach fünfundzwanzig Jahren Gefangenschaft auf freien Fuß. Er war verurteilt worden, weil er angeblich seine Frau vor den Augen des gemeinsamen dreijährigen Sohnes brutal erschlagen hatte. Morton hatte seine Unschuld beteuert und jahrelang darum gekämpft, dass ein blutgetränktes blaues Halstuch vom Tatort auf DNA-Spuren untersucht wurde. Der zuständige Bezirksstaatsanwalt wehrte sich vehement gegen die Freigabe des Beweismittels. Erst ein Vierteljahrhundert später bewiesen eben diese Blutspuren Mortons Unschuld und führten die Sheriffs zum tatsächlichen Mörder. Nachdem sein Mandant bereits entlassen worden war, entdeckte Barry Scheck, der Co-Direktor des New Yorker *Innocence Projects*, einen noch viel größeren Skandal: Die Staatsanwaltschaft hatte der Verteidigung mehr als zwei Jahrzehnte lang einen ganzen Stapel entlastender Unterlagen, mehrere Zentimeter dick, vorenthalten. Darin versteckten sich deutliche Hinweise auf einen anderen Täter: die verschwundene Kreditkarte der toten Frau war noch nach dem Mord benutzt worden, als Morton schon in Haft saß, der dreijährige Sohn beschrieb als einziger Augenzeuge »das Monster«, das seine Mama erschlug, und Zeugen hatten einen anderen Mann beobachtet, der am Tatort herumschlich. »Jeder Richter, der das gesehen hätte, hätte die Unterlagen der Verteidigung übergeben«, sagte

Scheck. Aber die Staatsanwaltschaft hatte ihre Ermittlungen ganz auf Morton konzentriert und alle Hinweise auf den tatsächlichen Täter unterdrückt. »Wir entdecken überall ähnliche Probleme«, sagt Scheck. »Wir brauchen echte Reformen, echte Transparenz.«

»Es wäre verstörend genug, wenn Morton ein Einzelfall wäre«, bekennt der texanische Senator Rodney Ellis. »Aber die unliebsame Wahrheit ist, dass die Entlarvung von Fehlurteilen viel zu häufig vorkommt in einem Staat, der die Spitze in dieser Statistik der Schande anführt.«

David Protess betont, er wisse nicht, ob Skinner unschuldig sei. Auch Schuldige fordern manchmal DNA-Tests, um die finale Giftspritze noch ein paar Jahre hinauszuzögern. Aber er wisse, dass Skinner kein faires Verfahren bekommen hat: »Wann ist es jemals zu spät, die Wahrheit zu kennen? Wenn Skinner schuldig ist, sollten es die Tests beweisen. Wenn er unschuldig ist, sollten die Tests Texas vor einem tödlichen Fehler bewahren.« Warum verwendet ein Staat Millionen an Steuergeldern darauf, die Gewissheit, den Schuldigen verurteilt zu haben, Jahrzehnte hinauszuzögern?

Skinners Lebensweg steuert unaufhaltsam auf einen Scheidepunkt zu, und in seinem Kopf spielt er unentwegt die beiden Möglichkeiten durch. Wenn er freigesprochen wird, wird er in den erstbesten Flieger nach Frankreich steigen. Er ist inzwischen französischer Staatsbürger, und an guten Tagen sieht er sich Hand in Hand mit seiner Frau in ihrem Backsteinhäuschen mit den grünen Fensterläden in einem Vorort von Paris sitzen. Am meisten Angst aber habe er davor, sagt er, dass die Beweisstücke unbrauchbar geworden sind und die Tests kein eindeutiges Bild ergeben. »Ich habe diese Küchenmesser jahrelang jeden Tag benutzt, der Mörder nur einmal«, sagt Skinner. »Welche Fingerabdrücke werden darauf wohl zu finden sein?« Skinner argwöhnt, der Staat werde alles tun, dass er seine Unschuld nicht beweisen könne. »Sind die Beweisstücke gut genug erhalten?« Diese Fragen hielten ihn nachts wach, sagt er. Als ich mich von Hank Skinner verabschiede, bekennt er seine größte Sorge: Dass der Staat die Windjacke verschwinden lasse, die eindeutig die DNA des Mörders trägt. Ich halte das für die Paranoia eines Mannes, der seit Jahrzehnten isoliert in Haft sitzt.

Aber wenige Wochen nach meinem Besuch entdeckt sein Anwalt das Unfassbare, als er die Beweisstücke selbst in Augenschein nehmen will: Das Kernstück der Verteidigung, die Windjacke des Mörders, ist spurlos verschwunden. Der Staat beteuert, er könne sie nicht auf DNA-Spuren testen lassen, weil sie nicht aufzufinden sei. »Es ist schwer nachzuvollziehen, wie der Staat es geschafft hat, so kleine Gegenstände wie Fingernagelstücke zu bewahren«, sagt Owen, »und gleichzeitig etwas so Großes wie eine Windjacke zu verlieren. Bis heute hat der Staat keine Erklärung angeboten, wie er seine Pflicht, die Beweise zu bewahren, so sträflich vernachlässigen konnte.«

Nichts ängstigt Skinner mehr als die Aussicht, sich zum fünften Mal auf seine Hinrichtung vorbereiten zu müssen. »Ich habe keine Zweifel, dass es drüben besser ist als hier«, sagt er und deutet mit dem Zeigefinger nach oben, gen Himmel, wo er aber nur die fleckige Stahldecke der Besucherzelle sieht. »Ich freue mich darauf, Gott zu begegnen. Nach mehr als zwanzig Jahren in diesem Höllenloch bin ich nur froh, wenn ich hier rauskomme, so oder so.«

Acht Gründe, die Todesstrafe abzuschaffen

Statt Schmuck trägt Dionne Wilson den siebenzackigen Sheriff-Stern ihres Mannes an einem Band um den Hals: San Leonardo Police Nummer 298. Sie behält den Stern als Erinnerung an ihren Mann Nels »Dan« Niemi, der 2005 bei seiner Arbeit erschossen wurde. Als dem fünfundzwanzig Jahre alten Mörder Irving Ramirez der Prozess gemacht wurde, drängte Wilson auf die Todesstrafe. Und als Ramirez 2007 tatsächlich zum Tod verurteilt wurde, jubelte sie. »Wir gingen in eine Bar und feierten«, sagt sie. Aber schon am Tag darauf war sie sich ihrer Gefühle nicht mehr sicher, und heute ist sie eine der prominentesten Fürsprecherinnen, die Todesstrafe abzuschaffen. »Ich dachte, das Todesurteil würde mir Erleichterung bringen«, sagt sie, »aber die Wahrheit ist, dass es mir gar nichts bringt. Es bringt mir meinen Mann nicht zurück. Es bringt keine Gerechtigkeit.«

1. Die Todesstrafe verhindert keine Verbrechen
Es gibt keine soliden Studien, die nachweisen, dass die Todesstrafe abschreckend wirkt.

2. Sie ist unmenschlich
Pharma-Firmen wie Hospira und Pfizer haben aufgrund eines EU-Beschlusses 2015 angekündigt, keinen Nachschub

mehr für die Giftspritzen nach Amerika zu liefern. Den 31 Bundesstaaten, die per Giftspritze töten, gehen nun die Tötungsmittel aus. Staaten wie Utah haben deshalb beschlossen, wieder auf altbewährte Strategien wie Erschießen, Gaskammer, den elektrischen Stuhl oder den Strang zurückzugreifen – barbarische Methoden wie im Mittelalter.

3. Es werden zu viele falsche Urteile gefällt

Seit 1973 sind mehr als 150 Gefangene, die bereits zum Tod verurteilt waren, durch neue Beweise freigesprochen worden, oft durch neue DNA-Tests, die eindeutig nachwiesen, dass der Falsche im Gefängnis saß. 1.400 Menschen wurden seit 1976 hingerichtet, und mehrere der vollstreckten Urteile sind höchst fragwürdig. »Wenn wir die Verfahren beschleunigen«, fürchtet Wilson, »richten wir noch mehr Unschuldige hin.«

4. Sie hilft den Opfern nicht

Dionne Wilson war überzeugt, sie würde sich besser fühlen, sobald der Mörder ihres Mannes zum Tode verurteilt wäre. »Ich dachte, ich würde am Tag nach dem Urteil mit einem neuen Freiheitsgefühl aufwachen, aber nichts hat sich verändert, im Gegenteil, ich fühlte mich noch schlechter. Also wurde mir klar, dass der einzige Ausweg für mich der ist, etwas Neues zu versuchen.«

5. Sie ist eines modernen demokratischen Staates unwürdig

Amerika ist die einzige westliche Demokratie, in der die Todesstrafe vollstreckt wird. Amerika steht mit der Zahl der

Hinrichtungen an fünfter Stelle hinter China, Iran, Pakistan und Saudi-Arabien.

6. Sie kostet mehr als ein menschenwürdiger Strafvollzug

Die kalifornischen Steuerbehörden rechnen, dass die Abschaffung der Todesstrafe dem Staat fünf Milliarden Dollar sparen würde. Viele Menschen denken, es sei teurer, einen Menschen auf Lebenszeit einzusperren als ihn hinzurichten, aber in Wahrheit kostet die Todesstrafe je nach Bundesstaat doppelt bis dreifach so viel wie lebenslängliche Haftstrafen: Komplizierte Prozessanforderungen, besondere Sicherheitsvorkehrungen im Todestrakt und bürokratisch aufwändige Berufungsverfahren schlagen dabei zu Buche. Gil Garcetti, der als Bezirksanwalt des Los Angeles County zwischen 1992 und 2000 Dutzende von Todesurteilen beantragt hat, hält die Todesstrafe inzwischen »für totale Geldverschwendung. Die Todesstrafe ist keine Abschreckung, und wir könnten das Geld viel besser für wichtigere Dinge ausgeben als dafür, Menschen im Todestrakt zu verwahren.«

7. Das Geld könnte für die Opfer und für Prävention verwendet werden

Dionne Wilson engagiert sich im Gefängnis von San Quentin und setzt sich für eine Rechtsreform ein. »Je mehr Gefangene ich besuchte, desto besser verstand ich, wie ihre eigenen unverheilten Traumatas sie zu Gewalt trieben.« Sie will den Teufelskreis unterbrechen, indem sie anderen hilft. »Ich möchte neue Opfer verhindern.« Sie glaubt, das Geld werde besser für Rehabilitierung und Prävention ausgegeben. »Wenn es diese Programme schon zu der Zeit gegeben hätte, als Irving Ramirez wegen seiner Drogendelikte immer wieder ins Gefängnis kam, könnte mein Mann dann vielleicht noch am Leben sein? Ich darf nicht mich in den Mittelpunkt stellen und mein Bedürfnis nach Rache, sondern die Perspektive: Wie verhindern wir, dass eine weitere Polizeiwitwe und Mutter eine Todesnachricht erhält?«

8. Die Mehrheit ist dagegen

In westlichen Demokratien wie Deutschland halten die meisten Menschen die Todesstrafe für unmenschlich. Aber zum ersten Mal sind nun auch in Amerika die meisten gegen die Todesstrafe. Knapp die Hälfte der Amerikaner befürwortet die Todesstrafe für verurteilte Mörder[33]; vor vierzig Jahren waren es noch achtzig Prozent. Wenn man aber als Alternative eine lebenslängliche Haftstrafe ohne Möglichkeit auf vorzeitige Entlassung anbietet, sprechen sich einundsechzig Prozent für lebenslange Haft aus.

Dionne Wilson hat fünf Jahre nach dem Mord einen Brief an den Mörder ihres Mannes geschrieben. »Ich vergebe dir«, schrieb sie. »Du hast dir sicher auch vorgestellt, dass dein Leben einmal anders aussieht.« Eine Antwort hat sie nie bekommen.

11. Oh Gott!
Ein Halleluja für einen Sex-Club

In God We Trust

In diesem Kapitel erfahren Sie,

- Wo die Arche Noah ablegt
- Wie die Existenz des fliegenden Spaghetti-Monsters bewiesen wurde
- Warum Sie mit viel Segen rechnen können, wenn Sie mir Ihre gesamten Ersparnisse schicken
- Bonus: Gebrauchsanleitung zur Diskriminierung von Andersgläubigen

Nach mir die Sintflut

Mitten in den Wäldern von North Kentucky, tausend Kilometer vom Meer entfernt, erhebt sich unvermittelt ein Schiffsrumpf aus Tannenholz, und was für einer: sieben Stockwerke hoch, 152 Meter lang, das größte freistehende Holzbauwerk der Welt. Darin könnte Deutschland gegen Italien um die Fußball-Weltmeisterschaft spielen. Da würde das Weiße Haus zweimal reinpassen. Oder man kann damit die ganze Menschheit retten.

Diese Arche Noah ist ein Projekt von wahrhaft biblischen Ausmaßen. Sie hat mehr als hundert Millionen Dollar gekostet, soll Millionen von Besuchern anlocken und lief im Juli 2016 vom Stapel, jedenfalls metaphorisch gesprochen: Da eröffnete der in Australien geborene Ken Ham sein »Ark Encounter« in der Nähe von Williamstown. »Wir bauen die Arche nicht als Entertainment«, predigte der grauhaarige Arche-Kapitän.[34] »Ich meine, es ist nicht wie Disney oder Universal, nur dazu da, dass Leute sich amüsieren. Es hat eine religiöse Bedeutung. Wir sind Christen und wollen die christliche Botschaft verbreiten.«

So weit klingt das ganz göttlich, aber was Ken Ham unter Christentum versteht, unterscheidet sich gravierend vom Bibelverständnis der meisten seiner Glaubensgenossen. Der Präsident von »Answers in Genesis« nimmt die Bibel nämlich wörtlich; er liest sie wie ein Geschichtsbuch. Demzufolge glaubt er, dass Gott die Erde *wirklich* in sechs Tagen

schuf. Sozusagen in einer Fünfundvierzig-Stunden-Arbeits-
woche. Komplett mit allen Tieren, vom Dinosaurier bis zur
Wüstenmaus. Vom Grand Canyon bis zur Zugspitze. Von
Adam bis Eva.

Nach dieser Rechnung wäre die Welt 6.000 Jahre alt. Kein
Big Bang, keine Evolution, kein langsames Aufrichten des
Zweibeiners vom Affen zum Homo sapiens. »Junge Erdler«
nennen sich die Kreationisten. Der Trend geht eben überall
zur Verjüngung, selbst Mutter Erde schönt nun ihr Geburts-
datum. In dem »Kreations-Museum«, das Ham seit Jahren
um die Ecke von der neuen Arche Noah betreibt (und das
Ham zufolge bereits fast drei Millionen Touristen besuchten),
versucht er zu »beweisen«, dass die Menschen zeitgleich mit
den Dinosauriern existierten: Kinder spielen dort neben
lebensgroßen Modellen von Tyrannosaurus Rex. Und natürlich wissen die Kinder, die sein »Museum« besuchen, dann
auch, warum die gigantischen Dinosaurier ausstarben: Weil
sie mit ihren langen Hälsen nicht auf die Arche passten.
Logisch. Nur die kleineren Dinosaurier hatten Platz.

Da können die Wissenschaftler noch so stichhaltig argumentieren, die Erde sei Milliarden Jahre alt, die Sintflut nur
eine Legende und die Dinosaurier längst ausgestorben, bevor der Mensch daherspaziert kam: Als der bekannte amerikanische Wissenschaftsautor Bill Nye den Kreationisten
Ham zu einer öffentlichen Debatte herausforderte, um all die
Mythen zu widerlegen, guckten Millionen im Internet zu.
Die weltweit übertragene Online-Diskussion brachte der Bewegung die Aufmerksamkeit, die sie brauchte. Anschließend
schossen die Spenden für Hams Arche in Millionenhöhe.

Ham geht es darum, die Menschheit zu retten: Weil »die Erde voller Frevel« ist, wie es im ersten Buch Mose heißt, schickte Gott vor 4.000 Jahren die Sintflut und sprach zu Noah: »Geh in die Arche, du und dein ganzes Haus; denn dich habe ich gerecht erfunden vor mir zu dieser Zeit.« Ähnliche Gefahren sieht Ham aktuell: »Wir nähern uns immer mehr dem Leben wie in Noahs Tagen an, weil wir unsere Kultur immer mehr von der Religion befreien.«[35] In seinem Kreations-Museum werden die gefährlichsten Übel unserer Zeit auf Videos drastisch verdeutlicht: masturbierende Teenager, Schwulenhochzeiten, unverheiratete Schwangere, kurz: die Erde voller Frevel, die Welt kurz vor dem Untergang.

Eigentlich wollten die Arch-ivare echte Tiere auf dem Schiff versammeln, aber dann stellte es sich doch als zu aufwändig heraus, Tiger, Löwen, Bären, Vögel, Mäuse, also insgesamt 1.400 biblische Tierpaare, in einen Schiffsrumpf zu zwängen. Also muss ein Streichelzoo genügen und dreißig lebensgroße Bären- und Giraffenstatuen. Auch die weltlichen Bedürfnisse der Besucher dürfen nicht ignoriert werden. »Wir müssen schließlich Dutzende und Dutzende von Klos in der Arche unterbringen«, beschwert sich ein Schiffs-Designer, »das musste Noah alles nicht.«[36] Auch der wiederauferstandene Noah, der die Massen auf dem Schiff begrüßt, ist nur bedingt authentisch: In dem Roboter steckt modernste Elektronik.

Ähnliche Pläne für einen religiösen Erlebnispark mit Arche-Nachbau gab es übrigens vor einigen Jahren auch einmal in Deutschland. Die »Genesis-AG« hatte sich schon einen Standort bei Heidelberg ausgesucht, doch die deutsche

Arche Noah lief nie vom Stapel: Es gab einfach nicht genügend Leute, die bereit waren, für diese Art von Weltrettung Geld zu spenden. Auch die Kirchen protestierten, das Projekt sei kompletter Unsinn. In Amerika dagegen haben die Kreationisten Millionen Anhänger. Fast die Hälfte der Amerikaner (42 Prozent!) glaubt laut einer Umfrage des Gallup Instituts, dass Gott den Menschen innerhalb der letzten zehntausend Jahre erschaffen hat.[37]

Ham produziert auch Bücher, Videos und Material für den Schulunterricht, damit Kinder dort nicht die böse Mär von der Evolution lernen müssen. Selbst führende Politiker wie der republikanische Vizepräsident Mike Pence glauben nicht an die Evolution oder daran, dass sie im Schulunterricht gelehrt werden müsste.

Um es mit der Bibel zu sagen: »Wer klug ist, hat Einsicht und weiß, was er tut. Wer dumm ist, hat nur Dummheit; damit täuscht er sich selbst und andere.«

Nun kann natürlich jeder glauben, was er will. Mag sich jeder den Gott basteln, der ihn glücklich macht. Aber: Der Staat, der die Arche in Kentucky als Touristenattraktion mit achtzehn Millionen Dollar Steuernachlässen subventionierte, las offenbar das Kleingedruckte erst im Nachhinein. In den Arbeitsverträgen steht nämlich, dass auf der Arche nur Heteros arbeiten dürfen, die keinen Sex vor der Ehe haben und die Bibelverse wörtlich nehmen. Der Staat unterstützte also eine religiöse Nischenbewegung, die eindeutig diskriminiert.

Ich persönlich interpretiere Gottes Willen so: Sie möchte, dass sich alle Bibel-Leichtmatrosen in Kentucky versammeln, auf der Arche. Wenn alle zusammen sind, werden wir die Betonverankerung lösen und das Narrenschiff mit der nächsten Flutwelle auf hohe See schicken. Es wird dann schon rechtzeitig – wie ihr Vorbild – auf irgendeinem Berg stranden.

Das Ding hat nur einen Nachteil: Es kann nicht schwimmen.

Wir vertrauen auf Gott und das Spaghetti-Monster

Falls das mit der Millionenklage wegen der Eis-Zehen nicht klappt, habe ich schon einen Plan B: Ich gründe eine Kirche. Das ist genial. Ich bin Gott. Beweisen Sie mal das Gegenteil!

Religionsfreiheit wird in Amerika großgeschrieben. Theoretisch schreibt die amerikanische Verfassung seit 1789 vor, dass der amerikanische Staat keine Religionsgemeinschaft benachteiligen oder bevorzugen darf. Der erste Zusatzartikel garantiert außerdem, dass der Staat sich in die Ausübung von Religion nicht einmischen darf. Nun braucht es nicht viel, um in Amerika eine Glaubensgemeinschaft zu gründen. Auch zweifelhafte Götzen segnen ihre Gründer mit kompletter Steuerbefreiung und zahllosen Rechtsvorteilen. Anders ausgedrückt: Die Religionsfreiheit ist ein Freibrief, mit dem sich trefflich Gesetze unterlaufen lassen, und sei es nur, um Kosten zu sparen.

Gott ist in Amerika immer und überall. Kaum eine Politikerrede endet ohne die Formel: *God Bless America*. Die Amerikaner halten sich für besonders gläubig, zumindest wenn man sie danach fragt. Tatsächlich gehen sie aber auch nicht öfter in die Kirche oder beten mehr als die Menschen in anderen westlichen Staaten.

Und wer überprüft eigentlich, welche Glaubensgemeinschaften wirklich gläubig sind?

Wenn Donald Trump Muslimen die Einreise verweigern will, rührt das am Kern der uramerikanischen, in der Verfassung verankerten Religionsfreiheit und -vielfalt. Aber obwohl Religion und Staat theoretisch getrennt sein müssen, wurde unter Religionsfreiheit von Anfang an in erster Linie die Freiheit des weißen Mannes verstanden. Die Ureinwohner Amerikas erfuhren das als Erste, als ihre Riten brutal zwangsassimiliert wurden.

Was Menschen im Namen des Glaubens alles dürfen, ist an sich eine spannende Debatte, die sich auch quer durch Europa zieht: Warum ist ein Bikini sexy, aber ein Burkini verboten? Dürfen in deutschen Amtsgerichten Kreuze hängen, aber Referendarinnen mit Kopftuch vom Gericht ausgeschlossen werden? Ist es okay, dass Schwangeren auch bei Lebensgefahr eine Beendigung der Schwangerschaft verweigert wird, wenn sie das Pech haben, in eine katholische Klinik eingeliefert zu werden?

Ich bin in einem katholischen oberbayerischen Dorf aufgewachsen – und in dem Glauben, dass es nur einen Gott und deshalb auch nur eine Religion gibt. Jesus hing in jedem Klassenzimmer am Kreuz. Mein Religionslehrer war der knöcherne Pfarrer, der mir sonntags die Beichte abnahm und mir wochentags im Klassenzimmer mit dem Taktstock auf die Knöchel klopfte. Dass außer dem Katholizismus auch noch andere Religionen existieren, erfuhr ich erst auf dem Gymnasium.

In Amerika aber hat sich mein spiritueller Horizont noch einmal, nun, sagen wir höflich, radikal erweitert: Bei einem Plausch mit dem neuen Nachbarn erfuhr ich, dass er Priester ist. In welcher Kirche? In seiner eigenen. Der Mann hat zusammen mit seiner Frau im Zwei-Zimmer-Apartment nebenan eine Kirche gegründet. Der Altarraum, wo er predigt: YouTube.

Etwa 350.000 Glaubensgemeinschaften gibt es in Amerika, und dazu zählen nicht nur die großen, traditionsreichen Kirchen, sondern unzählige Gemeinschaften, die in Deutschland niemals offiziell als Kirchen anerkannt würden. Scientology, zum Beispiel, die Sekte, die wegen ihrer umstrittenen Methoden in Deutschland vom Verfassungsschutz beobachtet wird, ist in Amerika als Kirche anerkannt – mit allen Vorteilen der Steuerbefreiung. Es gibt so unfassbar viele Kirchen in Amerika, dass Eisenhowers legendäres Motto *In God We Trust* eigentlich heißen müsste: Wir vertrauen auf Gott, Buddha, Allah und das Spaghetti-Monster.

Die »Kirche der fliegenden Spaghetti-Monster« wurde von dem amerikanische Physiker Bobby Henderson als Protest gegen die Kreationisten gegründet. Zwar blieb der Parodie-Gemeinde die vollständige Anerkennung als Kirche versagt, weil die Veralberung allzu offensichtlich war, aber immerhin erreichte ihr Gründer, dass er als Minister gültige Ehen schließen darf. Sein unschlagbares Argument: Der Staat könne nicht eindeutig beweisen, dass Spaghetti-Monster nicht existierten und dürfe deshalb nicht diskriminieren. Begegnungen mit dem Spaghetti-Monster werden auf der Website der »Kirche« schließlich sogar mit Fotos dokumentiert. Für fünfundzwanzig Dollar kann man nun eine Ordinierung als »*Pasta*farian-Minister« erwerben.

Nun mal ganz ernsthaft: Welcher Richter kann mit Sicherheit entscheiden, dass Gott existiert, aber das Spaghetti-Monster nicht? Dass die religiösen Erweckungserlebnisse von Schwulenhassern real, aber die Begegnungen mit dem Spaghetti-Monster Hirngespinste sind? Wo also zieht der Staat die Trennlinie zwischen Ulk und Glaube? Zwischen Halleluja und Om? Zwischen Judas und Jesus? Gottloser Geschäftemacherei und genialer Missionierung?

Die gleiche Logik wendet übrigens auch der Teufel an. Selbst die Satanisten berufen sich auf die Religionsfreiheit. Wo Raum für Gott ist, muss dann nicht der Teufel ebenso zu Wort kommen? So hat etwa die satanische Bewegung Genehmigungen für Kinderprogramme in Grundschulen von Seattle, Atlanta, Detroit und einem halben Dutzend anderer Großstädte beantragt. Sie wollen dort unter anderem Blasphemismus lehren, als ganz bewusste Gegenbewegung »zum religiösen Eifer, der im ganzen Land völlig außer Kontrolle geraten ist«, wie die Gründerin des Satanischen Tempels von Seattle, Lilith Starr, findet. Die Schulen tun sich schwer, die Anträge abzulehnen, denn die Satanisten können wegen der Religionsfreiheit gegen die Ausgrenzung klagen. Die »Sieben Gebote« der Satanisten enthalten die Überzeugung, »dass die Freiheit anderer zu respektieren ist, auch die Freiheit, Ärgernis zu erregen.«

In Wahrheit ist Religion eben nicht gleich Religion. Als

Al Woods, dem Betreiber eines Sex-Clubs, die Genehmigung für einen neuen Swinger-Club in der konservativen Vorstadt von Madison, Tennessee, direkt neben einer christlichen Privatschule verweigert wurde, änderte er kurzerhand den Status: Aus dem Sex-Club wurde das »United Fellowship Center«: »Wir haben die gleichen Pläne eingereicht, nur die Räume umbenannt«, prahlte der frischgebackene Kirchengründer. »Aus dem Kerker wurde der Chorraum, und die Tanzfläche wurde in ›Altarraum‹ umbenannt.«[38] Zwei Tage später bekam er die Genehmigung. Können sexuelle Praktiken nicht Teil religiöser Rituale sein? Manch einer mag einen Orgasmus schon als himmlisch empfunden haben, und es kann keiner beweisen, dass Gott womöglich unter dem Paradies etwas ganz anderes verstand.

Erst Monate später schwoll der Protest in Madison so massiv an, dass die Stadt sich unter einem Vorwand querstellte: Die Feuerwehr entschied, der Feuerschutz reiche nicht aus, um Veranstaltungen in den Räumen zu erlauben. Deshalb vermietet Al Woods seine Kirche nun stattdessen an eine richtige Glaubensgemeinschaft, die betet und Halleluja singt. (Dafür reicht der Feuerschutz wundersamerweise.)

Ach, wenn es nur beim Absurden und Komischen bliebe! Vor allem in Staaten wie Alabama, Missouri, Indiana, Florida, Virginia und North Carolina beharren Glaubensgemeinschaften darauf, der Staat dürfe nicht in ihre Geschäfte eingreifen. Laut der Recherche des *Center for Investigative Reporting* ist in Alabama und Indiana sogar jede zweite Kindertagesstätte von den gesetzlichen Bestimmungen ausgenommen. Gott wird schon nichts Schlimmes passieren lassen.

Wie die meisten Eltern auch wollten Juan Cardenas und Maricela Serna aus Indianapolis nur das Beste für ihr Kind. Sie suchten eine Kindertagesstätte für ihren ein Jahr alten Sohn Carlos, und Freunde empfahlen eine katholische Einrichtung. Als Katholik fand Cardenas es besonders beruhigend, dass sich Glaubensgenossen um sein Kind kümmern würden. »Ich dachte, sie würden ihren Job besonders gut machen, weil sie Gott verpflichtet sind«, erzählte er dem amerikanischen Zentrum für Investigativen Journalismus.[39] Aber schon in der ersten Woche bekam er einen alarmierenden Anruf von der Tagesstätte: Sein Sohn werde vermisst. Wie kann das sein? fragte er sich, Carlos hatte doch gerade erst laufen gelernt! Cardenas machte sich sofort auf den Weg. Kurz vor der Tagesstätte begegnete ihm ein Notarztwagen mit Blaulicht, aber er ahnte nicht, dass ihm darin sein toter Sohn entgegenfuhr. Erst als er bei der Tagesstätte ankam, erfuhr er die Wahrheit: Carlos war – ausgerechnet – im sechzig Zentimeter tiefen Taufbecken der Kirche ertrunken.

Die Tagesstätte hatte nicht genügend Betreuer eingestellt, die sich um mehr als fünfzig Kinder kümmern sollten, und die Betreuer hatten Carlos aus den Augen verloren. In den meisten amerikanischen Kindertagesstätten ist genau geregelt, wie viele Betreuer sich um wie viele Kinder kümmern müssen. Aber für *Praise Fellowship* galten diese Gesetze nicht: Weil sie einer Kirche gehörte, war die Tagesstätte von den gesetzlichen Regelungen ausgenommen.

Die wenigsten wissen, dass Religionsfreiheit in vielen Bundesstaaten so ausgelegt wird, dass religiöse Einrichtungen von gesetzlichen Standards befreit sind. Carlos Cardenas'

Tod ist kein Einzelfall. Das Zentrum für Investigativen Journalismus hat zahlreiche Fälle dokumentiert, in denen Babys und Kleinkinder zu Tode kamen, weil kirchliche Tagesstätten Mindeststandards nicht einhielten oder die Kleinen unbemerkt stundenlang im eigenen Erbrochenen liegen gelassen wurden. Bei manchen gehört es zur Praxis, die Kinder mit Schlägen zu »erziehen« oder mit Medikamenten ruhigzustellen. Andere stellen billige Betreuer ohne Ausbildung, Erfahrung oder Erste-Hilfe-Kenntnisse ein. Die traurige Ironie ist, dass Eltern oft denken, ihr Kind sei in einer religiösen Einrichtung besonders gut aufgehoben. Die Justiz ist da machtlos, oder sie zieht es vor, nicht einzugreifen. Auch für den Tod von Carlos Cardenas wurde niemand bestraft: Die trauernden Eltern reichten zwar Klage ein, aber sie verloren vor Gericht. Wo gesetzliche Vorschriften nicht gelten, kann auch nicht gegen sie verstoßen werden. Der Teufel steckt im Kleingedruckten.

Der Status als Kirche ist so verlockend, weil er einer Lizenz zum Gelddrucken gleicht. Zahllose Kirchen predigen den »Wohlstands-Gospel«, der da lautet: Reichtum ist ein Zeichen der Gunst Gottes. Deshalb rufen die Prediger zum Spenden von »Saat-Geld« auf, mit dem man Gottes Liebe ernten wird. Erfolgreiche Fernsehprediger, sogenannte Televangelisten wie Mike Murdock, versprechen ihren Spendern gar, wenn sie großzügig spendeten, werde Gott »ihre Kreditkarten-Schulden begleichen«.

Wer das für gottlosen Blödsinn hält, unterschätzt die Dimension: Unzählige Prediger sind mit dieser Methode schon stinkreich geworden, prahlen mit ihren Privatjets und

Mega-Mansions, denn die Spenden sind natürlich steuerfrei und dürfen auch für nicht-religiöse Zwecke verwendet werden. Dagegen ist Limburgs Ex-Protz-Bischof Franz-Peter Tebartz-van Elst mit seiner Fünfzehntausend-Euro-Badewanne ein armes Würstchen.

So hat etwa der amerikanische Pastor mit dem trefflichen Namen Creflor Dollar zu Spenden aufgerufen, um sich ein fünfundsechzig Millionen Dollar teures Flugzeug zu kaufen. Sein Kollege Kenneth Copeland leistete sich einen vergleichsweise bescheidenen Privatjet für zwanzig Millionen Dollar und versprach, ihn nur für Kirchenzwecke zu nutzen, wurde dann aber ertappt, wie er damit zur Großwildjagd nach Texas und zum Skifahren nach Colorado flog. Strafbar ist das trotzdem nicht. Das Flugzeug sei, sagt Copeland, seine »Gebetsmaschine«. Auf Linienflügen käme man Gott eben nicht so nahe, da flögen »zu viele Dämonen« mit. Gottes Wille geschehe.

McJesus in Holywood

Ein Besuch in einer dieser sogenannten *Prosperity Churches* – also Kirchen, in denen Geld als Zeichen Gottes gepredigt wird – ist wirklich ein geradezu außerirdisches Erweckungserlebnis. Nur wenige Touristen verirren sich in solche Kirchen. Mir jedoch verhalfen die Besuche zu völlig ungeahnten Einsichten, wie Kirche in Amerika funktioniert. Ich bin in einer bayerischen Dorfkirche getauft worden, in die maximal fünfunddreißig Leute passen. Die Saddleback Church von Rick Warren in Orange County dagegen gleicht weniger einer Kirche als vielmehr einem multimedialen religiösen Vergnügungspark auf hundertfünfzig Hektar mit Trambahn, Fitnessstudio, Bar, Kinderparadies und mehreren Gottesdiensten gleichzeitig: Jederzeit haben die durchschnittlich 22.000 Wochenendbesucher die Wahl, ob sie das Amen lieber zu den Hardrock-Gitarren im Zelt schmettern, beim coolen Disco-Gottesdienst für Zwanzig- bis Dreißigjährige abrocken oder den Pastor live in der schmucklos designten Megahalle bestaunen wollen. Keine Beichtstühle, keine Christus-Szenen, stattdessen bequem gepolsterte Sitzreihen, drei Gitarren, sechs Backgroundsänger, ein Saxophon und ein Schlagzeug, das auch den Kirchgänger in der letzten Reihe vom Sessel reißt. »Hoffnung im Herzen« rockt die Gemeinde, und hinter der Kanzel steht Rick Warren mit Sechs-Tages-Kinnbart, Hawaii-Hemd und furchtbar ausgebeulten Jeans, die den großzügigen Predigerbauch noch unvorteilhafter aussehen lassen.

»Was heilt Amerika?«, fragt er in seiner Sonntagspredigt. Beide Hände in den Hosentaschen, pilgert er unruhig vor seinen Schäfchen auf und ab und buchstabiert die Antwort zum Mitschreiben: »Beichten, bereuen, beten.«

Ich möchte hinzufügen: und zahlen. Denn auf den zweiten Blick entlarvt sich der so harmlos wirkende dreiundsechzig Jahre alte Warren als kongenialer Vermarkter Gottes, der die Prinzipien rasanter Geschäftsexpansion auf den Glauben anwendet: Von null auf vierzig Millionen Fans in achtundzwanzig Jahren. Das *Time Magazin* nannte Warren den »zweifellos einflussreichsten Kirchenmann Amerikas«, aber dass er so weit gekommen ist, liegt weniger an seinen durchschnittlich interessanten Standardpredigten als an seinem professionellen Gespür für religiöse Marktlücken. Warrens Vierzig-Tage-Programm »Kirche mit Vision« funktioniert nach dem Franchise-Prinzip; er lizensiert es weltweit. Wäre Saddleback eine Firma, würde man sie in einem Atemzug mit Starbucks und Microsoft nennen. Also eher Holywood mit McJesus. Warrens spiritueller Weltseller »Leben mit Vision« machte ihn mit vierzig Millionen verkauften Exemplaren zum Multimillionär und einem der weltweit erfolgreichsten Sachbuchautoren. Warren hat seine Anhänger aufgerufen, sich ein Beispiel an der Hingabe der Hitlerjünger zu nehmen. »›Hitler, wir gehören dir‹, schrieben die Hitlerjünger mit ihren Körpern in das Münchner Stadion«, so predigt Warren, »bevor sie fast die Welt eroberten.«

Auch das fällt unter Religionsfreiheit.

Inspiriert von der Sechs-Millionen-Dollar-Villa, die sich der Prediger Kenneth Copeland aus Kirchenspenden gönnte, hat der Comedian John Oliver erfolgreich vorgemacht, wie einfach es ist, eine Kirche zu gründen und den Leuten das Geld aus der Tasche zu ziehen: Er reichte dazu einen Antrag in Texas ein (einem Staat, in dem er nie gewohnt hat, wo es aber besonders einfach ist, Kirchen zu gründen), deklarierte sein Fernsehstudio als Kirche, das Publikum seiner sonntäglichen Sendung als Gemeinde und die wöchentliche Aufzeichnung als religiöse Praxis. Und schon war »Unsere Liebe Frau der dauerhaften (Steuer-)Befreiung« gegründet. »Schickt mir Saat! Dann werden gute Dinge geschehen!«, rief er salbungsvoll in die Kameras, und siehe da, innerhalb weniger Wochen erhielt er Tausende von Dollars und Geschenke. »Alles ganz legal!«, jubelte er freudig. »Amen!«

Dabei war den meisten Spendern natürlich klar, dass ihr Prediger in Wahrheit ein Blasphemiker ist. Deshalb habe ich eine viel bessere Idee: Wenn Sie statt ihm das Geld mir schicken, werden Sie bis an Ihr Lebensende glücklich sein. Das verspreche ich Ihnen, so wahr mir Gott helfe!

Bonus: Gebrauchsanweisung für Schwulenhasser

In unserer Ratgeber-Reihe »So diskriminieren Sie richtig, effektiv und ganz legal« möchte ich Ihnen heute zweihundert neue Ideen aus Amerika vorstellen. Warum ausgerechnet zweihundert? Weil das die Zahl der Anträge ist, die allein in der Legislaturperiode 2016 zur »Anti-Diskriminierung« von Schwulen, Lesben und Transsexuellen in amerikanischen Parlamenten eingebracht wurde.

So unterschrieb zum Beispiel Phil Bryant, der Gouverneur von Mississippi, enthusiastisch das »Gesetz zur religiösen Freiheit«.[40] Es war auch bisher in Mississippi schon legal, Homosexuelle zu diskriminieren, aber mit dem neuen Gesetz wolle er sicherstellen, sagte Bryant, dass Geschäftsleute, die Homosexuelle abweisen, nicht belangt werden, dass also »religiöse Freiheit und moralische Überzeugungen vor den diskriminierenden Aktionen der Regierung geschützt werden.«[41]

Diese Gesetzesänderungen sind nötig, weil, so versichern christliche Kommentatoren, das Sakrament der Ehe in Amerika bedroht ist. Während Deutschland noch über die Legalisierung der Homo-Ehe debattiert, hat das höchste Gericht in Amerika dazu schon 2013 das Ja-Wort gesprochen. In Amerika können nun Frauen Frauen heiraten, Männer mit Männern vor den Standesbeamten treten, und sogar Waylon Smithers von den Simpsons hat Mr. Burns gerade seine Liebe gestanden. Kein Wunder, dass für Schwulenhasser der Weltuntergang naht und sie mit allem, was das Gesetz hergibt, das Land vor dem drohenden Sittenverfall retten möchten. Wo kämen wir hin, wenn gottesfürchtige Geschäftsleute gezwungen werden könnten, Schwule zu bedienen? Was ist als Nächstes dran – sie müssen dabei auch noch lächeln?

Amerika bringt es fertig, gleichzeitig ein besonders liberales und extrem bigottes Land zu sein. Weil die Mehrheit der Bevölkerung in vielen westlichen Staaten (in Amerika inzwischen 68 Prozent) die Homo-Ehe gut findet, sind Schwulenhasser gezwungen, auf raffiniertere Arten der Diskriminierung auszuweichen. Sozusagen *White-Collar*-Diskriminierung, bei der sich keiner die Hände schmutzig macht, sondern alle nur den Mund.

Regel Nummer 1: Bringen Sie einen Gesetzesvorschlag zur Anti-Diskriminierung ein!

Ein gewiefter Schachzug! Wer diskriminieren möchte, bemüht sich als Erstes um eine Gesetzesänderung, die Diskriminierung legalisiert. Um Zweifel an unlauteren Absichten sofort auszuräumen, nennen Sie es »Anti-Diskriminierungsgesetz«.

North Carolina hat vorgemacht, wie das geht: Der Bundesstaat hat ein neues Anti-Diskriminierungsgesetz in Kraft gesetzt, das Homo- und Transsexuelle vom Diskriminierungsschutz ausnimmt. Konkret heißt das: Ein Wirt kann entscheiden, dass er einem Schwulen kein Bier einschenkt, eine Bäckerin, dass sie für eine Lesben-Hochzeit keine Torte backt, und ein Hotelbesitzer, dass er seine Zimmer keinem gleichgeschlechtlichen Paar vermietet. Eine transsexuelle Frau wird gezwungen, die Männertoilette aufzusuchen, weil in ihrer Geburtsurkunde nun einmal männlich eingetragen ist, und was Gott einmal so geschaffen hat, kann ein Mensch nicht einfach ändern. Das sind nur einige Beispiele von vielen, die zeigen, dass Wirte, Bäcker und Hoteliers nicht länger diskriminiert werden dürfen, wenn sie diskriminieren.

Auch schön: Der Name »*Free Exercise Protection Act*« für das Gesetz in Georgia, das Standesbeamten die Freiheit garantiert, dass sie sich weigern dürfen, homosexuelle Paare zu trauen.

2. Verlieren Sie keine Zeit!

Wichtig: Die Zeit drängt. Gehen Sie hastig vor. Berufen Sie eine Sonderkonferenz ein, bevor die Proteste Fahrt aufnehmen. Lassen Sie sich nicht auf Diskussionen ein. In North Carolina fand man die Notlage so dringend, dass extra das Parlament aus den Ferien zurückgeholt wurde, um in Windeseile das Gesetz zu verabschieden. Zackzack, Gouverneur Pat McCrory unterzeichnete es innerhalb von zwölf Stunden. Mag es sonst auch Monate oder Jahre dauern, bis ein neues Brückenbauprojekt oder eine Initiative für Obdachlose unterschriftsreif ist, kann man einen Floristen, der vielleicht schon heute mit der Entscheidung konfrontiert ist, ob er einem schwulen Paar einen Brautstrauß verkauft, nicht so lange im Ungewissen lassen.

Die gute Nachricht: In vielen Staaten muss das Gesetz gar nicht geändert werden. In neunundzwanzig amerikanischen Bundesstaaten ist es schon jetzt legal, Schwulen allein aufgrund ihrer sexuellen Orientierung das Leben schwer zu machen, sie zu benachteiligen oder zu feuern. Das gilt übrigens auch für minderjährige Homosexuelle in der Schule. Gerade junge Menschen sind noch auf der Suche nach ihrer Identität und lassen sich leicht beeinflussen, da kann gar nicht genug Druck ausgeübt werden! Sie müssen diese Menschen also nur outen, der Rest ergibt sich von allein.

3. Wenn sich Protest regt ...

Wie immer, wenn man Fortschritte macht, regt sich Widerspruch, in diesem Fall massiv: Mehr als hundert große Firmen protestierten gegen die geplanten Gesetzesänderungen in Mississippi, Georgia, North Carolina, Indiana, Arkansas und Missouri. Apple, Facebook, Paypal, Walmart, Bank of America, Google, American Airlines, die National Basketball Association ... Die Liste der namhaften Firmen, die erwogen, Großprojekte in andere Staaten zu verlegen, ist lang. Ann Hathaway, Disney und halb Hollywood drohten damit, nie wieder in Georgia zu drehen, wenn der Gouverneur den »*Free Exercise Protection Act*« unterzeichnet. (Der ist dann auch davor zurückgeschreckt.) Forbes zufolge hat Indiana wegen des geplanten Anti-Diskriminierungs-Gesetzes sechzig Millionen Dollar Einnahmen verloren (obwohl es letztendlich nicht in Kraft trat). Hunderte demonstrierten vor dem Haus des Gouverneurs von North Carolina. Der CEO von Paypal gab bekannt, er werde wegen des Gesetzes nun doch nicht in Charlotte die geplante Zentrale mit vierhundert Arbeitsplätzen bauen. Und sogar Obamas US-Regierung erforschte, wie viele Milliarden Fördergelder sie wegen des Anti-Diskriminierungs-Gesetzes aus North Carolina abziehen kann.

Sehen Sie den kollektiven Aufschrei nicht etwa als Indiz, dass Sie danebenliegen, sondern als Beweis, dass Sie recht haben und das eigentliche Opfer sind.

4. Drehen Sie den Spieß um!

Nutzen Sie den Gegenwind, um aufzusteigen! Statt offen auf Minderheiten loszugehen, erklären Sie sich selbst zu einer verfolgten Minderheit. (Ja, das funktioniert auch, wenn Sie männlich, weiß, Millionär und Teil der Regierung sind.)

Knicken Sie nicht wie der Gouverneur von Georgia ein, nur weil einige Hollywood-Stars schlecht gelaunt sind. Vorbild: Wieder North Carolina und Mississippi, die sich dem Druck nicht beugten. Würgen Sie wie Gouverneur Pat McCrory Kritik mit dem Hinweis ab, Sie seien Opfer einer »hinterhältigen, nationalen Schmierkampagne.« Wenn Sie darauf angesprochen werden, warum Sie denn den bestehenden Diskriminierungsschutz aufweichen möchten, lügen Sie einfach und sagen, das sei gar nicht so. Gehen Sie zum Gegenangriff über, erklären Sie, Ihre Kritiker »kennen die Fakten nicht«. Lassen Sie Ihren Sprecher ausrichten, die Kampagne gegen Sie und Ihr schönes neues Gesetz sei »totale Heuchelei und Demagogie«.[42]

Die »Allianz zur Verteidigung der Freiheit« lobte den Gouverneur von Mississippi dafür, dass er »Schulen, Kirchen und Geschäftsleute beschützt, damit sie vom Staat nicht diskriminiert werden. Schließlich ist man nicht frei, wenn man seinen Glauben nur in Gedanken leben darf. Was Amerika einzigartig macht, ist unsere Freiheit, diese Überzeugungen friedlich auszuleben, und die Verfassung schützt diese Freiheit.«

Übersetzt heißt das: Nehmen Sie sich die Freiheit, Schwule nicht nur in Gedanken abzuwerten, sondern Ihre Abneigung auch in Wort und Tat umzusetzen.

5. Berufen Sie sich auf die Verfassung/ die Bibel/Gott!

Werden Sie grundsätzlich. Tun Sie so, als müsse das gesamte Christentum/die westliche Zivilisation/die Menschheit gerettet werden. Lernen Sie die Bibelverse auswendig, die Ihre Position unterstützen und verschweigen Sie andere Passagen, die nicht zu Ihrer Meinung passen. Die meisten Menschen kennen die Bibel nicht gut genug, um Ihnen mit anderen Versen zur Toleranz oder zur Nächstenliebe zu kontern. Wenn Sie doch einmal auf einen belesenen Christenbruder treffen, legen Sie Ihre Hand auf Ihr Herz und beteuern Sie, dass Sie nur tun, was Ihnen Gott befohlen hat.

Bonus-Rat: Die beschriebene Gebrauchsanweisung funktioniert auch bei Schwarzen / Flüchtlingen / Behinderten. Beachten Sie die geltenden Gesetze, und wenn nötig, setzen Sie sich darüber hinweg oder machen neue. Oder Sie ziehen einfach in den Bibelgürtel, am besten nach North Carolina. Dort ist die Landschaft wunderschön.

Zu Nebenwirkungen und Risiken befragen Sie bitte Ihren Anwalt und Ihr Gewissen.

12. Stadt, Land, Schuss

Dass Achtjährige schießen lernen, ist in den Südstaaten normal

In diesem Kapitel erfahren Sie,

- Wo es nicht Recht, sondern Pflicht ist, dass jeder Haushalt eine funktionierende Waffe besitzt
- Dass Ihr Risiko, in Amerika erschossen zu werden, fünfzehn Mal höher ist als in Deutschland
- Warum mehr Menschen von Kleinkindern erschossen werden als von Terroristen

Hier hat jeder einen Schuss

Die Leute in Kennesaw, Georgia, reden nicht gerne mit Journalisten. Genauer: Die meisten reden gar nicht. Interviewanfragen werden grundsätzlich abgelehnt. Die Standardantwort: »Alles, was Sie wissen müssen, ist, dass ALLE Menschen ein gottgegebenes Recht haben, sich zu verteidigen. Unsere Rechte gewährt uns nicht die Regierung, sondern Gott.«

Gott wohnt also in Kennesaw, vermutlich weil er dort am besten beschützt wird.

Ist ja auch nett in dieser amerikanischen Kleinstadt bei Atlanta, Georgia: 32.000 Einwohner, eine adrette weiße Holzkirche aus der Kolonialzeit, ein idyllisches Geschichtsmuseum, die üblichen Shoppingmalls. Und Gott hat die Stadt (mit Hilfe seines Sprachrohrs, des Stadtrats) mit einem einzigartigen Gesetz ausgestattet: Jeder Haushalt muss mindestens eine funktionierende Waffe besitzen, plus passender Munition. Ja, das gilt auch für Haushalte mit kleinen Kindern. »In Kennesaw, it's the law« reimt das Motto der Stadt, so steht es auf den Aufklebern im Bürgerkriegsladen. Seit fünfunddreißig Jahren.

Natürlich leben in ganz Amerika Waffennarren, und die Leidenschaft für Knarren und Kaliber sind vielleicht der Aspekt, der mir und den meisten Amerika-Besuchern am befremdlichsten erscheint. Nirgendwo in der westlichen Welt besitzen Menschen mehr Waffen. In Amerika gibt es mehr Waffenläden als McDonald's und Starbucks zusammen. Regelmäßig schwemmen die Zeitungsannoncen mit den Rabatten für Turnschuhe und Windeln auch Sonderangebote für halb automatische Maschinengewehre in meinen Briefkasten, und ich könnte mir sogar vom Sofa aus per Shoppingkanal Gewehre bestellen. Die Amis verteidigen ihr Recht, Waffen zu tragen, unbeirrbar mit dem Hinweis, dass das Recht auf Selbstverteidigung in der Verfassung verankert ist. Sogar Pfarrer vertrauen lieber auf ein Kleinkaliber als auf das Großkaliber Gott. Pfarrer Brian Ulch, zum Beispiel, hält seine Predigten in der Trinity Lighthouse Church in Denison, Texas, mit einer Glock unter der rechten Achsel. »Wir sind es unseren Gläubigen schuldig, auf jede Bedrohung vorbereitet zu sein«, sagt Ulch. Er ist mit seinen Kollegen auf die Barrikaden gegangen, weil einige ihrer Schäfchen forderten, Kirchen sollten waffenfreie Zonen sein. Je mehr Waffen, desto mehr Sicherheit, lautet das Mantra der Waffen-Lobby. Aber de facto fühle ich mich eher unsicherer, wenn ich weiß, dass mein Sitznachbar im Café oder auf der Kirchenbank eine Knarre trägt.

Als ich zum ersten Mal einem Autofahrer, der mir auf dem Freeway die Vorfahrt nahm, den Stinkefinger zeigte, herrschte mich meine amerikanische Beifahrerin panisch an: »Bist du wahnsinnig?! Der könnte dich erschießen!« Ich hielt das anfangs für Panikmache, aber seit ich die Zahlen kenne, pflichte ich ihr bei. In Arkansas erschoss ein Autofahrer einen Dreijährigen, weil ihm dessen Oma am Steuer zu langsam fuhr. So ist mein Risiko, in Amerika erschossen zu werden, nicht doppelt, dreimal oder fünfmal so groß wie in

Deutschland, nein: die Gefahr ist *fünfzehn* Mal höher. Drei-unddreißigtausend Waffentote pro Jahr in Amerika bewei-sen eindeutig, dass mehr Waffen zu mehr Toten führen. Mehr Amerikaner sterben durch Waffen als durch Aids, Drogen, Kriege und Terrorismus zusammen.

Als ein Amokläufer 2012 in der Sandy Hook Grundschule zwanzig kleine Kinder erschoss, trauerte ganz Amerika, aber die Regierung fand trotzdem keine Mehrheit, um strengere Regeln für den Waffenbesitz durchzusetzen. Im Gegenteil: Der Vorsitzende der allmächtigen *National Rifle Association*, Wayne LaPierre, forderte wegen des Amoklaufs, Grund-schulen dürften keine waffenfreien Zonen sein, denn Schu-len ohne Waffen wären für Mörder erst recht attraktiv. Die Regierung hat zwar die Macht, verdächtige Menschen auf eine »no-fly Liste« zu setzen, damit sie kein Flugzeug mehr besteigen dürfen, kann ihnen aber nicht versagen, sich legal zu bewaffnen. Barack Obama weinte vor laufenden Kameras, aber ändern konnte er an den Gesetzen auch nichts.

Es ist unfassbar, dass es in weiten Teilen Amerikas ein-facher ist, sich eine AK 47 zu besorgen, als ein anständiges Vollkornbrot. Die Amerikaner sind stolz auf ihre Waffen und verteidigen sie mit einer Leidenschaft, die sprachlos macht. Der Staat Tennessee hat (neben der Tulpe und dem Waschbär) sogar eine besonders schlagkräftige Waffe zum Staatssymbol ernannt: Das halb automatische Barrett M82 kann mit der richtigen Munition selbst Panzer durchschlagen oder ein Flugzeug vom Himmel schießen. In Deutschland wird sie nur von Bundeswehrsoldaten benutzt; in Tennessee kann man sie auch als Zivilist kaufen. In vielen Staaten muss man nicht einmal einen Ausweis vorlegen, um sich bei einer der vielen *Gun Shows*, also der Verkaufsmessen für Waffen, ein Maschinengewehr zuzulegen. In Georgia braucht man ohnehin keine Genehmigung, um mit einer Pistole offen am Holster ins Café zu spazieren. Selbst Achtjährige trifft man hier schon auf der *Shooting Range* in den Schießständen beim Üben. Und in den örtlichen Waffenläden kann man selbstverständlich auch Maschinengewehre erstehen. Ohne Lizenz, versteht sich.

Aber wieso dann aus dem Recht, Waffen zu tragen, auch noch eine Pflicht machen? Vor gut fünfunddreißig Jahren ärgerten sich die Bürger von Kennesaw sehr über die positiven Schlagzeilen über eine andere Kleinstadt: Die Bürger von Morton Grove in Illinois hatten ein Gesetz verabschiedet, um Schusswaffen im ganzen Stadtgebiet zu verbieten. Das Thema beherrschte die nationalen Titelseiten. Wo kämen wir da hin, wenn diese waffenfreien Zonen Schule machten? Aus diesem Grund beschloss der Stadtrat von Kennesaw, mit gutem Gegenbeispiel voranzugehen und Waffenbesitz per Verordnung zur Pflicht zu machen.

Wer in dieser Stadt wirklich partout keine Waffe im Haus haben will, kann sich auf religiöse Gründe berufen, eine Geisteskrankheit geltend machen oder sich ein eindrucksvolles Vorstrafenregister zulegen. Dann wird er von der Pflicht befreit.

Aber die meisten Kennesawer stehen enthusiastisch hinter dem Beschluss. Manche haben sich zusätzlich zu den echten Pistolen noch künstliche auf die Hüften tätowieren lassen. Dent Myers, der Besitzer des Bürgerkrieg-Souvenirladens im

Ort, sieht mit seinen langen Haaren, dem grauen Bart und der Bandana um den Kopf zwar eher wie ein friedliebender Hippie aus, aber seine Totenkopfringe, seine .357-Kaliber* Magnum und die Kriegsdevotionalien in seinem vollgestopften Laden sind allesamt Teil der »Selbstverteidigungs-Kultur«.[43]

Die Einwohner behaupten hartnäckig, die Verbrechensrate sei seit dem Beschluss um neunundachtzig Prozent gesunken. So verbreitet es zum Beispiel Robert Jones, der Präsident von Kennesaws *Historical Society*, der das Gesetz »für eine der besten Entscheidungen hält, die die Stadt je getroffen hat«. Tatsächlich aber gibt es dazu gar keine harten Zahlen. Und die Anzahl der Morde lag schon 1981, im Jahr vor der Einführung des Gesetzes, bei null. Sie kann also nicht drastisch gesunken sein, es sei denn, Schießübungen können in Kennesaw Tote wieder zum Leben erwecken.

Selbst als 2014 ein neunzehn Jahre alter Amokläufer im Fedex-Laden von Kennesaw sechs Menschen verletzte, wurde über das Gesetz nicht einmal diskutiert. (Es waren nicht die bewaffneten Bürger, die den Amokläufer stoppten, sondern er erschoss sich selbst.) Der Name Kennesaw leitet sich übrigens aus der Cherokee-Sprache her, und da bedeutet er, ganz passend, »Friedhof«.

An den Grundstückszäunen hängen Warnschilder mit dem Aufdruck: »Vor dem Hund musst du dich nicht fürchten, aber vor dem Besitzer.«

---

* Entspricht etwa 9 mm

Insofern ist es nicht falsch zu sagen: In Kennesaw hat wirklich jeder einen Schuss.

Ein echtes Gruselmärchen

Es war einmal ein kleines Mädchen in Detroit, das mit seinem kleinen Bruder und dem drei Jahre alten Nachbarsmädchen im Haus seiner Großmutter spielte. Dabei fand es unter Omas Kopfkissen eine Pistole, entsicherte die Waffe und schoss sich in den Hals. Bis der Notarzt kam, war die Kleine schon verblutet.

Holston Cole wollte ein Superheld werden, wenn er groß ist. Als er im Rucksack seines Vaters in Dallas, Georgia, eine Pistole fand, spielte er damit herum und erschoss sich.

Der Sohn von Patrice Price in Milwaukee griff nach der Waffe, die unter dem Autositz hervorrutschte und schoss damit seiner Mutter in den Rücken. Sie schaffte es noch, den Wagen zum Stehen zu bringen, überlebte aber nicht.

Das Mädchen in Detroit war fünf Jahre alt, Holston drei, der Sohn von Patric Price zwei. Und sie sind keine tragischen Einzelfälle. So sieht eine typische Woche in Amerika aus. Dass Kleinkinder zur Waffe greifen, passiert in Amerika im Durchschnitt zwei Mal pro Woche; die Bürgerinitiative *Everytown for Gun Safety*[44] zählt jedes Jahr fast dreihundert Schussverletzungen durch Kinder. Es werden inzwischen mehr Amerikaner von Kleinkindern erschossen als von Terroristen.

Die meisten »Unfälle« dieser Art passieren, weil Familienmitglieder ihre Waffen geladen und griffbereit in der Nähe haben wollen. Mehr als die Hälfte aller amerikanischen Haushalte haben Waffen im Haus, und darum haben amerikanische Kinder ein sechzehnmal größeres Risiko, erschossen zu werden, als deutsche. Waffengegner sprechen deshalb nicht von »Unfällen«, sondern von krimineller Fahrlässigkeit. In Arizona wurde ein Großvater zu sechs Monaten Gefängnis verurteilt, weil er seine Enkelin nach einer Autopanne vier Stunden lang allein am Straßenrand zurückgelassen hatte. Zur Sicherheit drückte er der Fünfjährigen vorher einen geladenen, entsicherten 45er-Colt in die Hand, damit sie sich gegen »böse Jungs« wehren konnte.

Nun liegt die Lösung natürlich auf der Hand: Wer Waffen hat, muss sie sichern und wegschließen. Doch nur in siebenundzwanzig Bundesstaaten gibt es solche Vorschriften, und selbst da werden sie so lax gehandhabt, dass dort die Unfälle kaum signifikant weniger sind. Aber egal, wie regelmäßig ungesicherte Waffen in die falschen Hände gelangen, die Waffenlobby hält sogar solche Vorschriften für kontraproduktiv. Denn dann wären die Gewehre im Notfall nicht griffbereit, und außerdem würden solche Regelungen gegen das in der Verfassung verankerte Recht verstoßen, Waffen zu tragen.

»Das ist natürlich eine Tragödie, aber es ist nichts, was oft vorkommt«, sagt etwa Larry Pratt, der Sprecher der *Gun Owners of America*, über die Kinderschützen. »Gesetze aufgrund von gelegentlichen Unfällen zu ändern wäre ein schwerer Fehler.«

Solange sich die Waffennarren nicht auf ein Mindestmaß

an Sicherheit einigen können, scheint mir die einzige Alternative, alle Kleinkinder unter fünf Jahren dauerhaft wegzusperren. Damit Sie nicht denken, Kleinkinder seien die einzigen Verbrecher: In den letzten Jahren wurden auch zehn Amerikaner von ihren Hunden erschossen und einer von seiner Katze.

Die Waffenlobby hat aus den Kinderschüssen ganz andere Lehren gezogen: Kinder müssten schon früh lernen, mit Waffen umzugehen, damit sie eben nicht versehentlich schießen. Deshalb bieten Hersteller unter dem Motto »Mein erstes Gewehr« spezielle Kinderwaffen mit einer lustigen Komikfigur an, die aus leichtem Plastik gefertigt sind, damit sie leichter zu handhaben sind: für Mädchen in Rosa oder psychedelischem Blau, für Jungs in frischem Pfadfindergrün oder Tarnfarben, geeignet ab fünf Jahren. Gerade im Südwesten der USA ist es völlig normal, dass die Kinder schon mit auf die Jagd gehen.

Um die Kleinen spielerisch an die Waffen heranzuführen, hat eine Autorin der *National Rifle Association* sogar klassische Märchen wie Rotkäppchen und Hänsel & Gretel umgeschrieben.[45] »Wird Ihnen bei diesen grimmigen Märchen nicht auch ein bisschen mulmig?«, fragt die Autorin, die auf Literatur aus dem achtzehnten Jahrhundert spezialisiert ist. »Haben Sie sich jemals gefragt, wie diese Märchen wohl ausgehen würden, wenn das arglose Rotkäppchen gelernt hätte, mit Waffen umzugehen?«

Sie erzählt es uns: Als Rotkäppchen im Wald auf den Wolf trifft, trägt sie natürlich ihr Gewehr über der Schulter, und als der Wolf sie nicht in Ruhe lässt, legt sie auf ihn an, damit er wegrennt. »Ach, wie der Wolf es hasste, wenn Familien gelernt hatten, sich zu verteidigen!«

Und so lebten Rotkäppchen und ihre Oma glücklich bis an ihr Lebensende.

Aber nur, wenn sie nicht von Rotkäppchens kleiner Schwester mit dem rosa Kindergewehr erschossen wurden.

13. High Society: Pot Bless America

Cannabis ganz legal

In diesem Kapitel erfahren Sie,

- Wo Sie in Las Vegas high-raten können
- Dass Amerikaner die Weltmeister im Schlucken von Schmerzmitteln sind
- Warum der Tod von Prince ein *Sign O' the Times* ist

Stiletto Stoners mit Gorilla-Dröhnung

Als ich aus dem bayerischen Alpenvorland nach Los Angeles zog, musste ich mich an eine Menge Neues gewöhnen: Über die zwölfspurigen Staus und das gigantische Fastfood-Angebot haben wir schon gesprochen, aber noch nicht über die Cannabis-»Apotheker«, die einem bei jeder Gelegenheit einen Joint verschreiben wollen. Bis heute erschaudern meine deutschen Besucher ungläubig beim Anblick der groß in Leuchtreklame blinkenden Hanfblätter am Venice Beach. »Bist du gestresst?«, fragen die *Hustler* beim Strandspaziergang, bereit, einen in die »medizinischen Ausgabestätten« zu winken, wo einem der »Arzt« das Rezept ausstellt.

Auf Bundesebene gilt Marihuana immer noch als gefährliche und illegale Droge, aber während Deutschland zögerlich die streng reglementierte Freigabe von Marihuana zu bestimmten medizinischen Zwecken umsetzt und die Vereinten Nationen die Legalisierung von Marihuana als Alternative zum erfolglosen Drogenkrieg andenken, ist legales Cannabis in vielen amerikanischen Staaten längst Alltag. Florida hat als achtundzwanzigster amerikanischer Staat medizinisches Marihuana freigegeben. In acht Bundesstaaten ist Marihuana auch für den Freizeitgenuss erlaubt, nämlich in Colorado, Kalifornien, Nevada, Washington D.C., Oregon, Massachusetts, Maine und Alaska, und das gilt auch für Touristen. Jeder fünfte Amerikaner hat legal Zugang zu Cannabis. *Pot Bless America.*

Selbst in den Bundesstaaten, die Cannabis ausschließlich für medizinische Zwecke freigeben, muss man lediglich einen Arzt finden, der es einem gegen Übelkeit oder Verspannungen verschreibt.* Und verspannt ist doch heutzutage fast jeder, oder? Die zweiundachtzigjährige Oma meines Freundes trinkt ihren Cannabis-Cocktail, damit sie nach der Chemotherapie schlafen kann. Mein achtunddreißigjähriger Nachbar, ein Poolpfleger, raucht das Gras mit seinen Freunden schon morgens auf dem Balkon. Ich hingegen habe meinen letzten Joint durchgezogen, als ich als Teenager in Amsterdam war – da galt das als cool, gerade weil es zu Hause nicht erlaubt war. Heute reichen die Rauchschwaden, die vom Nachbarn rüberwehen, völlig aus, auch einen Passivraucher zu benebeln.

Wie soll das auch anders sein in einem Land, in dem sogar Präsident Barack Obama zugab, schon einmal gekifft zu haben? Anders als Bill Clinton, der bekanntlich »nie inhalierte«, spricht Obama offen darüber, dass er als Jugendlicher auf Hawaii zu einer Kiffer-Bande namens »Choom Gang« gehörte, die regelmäßig Joints kreisen ließ. Ausgerechnet in einem Land, in dem das Anstecken einer normalen Zigarette zu entsetzten Ekelschreien aller Umstehenden führt, sind Joints okay. Kein Wunder, dass sich auch immer mehr Promis offen zum Cannabis bekennen.

Zu Halloween wetteiferten Lady Gaga und Rihanna, wer das beste Cannabis-Kostüm anhatte. Beide posierten als

---

* Medizinisches Cannabis ist dort nur für Amerikaner legal, nicht für Touristen.

»Mary Jane« (= Marihuana), aber Lady Gaga gewann den Titel: »Princess High the Cannabis Queen«.

Auch Chanel-Gesicht Brad Pitt, Quatschkopf Zach Galifianakis und sogar Hollywood-Legende Morgan Freeman haben sich in der Vergangenheit dazu bekannt, gerne zu kiffen. Neu ist, dass selbst etablierte Gourmetköche nun auf Cannabis setzen. »Jeder raucht doch nach der Arbeit Gras«, gestand Gourmet-Enfant Terrible Anthony Bourdain, als sei das die selbstverständlichste Sache der Welt. »Darunter sind Leute, denen ihr das niemals zutrauen würdet.«

So viel legale Dröhnung sorgt für viel Umsatz. Bongs bringen Big Business. Fast sechs Milliarden Dollar wurden im letzten Jahr in Amerika mit Cannabisprodukten umgesetzt, fünfundzwanzig Prozent mehr als noch im Vorjahr, und bis zum Jahr 2020 prophezeit die kalifornische Investorenfirma ArcView Group, die Cannabis-Start-ups berät, einen berauschenden Jahresumsatz von dreiundzwanzig Milliarden Dollar.

Immer mehr Anbieter wetteifern nun um ihre Krümel vom Pot-Kuchen und werben mit immer ausgefalleneren Ideen um Kunden. Die Kenner diskutieren, ob *Gorilla Glue Super Full Melt* besser dröhnt als *Diamond Popcorn* und ob die grüne Göttin, *Green Goddess*, mehr bringt als die weiße Witwe, *White Widow*. Marathonläufer schließen sich zu Trainingsgruppen zusammen (»Marihuana für Marathons!«), um sich den Titel »schnellster Stoner der Welt« zu sichern. Es gibt inzwischen Cannabis-Kochkurse, Marihuana-Maniküre (bei der echtes Gras auf die Nägel gelegt und mit Lack fixiert wird), Bauernmärkte für Hanf, Bong-Designer und

Restaurants namens »Ganja Gourmet«, außerdem widmet sich eine ganze Kochshow im Fernsehen (»Cannabis Planet«) nur der Frage, wie man das Kraut am besten in Teriyaki-Huhn und Lasagne unterbringt.

Cheryl Shuman, die selbst ernannte »Cannabis-Königin von Beverly Hills« und »America's First Lady of Marihuana«, hat auf Letzteres eine Antwort: In ihrem Beverly Hills Cannabis Club serviert die fünfundfünfzigjährige PR-Frau und zweifache Mutter Pasta mit in Olivenöl mariniertem Cannabis, Knoblauchbaguette mit Cannabiskrümeln und Erdbeerkuchen mit Cannabisblättern. »Cannabis hat mich zu einer besseren Mutter gemacht, ja, zu einem besseren Menschen«, schwärmt Shuman. Nach ihrer Scheidung sei sie völlig in Depressionen versunken, habe sich morgens mit Prozac aufgeputscht und abends mit Xanax beruhigt. Ihre erwachsene Tochter Aimee pflichtet ihr bei: »Mama war wie ein Zombie, benebelt von den verschreibungspflichtigen Psychopillen.« Mit Cannabis sei sie wieder sie selbst. Außerdem helfe ihr das Kraut auch in ihrem Kampf gegen den Eierstockkrebs.

Die blonde, Botox-geglättete Millionärin in ihrem eng anliegenden, violetten Wickelkleid beginnt jeden Tag mit einem »Power Smoothie« aus Marihuana, Weizengras und Gemüse. Vor ihrer Cannabis-Erweckung war sie mit ihrer Firma *Starry Eyes* Optikerin für die Stars, unter anderem passte sie Brillen für Michael Jackson, Tom Cruise und Madonna an. Shuman war eine der Ersten, die schon vor zwanzig Jahren Marihuana als Business-Gelegenheit propagierten, aber nun will sie mehr: Ihre Zielgruppe sind andere gut betuchte Mütter. Sie hat sich bereits das Trademark

»Stiletto Stoners« gesichert, um unter diesem Label Kleider für die modebewusste Marihuana-Konsumentin an die Frau zu bringen, einen vergoldeten, diamantbesetzten Verdampfer, der auch Kim Kardashian gut stehen würde, sowie Cannabis-freundliche Yoga-Studios mit Weed-Spa. »Die Möglichkeiten sind unendlich«, glaubt sie.

Sogar in der Kirche hält das Kraut schon Einzug. In Las Vegas kann man sich buchstäblich ver-high-raten lassen. Natalie und Lee Rice reisten für die Zeremonie extra aus Phoenix, Arizona, an, weil sie die Ersten sein wollten, die sich in der »Higher Power Cannabis Chapel« in Nevada trauen lassen. Das »Higher Power« ist dabei durchaus wörtlich zu nehmen: »Natalie hat schlimme Rückenprobleme, und Cannabis lindert die Schmerzen«, sagt der stolze Bräutigam, Lee Rice. »Cannabis hat unsere Beziehung verbessert. Wer weiß, ob wir ohne Cannabis noch zusammen wären?« Natalie gibt zu, sie sei oft schlecht gelaunt, wenn die Schmerzen überhandnähmen, und das medizinische Marihuana helfe ihr, umgänglicher und fröhlicher zu sein. Lee hat noch einen weiteren Grund für seine Cannabis-Begeisterung: Er betreut epileptische Kinder und sieht medizinisches Marihuana für Menschen mit Epilepsie als bessere Alternative zu verschreibungspflichtigen Medikamenten.

Nun also ein »Weeding« anstelle eines »Wedding«. Statt Hochzeitsglocken läutet Bob Marley die erste Hochzeit in der Cannabiskirche ein. Standesgemäß schreitet das Brautpaar durch ein Spalier aus Hanfpflanzen. Die Braut hat feuerrote Haare, trägt ein schulterfreies, schwarzes Abendkleid und als Bouquet einen Strauß mit Cannabis-Blättern und -Blüten. »*Laugh Live Learn*« steht schwarz tätowiert auf ihrem Dekolleté.

Es wird vielleicht noch eine Weile dauern, bis so etwas wie die *Higher Power Cannabis Church* auch in Deutschland als Kirche anerkannt wird. Die Kirchengemeinde in Las Vegas jedenfalls beschreibt sich als »Gemeinschaft, die Inspiration und Weisheit von allen großen Weltreligionen annimmt. Durch unsere gemeinsame Suche nach Higher Power sind wir zu dem Glauben gelangt, dass Cannabis eine Wunderpflanze ist, die viele therapeutische und medizinische Vorteile hat.«

Sobald die legalen Hürden ausgeräumt sind, sollte man überlegen, die Cannabis-Sakramente auszudehnen: Warum nicht auch Cannabis-Taufe, Marihuana-Kommunion und Stoner-Bestattung? Gewürzte Oblaten würden viel mehr Leute in die Kirche locken (»Unser tägliches Pot gib uns heute«), gerade junge Menschen würden am Altar im Weihrauch Schlange stehen, und die extra Dröhnung würde auch langatmige Predigten einigermaßen erträglich machen.

Es wäre ja vielleicht nicht das schlechteste Ende, sich zum Schluss entspannt in Rauch aufzulösen und Gras über die Sache wachsen zu lassen.

Purple Pain

Am Ende des Tages wird es eine Tote geben, aber das wissen wir noch nicht an diesem Morgen, wo doch hier alle hauptberuflich damit beschäftigt sind, Menschen am Leben zu halten. Das alte, ockerfarbene Theater in einem Vorort von Los Angeles, direkt hinter dem SuperCut Friseur und einem Reifenlager, trägt den schönen spanischen Namen La Ventana, also »das Fenster«. Es ist inzwischen ein renommiertes Drogen-Rehab-Zentrum und tatsächlich ein Fenster, aber hinein in eine Welt, in der die meisten Menschen freiwillig keinen Blick werfen: die Welt der Sucht.

Der Tod von Prince hat ein Thema in die Schlagzeilen katapultiert, das bisher eher im Verborgenen schlummerte: dass Amerika eine Gesellschaft der Süchtigen geworden ist. »Es ist ein Schock«, sagte Morris Hayes, ehemaliges Bandmitglied von Prince. »Bei Giganten wie Michael Jackson oder Prince denkt man eigentlich, sie könnten gar nicht sterben.«

Am 21. April 2016 starb Prince, obwohl er unsterblich ist, und inzwischen wissen wir, dass für den Tod des Musikers das synthetische Schmerzmittel Fentanyl verantwortlich war, das fünfzig Mal potenter ist als Heroin. Prince hatte auch Percocet im Blut, ein opiathaltiges Kombinations-Schmerzmittel aus Oxycodon und Acetaminophen. Er wurde siebenundfünfzig Jahre alt.

Ausgerechnet Prince Rogers Nelson, der doch der Cleanste aller Popgötter war, nie rauchte, sich nie betrank, nie Drogen nahm. Der sich Alkohol, Fleisch und Marihuana in seinem Haus und in seiner Nähe verbat. Selbst Hardcore-Junkies versuchten in seiner Gegenwart, sich zusammenzureißen und einen auf nüchtern zu machen. Seine Schwester Tyka Nelson, ebenfalls Sängerin, erzählt, er habe den Kontakt zu ihr abgebrochen, als sie drogensüchtig wurde, aber als sie vom Crack nicht loskam, bezahlte er ihr die teure Therapie.

Dass ausgerechnet er also mit einer Überdosis im Aufzug seines Anwesens Paisley Park endete, ist ein *Sign O' the Times*, ein Zeichen unserer Zeit: nämlich dafür, dass die Opiatsucht auch vor dem Saubermann des Pop nicht Halt machte. Denn die Abhängigkeit von Schmerzmitteln befällt oft gerade diejenigen, die mit Drogen nie was am Hut hatten.

Prince, der zeit seines Lebens eine Ausnahmeerscheinung war, ist damit in seinem Tod ein ganz gewöhnlicher Amerikaner: »Jeden Tag sterben in Amerika sechsundvierzig Menschen an Schmerzmitteln«, sagt Gwen Casella, die im La Ventana die Entgiftung leitet. »Wer keine Statistik werden will, kommt zu uns.« Mehr als tausend weitere Menschen landen in Amerika wegen Schmerzmitteln in der Notaufnahme, ebenfalls jeden Tag. Im letzten Jahrzehnt haben sich die Todesfälle durch Schmerzmittel vervierfacht. Zum ersten Mal in der Geschichte Amerikas sterben mehr Menschen an Opioiden als an Verkehrsunfällen oder Schussverletzungen. Casella spricht von einer »Epidemie«.

Auch in Deutschland ist der Absatz von Schmerzmitteln im letzten Jahrzehnt um fast fünfzig Prozent gestiegen. Die bloße Menge macht offensichtlich, dass die Menschen all das Morphium nicht nur für medizinisch sinnvolles Schmerzmanagement schlucken. Wir Menschen sind so davon besessen, Schmerz auszuschalten, dass wir uns lieber umbringen, als ihn zu spüren.

Es ist eben nicht Sex, Drugs und Rock'n'Roll, der altbekannte Rocker-Refrain des Exzesses, der dem Workaholic Prince zum Verhängnis wurde, sondern das Gegenteil: der Druck zu funktionieren, *no matter what.*

Zu Gwen Casella, 46, kommen immer mehr Klienten, die gerade nicht wie »typische Junkies« erscheinen: Es sind Menschen, die nicht high, sondern trotz Schmerzen hoch leistungsfähig werden oder bleiben wollen. Eine ihrer Patientinnen ist Personalchefin eines der größten Krankenhäuser des Landes, eine Karrierefrau im Designerkostüm, der man ihre zehn Jahre während Abhängigkeit von Schmerzmitteln nicht ansieht. Es geht nicht darum abzuheben, sondern bloß keine Schwächen zu zeigen. Beiß die Zähne zusammen, streng dich an, leiste dir keine Blöße. In einer Welt, in der Experten von der letzten Olympiade als den »gedoptesten Spielen aller Zeiten« sprechen, wundert es nicht, dass auch im Alltag immer mehr Hochleister gedopt antreten.

Prince war ein Hochleistungssportler des Pop, der es noch mit Mitte fünfzig schaffte, in Acht-Zentimeter-Stilettos über gigantische Bühnen zu toben und im Akkord in den Spagat zu springen. Nur seine engsten Freunde scheinen gewusst zu haben, dass Seine Königliche Badness seit Mitte der 2000er Jahre erst mit quälenden Hüftschmerzen und dann mit Schmerzmitteln tanzte. Weil ein Star wie ein Duracell-Häschen nie aufhören darf zu hüpfen, auch wenn die Batterien leer sind. »Wir haben kaum eine Tournee gemacht, bei der er nicht unter Schmerzen auftrat«, sagte Alan Leeds, sein früherer Tourmanager. »Deshalb kommt mir der Gedanke, dass er Medikamente nahm, um auftreten zu können, nicht seltsam vor.« Aber gesprochen hätten sie über Schmerzmittel nie. Tage vor seinem Tod musste er nach zwei Konzerten in Illinois notlanden und wurde nach einer Überdosis mit einer Spritze des Gegenmittels Narcan behandelt, aber Prince beteuerte trotzdem, es gehe ihm »fantastisch«. In bewährter Prince-Manier organisierte er für den Samstagabend vor seinem Tod eine rauschende Party. Vor zweihundert Gästen präsentierte er stolz ein neues, violettes Klavier. *The show must go on*, so kannten ihn alle.

Nicht nur Princes Karriere hob in den Achtzigerjahren ab, sondern auch die des Schmerzmittels Oxycodon, das chemisch eng mit Heroin verwandt ist. Seither sind die Amerikaner Weltmeister in der Disziplin Schmerzbetäubung. Sie konsumieren achtzig Prozent der weltweiten Produktion von Schmerzmitteln, inklusive hundertacht Tonnen des opioidhaltigen Vicodin jährlich.[46] Auf die ganze Bevölkerung verteilt würde die Menge reichen, um jeden Amerikaner für einen ganzen Monat zu betäuben.[47]

Dass wir auf der Suche nach Antworten bei Gwen Casella im La Ventana gelandet sind, ist kein Zufall: »Musiker sind am schwersten zu rehabilitieren, denn Drogen gehören einfach zur Subkultur und sind so leicht zu kriegen«, sagt Casella. »Viele Musiker überleben die Sucht nicht.« Wenn es eine wissen muss, dann sie. Sie ist selbst Musikerin, singt in Bands, seit sie neun Jahre alt ist, und begann ihre Drogenkarriere mit zehn Jahren. Diese Tough-Love-Mama mit den hennagefärbten Haaren ist seit fast zwanzig Jahren clean, und wenn Musiker versuchen, drogenfrei zu werden, dann kommen sie oft zu ihr. »Ich spreche ihre Sprache.«

Immer wieder trötet der Alarm, laut wie auf der Intensivstation, es ist aber nur der Klingelton auf Casellas Handy. La Ventana bietet vierundzwanzig Stunden Rundumbetreuung, es ist immer Krise.

Casella hat in den letzten Jahren Hunderten von Prominenten beim Entzug geholfen. Sie erzählt von einem Musiker, mit dem sie die Detox vierzehn Mal durchführte, bis er clean blieb; von einer berühmten Künstlerin, die eincheckte, »da habe ich als Erstes das Auto durchsucht und eine Tüte Heroin mit Spritzen gefunden.« Von einer Band, die sie anheuerte, um auf einer Tournee drogenfrei zu bleiben. »Da habe ich sofort die gesamte Mannschaft ausgetauscht, vom Fahrer bis zum Tontechniker, denn es gibt immer einen Roadie, der einem Musiker was in die Tasche steckt.«

Wenn man sie aber fragt, warum denn gerade jetzt die Opioidkrise so explodiert, dann hat sie eine einfache Antwort: »Geld. Opioide sind eine Lizenz zum Gelddrucken.« Eigentlich waren die Opioide für schwerkranke Krebs- und Hospizpatienten gedacht, aber längst verschreiben Ärzte sie auch bei verstauchten Knöcheln oder, wie bei Prince, wegen chronischer Schmerzen. »Wir sehen einen massiven Anstieg quer durch alle Altersgruppen, weil es so leicht zu kriegen ist«, sagt Evan Amarni, 35, ein schwer tätowierter ehemaliger Marine, der im La Ventana Drogensüchtige nach der Entgiftung betreut. »Für Teens ist es der Einstieg zu Heroin, viele Erwachsene bekommen es nach einer OP, Senioren wird es gegen ihre Altersschmerzen verschrieben.«

Fentanyl und das Oxycodon-haltige Percocet machen enorm schnell süchtig, bei manchen Menschen wecke schon die erste Dosis »das Monster«, wie Gwen Casella es nennt, »das Verlangen nach mehr.« Die Opioide packen die Welt in eine weiche Watte, in der die Schärfe des Lebens verblasst. Nur immer höhere Dosen verhindern dann, dass sich die

Patienten hundeelend fühlen. Wenn die Wirkung nachlässt, stürzen die Entzugserscheinungen den Patienten in die reine Hölle.

Schmerzmittelpatienten werden im Ventana mit Hilfe von Medikamenten entgiftet, bis die Dosis auf null heruntergeschraubt wird. Menschen mit dicken Augenringen schlurfen ins Büro, um sich ihre Medizin in roten Pappbechern abzuholen. Der Weg aus der Hölle im Ventana ist ockerfarben und gepflastert mit motivierenden Sinnsprüchen: »Lass dir die Vergangenheit eine Lektion sein, die Gegenwart ein Geschenk und die Zukunft deine Motivation!« hat ein Patient mit Kreide auf die Tafel gekritzelt. HOFFNUNG steht in Großbuchstaben an Casellas weinroter Bürowand. Die tote Göttin aller rauschbesessenen Musiker, Janis Joplin, wacht von einem überlebensgroßen Gemälde über die Neuankömmlinge. Schwarz-weiß-Fotos zeigen Patienten, die ihre Dämonen auf ihre nackte Haut geschrieben haben: »Depression!« – »Einsamkeit!« – »Ich bin nicht gut genug!«.

An Casellas Wand hängt natürlich auch das Gelassenheitsgebet: »Gott, gib mir die Gelassenheit, Dinge hinzunehmen, die ich nicht ändern kann, den Mut, Dinge zu ändern, die ich ändern kann, und die Weisheit, das eine vom anderen zu unterscheiden.«

Gerade aber die Weisheit, das eine vom anderen unterscheiden zu können, scheint den Ärzten abhandengekommen zu sein. Es gibt wenig Gründe, nach einer OP oder einem Unfall länger als ein, zwei Wochen opioidhaltige Schmerzmittel zu verschreiben, aber eine ehemalige Musik-Managerin, die in den Neunzigerjahren auch mit Prince gearbeitet hat, erzählt, sie habe nach einem Autounfall über einen längeren Zeitraum bis zu 1.400 Pillen pro Monat genommen. Auf Rezept.

Viele Ärzte hätten keine Ahnung von Sucht und wollten sich auch nicht damit beschäftigen, hat Casella festgestellt. Wenn die Rede auf die Ärzte kommt, flucht Casella wie Cher zu ihren wildesten Zeiten. Einundneunzig Prozent der Patienten, die eine Überdosis überleben, bekommen anschließend gleich wieder Opioide verschrieben, oft vom selben Arzt.

»Ich betreue gerade wieder einen Patienten nach seiner Rehab, dem der Arzt weiter Opioide verschreibt, damit kann er natürlich nicht clean bleiben«, bestätigt Amarni. »Als ich den Arzt angerufen habe, hat er mir gesagt, dafür hätte er keine Zeit und auch kein Interesse, und er hat den Hörer aufgelegt. Es ist ein offenes Geheimnis, dass Ärzte Schmiergeld von den Herstellern bekommen.«

Allein mit OxyContin setzt die Pharmaindustrie jedes Jahr Milliarden um. Der Hersteller Purdue wurde schon 2007 zu einer Strafe von 635 Millionen Dollar wegen Betrugs verurteilt, weil die Firma ihre Pillen mit Millionenaufwand als sanfte Alternative zu herkömmlichen Schmerzmitteln vermarktete und das Suchtrisiko trotz besseren Wissens systematisch kleinredete. Ärzten wird bereits im Studium eingetrichtert, dass das Suchtrisiko gering ist. So wurden Schmerzmittel zum Heroin des Normalbürgers. Dass die Drogen legal sind, ist Teil des Problems. »Die Krankenversicherungen weigern sich oft, die Entgiftung zu bezahlen«, sagt Casella, »weil der Patient ja nur seine verordneten Medikamente nimmt.«

Selbst die Entwöhnung ist dann ein Millionengeschäft. Allein in einem Promi-Vorort wie Malibu mit seinen 13.000 Einwohnern bieten achtundzwanzig Rehab-Zentren ihre Dienste für 60.000 bis 100.000 Dollar an. Pro Monat. So dreht sich der Teufelskreis aus Sucht und Profit immer weiter. Casella hat jahrelang in diesen Promi-Rehabs gearbeitet, zuletzt sogar in einer besonders exklusiven Privatagentur für Klienten mit »viel Geld, viel Status, viel Prominenz«. Und die, sagt sie, seien die Schwierigsten. Weil sie natürlich immer alle denken, sie hätten es im Griff. Das Dilemma sei, dass diese Promi-Kliniken es ihren berühmten Patienten um jeden Preis recht machen wollen und ihnen »den Arsch pudern, denn wenn ihnen was nicht passt, dann gehen die einfach wieder. Sie können sich ja alles kaufen.«

Viele Rehab-Center ersetzen eine Droge durch eine andere: Heroin wird mit Methadon substituiert, Methadon und opioidhaltige Schmerzmittel mit Suboxone, das zwar auch Opioide enthält, aber gleichzeitig ein Gegenmittel. »Viele sogenannte Rehab-Spezialisten sehen kein Problem darin, Menschen jahrelang Ersatzdrogen zu verschreiben. Sie heißen Suchtspezialisten, weil sie darauf spezialisiert sind, Menschen süchtig zu machen. Aber für mich zählt nur totale Abstinenz. Erst bei null Milligramm ist man wirklich clean.« Und dann, sagt Casella, stellen Patienten oft fest, dass ihr Schmerzniveau gar nicht so extrem sei, wie sie dachten. Dass sich die Schmerzen mit Meditation, Physiotherapie, Yoga oder alternativen Mitteln gut bewältigen lassen. Aber dazu müsste man »eben ein paar Gänge zurückschalten, kürzertreten, mal eine längere Auszeit nehmen.« Und die Alternativen sind natürlich alles Dinge, die die Kasse nicht bezahlt. Weil es viel einfacher ist, ein Rezept auszustellen.

Zwei fusionierte Rückenwirbel, Arthritis und ihre zerstörerischen Drogenjahre haben auch aus Casella eine chronische Schmerzpatientin gemacht. Aber Schmerzmittel zu nehmen, käme ihr nicht mehr in den Sinn. Sie habe Jahre gebraucht, bis sie nüchtern singen konnte. »Bei meinem ersten Gig nach sieben Monaten Rehab bin ich in Panik davongelaufen. Ich wusste nicht, wie man nüchtern singt. Ich wusste nicht, wie man *irgendetwas* nüchtern macht, was ich auf meinen Toast streichen soll, wie ich ein Gespräch führe. Ich musste erst das Selbstvertrauen aufbauen, dass ich vorher nur mit einer Flasche oder einer Pille finden konnte.«

Aber inzwischen singt sie wieder, oft für und mit ihren Patienten. Am liebsten Jason Mraz, »I won't give up«, aber manchmal sogar Prince, die berühmten Zeilen aus *Purple Rain*:

I never meant to cause you any sorrow
I never meant to cause you any pain …

Unser Besuch endet abrupt, weil wieder ihr Handy trötet. Diesmal ist es wirklich ein Alarm. Eine Studentin habe sich gerade eine Ladung Suboxone »in den Arsch geschossen«, ruft Casella, bevor sie aus dem Zimmer stürzt. Suboxone ist eigentlich ein Opioid, das schon ein Gegenmittel enthält und deshalb zum Runterkommen verschrieben wird, aber wer besonders verzweifelt ist, kann mit einer extragroßen Dosis versuchen, ein kleines High zu erzielen. Oder Teil der Statistik zu werden. Eine von sechsundvierzig Toten an diesem ganz normalen Tag.

14. Klassengegensätze: Schwarz auf Weiß

Black Lives Matter: Wie viel zählt das Leben Schwarzer?

In diesem Kapitel erfahren Sie,

- Weshalb Lady Liberty eine Schwester an der Westküste sucht
- Wie ein Kniefall einen Footballspieler zur Ikone macht
- Warum jeder dritte schwarze Mann ins Gefängnis kommt
- Wie ein schwarzer Klavierspieler mit einer simplen Frage den Ku-Klux-Klan entmachtet

Warum es die Amerikaner unglücklich macht, glücklich sein zu müssen

Der gesellschaftliche Imperativ in Amerika heißt: Sei glücklich! Das Streben nach Glück ist in Amerika sogar ein verankertes Geburtsrecht, ein Vertrag, den Amerikaner mit dem Leben ab ihrem ersten Schrei schließen.

In Deutschland steht alles Mögliche im Grundgesetz: Freiheit, Gleichheit, Grundrechte. In der Menschenrechtserklärung der UNO einigte man sich auf die Formulierung »Leben, Freiheit und Sicherheit«. Aber Glück? Zählt nicht zu unseren offiziellen Staatszielen. Da muss der Einzelne auf eigene Faust sein Glück (ver)suchen.

In Amerika dagegen ist der »Pursuit of Happiness« der Treibstoff, der die Nation am Rotieren hält. Die Jagd nach diesem ewig flüchtigen Gespenst ist in Amerika die zeitgenössische Variante des Goldrausches. Das Versprechen, dass es jeder auf den Zenit der Glückseligkeit schaffen kann, ist in jedes amerikanische Herz graviert.

Bill Clinton war eine Halbwaise aus Hope (!), einem Kaff in Arkansas, Sohn einer alleinerziehenden Krankenschwester und später eines alkoholsüchtigen Stiefvaters, bevor er zum mächtigsten Mann der Welt aufstieg. Oprah Winfrey wurde als Tochter eines Teenagers in Mississippi geboren und von ihrer Großmutter in Kartoffelsäcke gesteckt, weil für Kleidung kein Geld da war. Obwohl sie mit 14 schwanger wurde, bekam sie ein Stipendium und mauserte sich zur einflussreichsten (und reichsten) Medienmogulin in ganz Amerika. Kein Wunder, dass die wahre Geschichte von Chris Gardner, des bankrotten, obdachlosen, alleinerziehenden Vaters, der sich zum erfolgreichen Börsengenie hocharbeitete, mit Will Smith in der Hauptrolle verfilmt und zum Kassenschlager wurde. Der Titel, natürlich: »The Pursuit of Happyness«.* Diese modernen Märchen gibt es wirklich. Ich war geschockt, als mir meine Freundin Veronica Everett-Boyce ihre Lebensgeschichte erzählte. Die immer top gestylte Afroamerikanerin in ihren Design-Etuikleidern hatte ihren Vater durch Selbstmord verloren, wuchs in diversen Heimen auf, konnte bis zur zehnten Klasse nicht lesen und war zeitweise obdachlos. Nun macht sie gerade ihren Doktor und leitet Urban Fitness 911, ein Mentorprogramm für Jugendliche aus schwierigen Verhältnissen, wie sie es einmal war. »Pull yourself up by your bootstraps!« ist eine geflügelte Redewendung, die so viel bedeutet wie, sich an den eigenen Stiefelriemen aus dem Sumpf zu ziehen. Das Versprechen, das immer mitschwingt: Alles ist möglich. Alles! Ist! Möglich! Du musst es nur wollen.

Warum Thomas Jefferson, später Amerikas dritter Präsident, auf die Idee kam, »Leben, Freiheit und das Streben nach Glück« als unveräußerliches Recht in die Unabhängigkeitserklärung 1776 zu schreiben, wird auf ewig sein Geheimnis bleiben. Erklärt hat er es, soweit wir wissen, nie.

Geholfen hat es auch nicht.

---

* Die ungewöhnliche Schreibweise geht auf ein Graffiti zurück.

Denn in Wahrheit ist Amerika nicht das glücklichste Land der Welt. Bei Weitem nicht. Ja, es zählt im Glückswettbewerb nicht einmal zu den Top Ten. Im *World Happiness Report*[48] landet Amerika auf Platz 13, abgeschlagen hinter Dänemark, der Schweiz, Island, Norwegen, Kanada und Österreich. (Für Deutsche gleichwohl kein Grund zur Überheblichkeit: Deutschland schlägt noch weiter hinten auf: Platz 16.)

Seit 1972 beschreiben sich immer weniger Amerikaner – weniger als ein Drittel – als »sehr glücklich«. Auch der Anteil der Amerikaner, die optimistisch in die Zukunft blicken, sank von fast achtzig auf fünfzig Prozent. Senator Marco Rubio aus Florida meint, Amerika teile sich nicht in »*haves and have-nots*«, also Reiche und Habenichtse, sondern in »*haves and soon-to-haves*«, also Reiche und Bald-Reich-Werdende. Das Versprechen des *American Dream*: Bald gehörst auch du dazu. Das ist ein netter Wahlkampf-Slogan, aber meilenweit von der Wirklichkeit entfernt.

Der Sog der *Rags-to-Riches*-Storys hat auch dazu geführt, dass Amerika recht wenig Mitgefühl (und handfeste Unterstützung) für diejenigen übrig hat, die es nicht schaffen, sich aus einer miserablen Kindheit, Armut oder Obdachlosigkeit zu befreien. Allein in Los Angeles leben mehr Obdachlose als in ganz Deutschland zusammen. Wer ernsthaft erkrankt, zum Beispiel an Krebs, verliert meist seinen Arbeitsplatz. Wer seinen Arbeitsplatz los ist, hat auch schnell keine Krankenversicherung mehr. Ich habe lange nicht verstanden, warum die Amerikaner so verkniffen an ihren Jobs hängen, auch bei Krankheit mit zusammengebissenen Zähnen ins

Büro gehen und sich oft nicht einmal die gesetzlich verordneten zwei Wochen Urlaub gönnen. Inzwischen verstehe ich es sehr gut: Das soziale Netz hat hier viele, viele Löcher. Ein Schicksalsschlag reicht aus, um hindurchzufallen.

Es gibt also eine Kehrseite dieser einseitigen amerikanischen Glücksbotschaft, die aus Fernsehspots und Zeitschriftenanzeigen trällert: Wenn es dir nicht gut geht, stimmt etwas nicht mit dir. Als ob das Leiden ein unansehnlicher Fleck wäre, den wir wegwischen könnten, wenn wir nur eifrig mit dem richtigen Putzmittel reiben.

Ein Viertel der amerikanischen Frauen nimmt Antidepressiva,[49] mehr als ein Drittel der Amerikaner leidet an Angstzuständen.[50] Wenn ich einen Wunsch frei hätte, dann wünschte ich, alle wären glücklich, aber der *Druck,* glücklich zu sein, macht Menschen nachweislich unglücklich.[51] Denn eine Gesellschaft, die Glück als Messlatte anlegt, kann recht mitleidslos sein, wenn Menschen verzweifeln. In einer solchen Situation sind wir nicht nur unglücklich, sondern »schämen uns dafür, unglücklich zu sein«[52], erkannte der österreichische Psychiater Viktor Frankl zu seiner Zeit. »Es ist die Jagd nach dem Glück, die das Glück vertreibt.«

Die ungedimmte Strahle-Laune, der unverbesserliche Optimismus vieler Amerikaner, die »*Yes, We Can*!«-Tatkraft ist toll und ansteckend, solange sie echt ist. Aber Achtung: Optimismus zu *erzwingen,* ob bei uns selbst oder anderen, um unsere wahren Gefühle weißzuwaschen, hat wohl eher genau den gegenteiligen Effekt.[53]

So wird Amerika zu einer ewigen Selbstverbesserungs- und Optimierungsmaschine, die ständig röhrt und rauscht und bei der man immer aufpassen muss, nicht den Kürzeren zu ziehen. Kein Wunder, dass Glück zu einer Zehn-Milliarden-Dollar-Industrie geworden ist.[54]

Amerika steckt zunehmend Randzonen des Schmerzes ab, die Durchschnittsamerikaner möglichst nicht betreten wollen: Hospize, Obdachlosenunterkünfte, Gefängnisse. In Amerika ist die Ausgrenzung weit krasser als in Europa. Ist es Zufall, dass Amerika mehr Menschen einsperrt als jedes andere Land?

In Fort Lauderdale, Florida, haben die Verantwortlichen Ende 2014 gar ein Gesetz verabschiedet, das das öffentliche Verteilen von Essen an Obdachlose unter Strafe stellt. Die Sheriffs haben dann auch gleich den neunzig Jahre alten Kriegsveteran Arnold Abbott verhaftet, der jede Woche ein Obdachlosenessen mit seiner Nachbarschaftshilfe *Liebe deinen Nachbarn* organisiert. Er könnte die Obdachlosen *drinnen* verpflegen, wo sie keiner sieht, nur in Gottes Namen nicht sonntags vor der Kirche.

Wir leben in einer Welt, in der ein Amerikaner einen unbewaffneten schwarzen Mann erschießt und dafür nicht einmal angeklagt wird, aber ein anderer ins Gefängnis muss, weil er einem Obdachlosen einen Teller Gemüse reichte.

Wir nehmen enorme Umwege in Kauf, um dem Leid nicht ins Gesicht zu sehen. Wir sperren Menschen weg, vertreiben sie. Aus den Augen, aus dem Herzen, aus dem Sinn.

Es ist frappierend, wie wenige Menschen das Gefühl haben, sie können ihre Last leicht mit engen Freunden und Familienmitgliedern teilen, vor allem wenn Probleme chronisch sind. Es gibt einen Unterschied zwischen Glück (der flüchtigen Erfüllung unserer Bedürfnisse und Ziele) und Sinn – dem Finden und Erfüllen unseres Lebenszwecks.[55] Vierzig Prozent der Amerikaner sehen keinen Sinn im Leben.[56] Ich finde diese Zahl alarmierend. Wenn wir keinen Sinn im Leben finden, hat das einen direkten Einfluss auf unser Wohlbefinden, unsere Gesundheit, sogar unsere Lebenserwartung.[57] Wenn uns nicht klar ist, warum wir hier sind, was tun wir dann hier?

Viktor Frankl hat deshalb vorgeschlagen, der berühmten Freiheitsstatue von New York eine Schwester zu schnitzen: eine »Statue der Verantwortung« an der Westküste.

»Freiheit«, sagte Frankl, »ist nicht das letzte Wort. Freiheit ist nur ein Teil der Geschichte und die halbe Wahrheit. Freiheit läuft sogar Gefahr, in Rücksichtslosigkeit abzugleiten, wenn sie nicht im Rahmen der Verantwortung gelebt wird. Deshalb schlage ich vor, dass die Freiheitsstatue an der Ostküste mit einer Verantwortungsstatue an der Westküste ergänzt wird.«[58]

Der Bildhauer Gary Lee Price hat den Prototyp schon gebaut – Hände, die ineinandergreifen. Jetzt muss sich nur der richtige Standort finden, die 93 Meter hohe Statue in San Francisco oder San Diego auch wirklich ans Meer zu stellen.

Damit es irgendwann heißt: Wir streben nach »Leben, Freiheit, Glück und der Verantwortung, alles dafür zu tun, dieses Leben, diese Freiheit und dieses Glück mit allen anderen Menschen zu teilen.«

Wie viel sind schwarze Leben wert?

Kurz vor dem Saisonstart der Football-Liga im Herbst 2016 begeht Colin Kaepernick, der Quarterback der San Francisco 49ers, einen unverzeihlichen Affront: Er steht nicht auf, als die amerikanische Nationalhymne gespielt wird, das *Star-Spangled Banner*. Den berühmten Refrain kennt jeder: *Oh say does the star-spangled banner yet wave o'er the land of the free and the home of the brave*, »Das Sternenbanner … Möge lange wehen/Über dem Land der Freien/Und der Heimat der Tapferen.«

Wo auch immer Sie in den USA sind: Sobald die ersten Töne dieser Hymne erklingen, stehen alle stramm und legen die Hand aufs Herz, sogar bei unpolitischen Veranstaltungen wie der Eröffnung einer Sea World Show oder eben Football. Das wird übrigens auch von Ihnen als Besucher erwartet. Kaepernick aber hat gute Gründe, das nicht zu tun: »Ich werde nicht aufstehen, um Stolz auf die Flagge eines Landes zu demonstrieren, das Schwarze und andere farbige Menschen unterdrückt«, erklärt Kaepernick, Sohn einer weißen Mutter und eines afroamerikanischen Vaters. »Es wäre egoistisch von mir wegzusehen. Da liegen Leichen auf der Straße, und Leute, die bezahlten Urlaub haben, kommen mit Mord davon.« Sein Sitzenbleiben ist eigentlich ein Aufstand: »Farbige sind die Zielscheibe der Polizei«, meint er. »Du kannst in sechs Monaten Polizist werden und brauchst dafür weniger Training als eine Kosmetikerin. Das ist wahnsinnig. Jemand, der einen Lockenstab bedient, bekommt mehr Ausbildung und Training als die Leute, die Waffen tragen und auf der Straße unterwegs sind, um uns zu beschützen.«

Seit zwei weiße Polizisten im Juli 2016 den schwarzen CD-Verkäufer Alton Sterling, 37, in Baton Rouge erschossen und am Tag darauf der Schwarze Philando Castile, 32, bei einer Verkehrskontrolle in Minnesota durch Polizistenschüsse starb, obwohl er sich völlig friedlich verhalten hatte, haben sich die Fronten verhärtet. Am Ende eines friedlichen Protestmarsches rächte sich der schwarze Ex-Soldat Micah Johnson in Dallas mit tödlichen Schüssen auf fünf weiße Cops. Zehn Tage später, nach der Trauerfeier für Alton Sterling, erschoss ein schwarzer Ex-Marine in Baton Rouge gezielt drei Polizisten. Die tiefe Wunde Rassismus, ohnehin nur dünn vernarbt und niemals richtig verheilt, ist nun blutig aufgebrochen.

Die wenigsten Amerikaner wissen (oder scheren sich darum), dass ihre Nationalhymne 1812 von einem Sklavenhalter geschrieben wurde, Francis Scott Key. Die dritte Strophe des *Star-Spangled Banners* feiert buchstäblich den Tod von Sklaven, die sich aus der Versklavung befreien konnten. Deshalb wird normalerweise heute nur die erste Strophe gesungen. Und schon allein deshalb klingt es in den Ohren vieler Schwarzer bizarr, wenn von ihnen erwartet wird, auch sie müssten bei der Hymne automatisch strammstehen.

Erinnern Sie sich, dass auch in Deutschland schon mal eine »Mitsingpflicht« diskutiert wurde? Jogi Löw und die deutsche Fußball-Nationalmannschaft wurden dafür kritisiert, dass sie beim Abspielen des Deutschlandliedes stumm blieben. Und bei Hoffmann von Fallerslebens Deutschlandlied lassen wir ebenso einige Strophen lieber weg, weil sie allzu nationalistisch klingen (»Deutschland, Deutschland, über alles ...«). Auch in Deutschland fordern einige, wir bräuchten eine neue, zeitgemäße Nationalhymne.

Aber in Amerika hat der Nationalstolz eine ganz andere Dimension. Kaepernick wurde nicht nur kritisiert, er bekam Morddrohungen. Donald Trump forderte ihn auf, das Land zu verlassen. Tausende Amerikaner warfen ihm Undankbarkeit vor und drohten, die Football-Spiele zu boykottieren.

Inzwischen hat Kaepernick seinen Protest variiert: Er kniet nun bei der Nationalhymne nieder. Die Bewegung, die er damit gestartet hat, lässt sich nicht mehr aufhalten. Man muss sich nicht für Football interessieren, um zu begreifen, wie wirkungsvoll diese Geste ist. Sie wurde seitdem hundertfach von anderen Spielern kopiert, von Collegespielern an der Universität von Nebraska bis hin zu den Menschenrechtlern, die sich in Kaepernicks Trikot vor Polizisten auf der Straße niederknien. Manche strecken die gereckte Faust in die Höhe, wie einst die Bürgerrechtler der Schwarzen Panther. Kaepernicks Trikot mit der Nummer Sieben ist überall ausverkauft. Er selbst hat geschworen, er werde sich erst wieder zur Nationalhymne erheben, wenn die Ungerechtigkeiten, die er anprangert, behoben sind. Das kann dauern. Innerhalb von Wochen wurde aus dem Quarterback Kaepernick eine Ikone der Bürgerrechtsbewegung: Die Symbolik des Kniens, mit erhobener Faust, versteht jeder.

Aber nicht jeder versteht, wie viel Frustration sich bei den Schwarzen aufgebaut hat. Schwarze werden als Sportler, als Musiker und als Künstler gefeiert – was wäre die amerikanische Musik ohne den Jazz, den Blues und den Soul? Wie sähe die amerikanische Olympia-Bilanz ohne Simone Biles oder Gabby Douglas aus? Doch das Sagen haben selbst in diesen Disziplinen meist andere. So sind fast achtzig Prozent der Football-Spieler schwarz – aber nur einer der einflussreichen Vereinsbesitzer ist nicht weiß (Shahid Khan wurde in Pakistan geboren).[59] Beim *Major League Baseball* sieht es nicht anders aus: Nur ein asiatischer Eigentümer, alle anderen sind weiß.

Wer hoffte, Amerikas erster schwarzer Präsident sei ein Beweis dafür, dass der alte Rassismus überwunden ist, wurde eines Besseren belehrt: Klar, Obama wurde gewählt, sogar zweimal, aber seine Wahl entlarvte gleichzeitig den grassierenden Rassismus noch deutlicher. Dass Millionen anzweifelten, er sei ein echter Amerikaner, erinnert an die vielen Jahrzehnte, in denen Schwarze keine Bürgerrechte hatten. Und ausgerechnet der Rassist, der die Zweifel an Obamas Geburtsurkunde am hartnäckigsten streute, folgte ihm im Weißen Haus nach. Der Ku-Klux-Klan feierte Trumps Sieg mit einer Triumph-Parade.

Amerika ist ein Schmelztiegel, das schon, aber einer, in dem die Nationalitäten nicht alle bei der gleichen Außentemperatur verschmelzen. In meiner Straße lebt kein einziger schwarzer Hausbesitzer. Den Weißen gehören die Häuser, die Latinos mähen den Rasen und putzen, und die einzigen Schwarzen, die auf der Straße zu sehen sind, sind obdachlos. Das mag hart klingen, aber ich beschreibe die Realität, die ich jeden Tag in meinem Vorort sehe.

»Die Hautfarbe bestimmt zu viel«, sagte Hillary Clinton

im Präsidentschaftswahlkampf. Sie »entscheidet oft, wo Menschen leben, welche Bildung sie bekommen, und, ja, auch wie sie von der Justiz behandelt werden.«

Weiße Haushalte besitzen im Durchschnitt sieben Mal so viel Wohlstand wie schwarze (und sechs Mal so viel wie Latinos).[60] Bis heute leben zwei Drittel der Schwarzen in einkommensschwachen Vierteln, die meist mit schlechteren Schulen und weniger Erwerbsmöglichkeiten ausgestattet sind. Schwarze sind fast doppelt so häufig arbeitslos wie Weiße, das gilt sogar für Akademiker.[61] Als ein Harvard-Professor für eine Studie Bewerbungen mit »schwarz« und »weiß« klingenden Namen verschickte, waren die Ergebnisse keine Überraschung: Die Bewerber, von denen die Firmen annahmen, sie seien weiß, bekamen bei gleicher Qualifikation doppelt so oft Einladungen für Vorstellungsgespräche. Auch viele der Hilfsprogramme für Einkommensschwache bevorteilen Weiße. Amerika hat die Rassensegregation nie wirklich vollständig überwunden.

Und nirgendwo wird der Rassismus deutlicher als im Justizsystem. Legt man Polizisten Fotos von Schwarzen und Weißen vor, nachdem man mit ihnen über Gewalt und Verbrechen gesprochen hat, sehen sie buchstäblich schwarz: Ihre Augen wandern automatisch zu den schwarzen Gesichtern.[62] Das geschieht in Bruchteilen von Sekunden, unbewusst. So ist es kein Wunder, dass Schwarze zwar nur 13 Prozent der Bevölkerung stellen, aber fünf Mal so häufig verhaftet werden wie Weiße. Bei Männern ist das Verhältnis noch krasser: Schwarze Männer stellen 6,5 Prozent der Bevölkerung, aber 40,2 Prozent der Gefängnisinsassen.[63] Das mögen Rechtsextremisten für einen Beweis dafür halten, dass Schwarze krimineller sind, aber tatsächlich wird vor Gericht mit zweierlei Maß gemessen: Während Weiße bei kleineren Delikten oft mit Bewährungsstrafen davonkommen, werden Schwarze sechsmal so häufig zu Haftstrafen verurteilt, und selbst bei den gleichen Delikten ist das Strafmaß im Durchschnitt für Schwarze wesentlich härter.[64]

Den Moment, als der angestaute Frust explodierte und aus dem Hashtag #BlackLivesMatter eine nationale Revolution wurde, können die Gründer der Bewegung genau definieren: Im August 2014 erschoss der weiße Polizist Darren Wilson, 28, den unbewaffneten schwarzen Teenager Michael Brown, 18, nach einem Zigarettendiebstahl in Ferguson, Missouri. Weil Darren Wilson dafür nicht einmal angeklagt wurde, organisierte *Black Lives Matter*-Mitgründerin Alicia Garza ihren ersten nationalen Protest, einen »Freedom Ride« nach Ferguson. Sie lief voran, die Faust kampfbereit nach vorne gestreckt. Schwer bewaffnete Polizisten lieferten sich Straßenschlachten mit Tausenden trauernden, wütenden Menschen.

Inzwischen gibt es keine größere amerikanische Stadt mehr zwischen Los Angeles und New York, in der *Black Lives Matter* keinen Protestmarsch organisiert hat. Es gibt schließlich auch keine größere Stadt, in der kein Afroamerikaner von einem Polizisten erschossen wurde.

In ihrem bahnbrechenden Dokumentarfilm *13th* (benannt nach dem dreizehnten Zusatzartikel der Verfassung, der die Sklavenhaltung abschaffte) zeigt die preisgekrönte schwarze Filmemacherin Ava DuVernay, wie Amerika das

Sklavensystem durch das Gefängnissystem ersetzte: Ein Drittel der afroamerikanischen Männer landen heute hinter Gitter. Das heißt: Ein Drittel der afroamerikanischen Familien verlieren ihre Väter und Söhne. Millionen von Menschen verlieren ihr Recht zu wählen[65] und ihre Chancen auf einen guten Job. Und wer aus dem Gefängnis entlassen wird, hat erst einmal keinen Anspruch auf Sozialhilfe. Die Logik entzieht sich mir: Wie soll sich ein frisch Entlassener ohne Jobchancen legal Geld verdienen?

In den amerikanischen Fernsehserien werden in den Gerichtssälen oft die dramatischen Beratungen der Jury gezeigt, aber in der Praxis ist eine Gerichtsverhandlung inzwischen die absolute Ausnahme: Ganze 97 Prozent der Gefängnisinsassen sitzen dort wegen eines Deals. Das heißt: Sie lassen sich ohne Gerichtsverhandlung auf ein Strafmaß ein, meistens, weil ihnen damit versprochen wird, sie kämen glimpflicher davon, aber auch weil sie sich gar keinen Anwalt und damit keine faire Gerichtsverhandlung leisten können. Menschenrechtsanwälte wie der renommierte New Yorker Rechts-Professor Bryan Stevenson halten diese Praxis für »eine der schlimmsten Menschenrechtsverletzungen, die man sich vorstellen kann. Wir haben«, sagt Stevenson, »ein Justizsystem, das dich besser behandelt, wenn du reich und schuldig bist, als wenn du arm und unschuldig bist.«

Das sind Fakten, aber zu diesen abstrakten Zahlen gehören Gesichter und Geschichten – Gesichter wie die von Kalief Browder. Wer sich darüber wundert, dass Unschuldige für einen *Plea Deal* Verbrechen gestehen, die sie gar nicht begangen haben, muss sich nur Browders Beispiel anschauen.

Im Mai 2010 lief der schwarze Sechzehnjährige mit Freunden in der Bronx abends nach Hause, als er von Polizisten festgenommen und des Diebstahls beschuldigt wurde. Beweise gab es keine, und der Teenager beteuerte seine Unschuld. Wenn er sich schuldig bekenne, könne er nach Hause gehen, boten ihm die Sherriffs an, aber Browder weigerte sich, auf den Deal einzugehen. »Warum soll ich mich schuldig bekennen, wenn ich nichts verbrochen habe?« Die 10.000 Dollar Kaution konnte sich seine Familie nicht leisten. Also wartete der Jugendliche unglaubliche drei Jahre im Gefängnis von Rikers Island auf sein Gerichtsverfahren, fast zwei Jahre davon in Isolationshaft – ohne Prozess, ohne Beweise, ohne Grund. Später tauchten Videos auf, die zeigen, wie der schmächtige Teenager von Gefängniswärtern und anderen Insassen verprügelt wurde. Sechs Mal versuchte er, sich umzubringen. Erst im Juni 2013 wurde der Diebstahlsvorwurf fallengelassen, Browder wurde entlassen, aber die Isolation und Gewalt im Gefängnis überwand er nie: Er erhängte sich zwei Jahre später.

Ich finde, Amerika sollte sich nicht nur eine neue Nationalhymne, sondern auch ein renoviertes Rechtssystem verordnen – eines, das nicht so oft schwarzsieht.

»Warum hasst ihr mich, obwohl ihr mich gar nicht kennt?«

Es ist schwer, Daryl Davis nicht zu mögen. Der Pianist mit dem breiten Grinsen und dem gemütlichen Burger-Bauch ist ein geborener Entertainer. Er hat oft mit Größen wie Muddy Waters, Chuck Berry und Little Richard gespielt. Wenn er sich ans Klavier setzt und loslegt, ist es unmöglich, sich von seinem Boogie Woogie und seinem Blues nicht mitreißen zu lassen. Sogar eingefleischte Rassisten wippen dann mit den Füßen, und so kommt es 1983, dass Daryl Davis seine erste Bekanntschaft mit den Geheimbündlern des Ku-Klux-Klans macht: Bei einem Konzert mit seiner Country-Band in der »Silver Dollar Lounge« in einem Truck Stop in Maryland ist er nicht nur der einzige Schwarze auf der Bühne, sondern im ganzen Lokal. »Schwarze gehen da normalerweise nicht rein«, sagt Daryl Davis, 58. Umso überraschter ist er, als ein Mittvierziger aufspringt, ihm die Hand auf die Schulter legt und sagt, nie zuvor habe er einen Schwarzen gehört, der so gut Klavier spiele wie die Rock'n'Roll-Legende Jerry Lee Lewis.

»Na, was glaubst du denn, von wem Jerry das Spielen gelernt hat?«, entgegnet Davis. »Natürlich von schwarzen Musikern! Ich bin mit Jerry befreundet, seit ich dreizehn bin.«

Dass der Pianist sein Idol kennt, beeindruckt den Mann so sehr, dass er ihn auf einen Drink einlädt. Der neue Fan gesteht, er habe noch nie mit einem Schwarzen an einem Tisch gesessen.

»Warum nicht?«, fragt Davis. Seine Barbekanntschaft zieht seine Ku-Klux-Klan-Karte aus der Tasche. Davis vergeht das Lachen. »Oha, jetzt wird es ernst«, denkt er in diesem Moment. Die beiden tauschen trotzdem Telefonnummern aus, der Musik-Fan kommt fortan zu seinen Konzerten und bringt seine Klan-Freunde mit.

Es ist der Beginn einer Freundschaft, die den gesamten Ku-Klux-Klan in Maryland erledigen wird, aber das wissen sie da noch nicht, Anfang der Achtzigerjahre: Denn bei Daryl Davis sind sie an den Falschen geraten. Davis ist als Sohn eines Botschaftsmitarbeiters auf der ganzen Welt aufgewachsen, hat in Afrika und Europa gelebt, ist auf internationale Schulen gegangen, in denen die Nationalitäten kunterbunt vertreten waren. Was Rassismus ist, begreift er erst, als er als Zehnjähriger zurück nach Amerika zieht. Auf einer Schule in Massachusetts schließt er sich den Pfadfindern an, weil da alle seine Klassenkameraden mitmachen. Er ist der einzige schwarze Pfadfinder. Bei einer Pfadfinder-Parade darf der Zehnjährige stolz die amerikanische Flagge tragen. Bald prasseln Dosen, Steine und Flaschen auf ihn nieder, seine Lehrer bringen ihn in Sicherheit, schützen ihn mit ihren Körpern. »Wow, da gibt es einige, die Pfadfinder echt nicht mögen!«, denkt er sich und wundert sich nur darüber, dass er der Einzige ist, der beworfen wird. Bis ihm seine Eltern zu Hause erklären, was Rassismus ist. Er versteht es immer noch nicht. »Warum sollte mich jemand hassen, der mich gar nicht kennt? Nur wegen meiner Hautfarbe? Ich dachte, meine Eltern lügen mich an!«

Aber einige Jahre später, da ist Davis ein Zehntklässler in Maryland, wird die Bedrohung noch konkreter: Sein Klassenlehrer lädt den Chef der amerikanischen Nazi-Partei in die Klasse ein, Matt Koehl. Koehl deutet direkt auf Davis und sagt: »Wir schicken dich nach Afrika zurück. Und all ihr Juden geht zurück nach Israel. Wenn ihr nicht freiwillig geht, werden wir euch auslöschen.«

Nach dieser Begegnung liest Davis alles über Rassismus, Nazis, Antisemitismus und weiße Überlegenheitstheorien, was er finden kann. Die Frage lässt ihn nicht mehr los: »Warum hasst ihr mich, obwohl ihr mich nicht kennt?«

Davis hat ein entwaffnendes, sympathisches Lachen und wirkt mit seiner Leibesfülle ein wenig wie ein Bär; er ist klug, belesen und unerschrocken. Er überredet seinen Freund aus der Silver Dollar Bar (der den Klan inzwischen verlassen hat), ihm die Nummer des »Grand Dragon«, des Klan-Chefs von Maryland, zu geben, Roger Kelly. Sein Freund rückt nach vielem Zureden die Nummer raus, aber nur unter einer Bedingung: »Triff dich auf keinen Fall mit Kelly. Er wird dich umbringen.«

Unter dem Vorwand, ein Buch über den Klan zu schreiben, lässt Davis eine weiße Freundin bei Kelly anrufen und bittet um ein Interview. »Sag auf keinen Fall, dass ich schwarz bin«, schärft er ihr ein. Kelly sagt zu und taucht mit seinem Bodyguard auf, der seine schwarze »Nighthawk«-Kluft und einen Revolver an der Hüfte trägt. »Kelly kommt rein und erstarrt, als er mich sieht«, beschreibt Davis das Treffen. »Aber dann setzt er sich trotzdem, und ich finde heraus, dass wir mehr gemeinsam haben als uns trennt. Wir wollen beide Drogen von der Straße kriegen, wir wollen bessere Schulen und so weiter. Das Einzige, worauf wir uns nicht einigen können, ist der Rassismus.« Aber selbst da lässt sich Davis auf eine Diskussion ein. Als Kelly sagt, schon in der Bibel stehe, Weiße und Schwarze müssten segregiert werden, holt Davis seine Bibel aus der Tasche: »Zeig mir, wo das steht.«

Davis lädt Kelly auf seine Konzerte ein, und Kelly kommt

mit seinen Klan-Freunden. Davis bringt seine eigenen Freunde mit – Juden, Schwarze, Weiße –, um Kelly in Dialoge zu verwickeln. »Ich wollte, dass er mit anderen Leuten spricht; dass er versteht, dass ich nicht der Einzige bin. Ich war nicht darauf aus, mit den Klan-Leuten Freundschaft zu schließen, sondern herauszufinden: Warum hasst ihr mich, obwohl ihr mich nicht kennt?«

Nach einigen Jahren steigt Kelly zum *Imperial Wizard* auf, zum nationalen Anführer. Davis geht auf Klan-Rallys, lässt sich mit den paramilitärischen Anführern fotografieren und macht immer klar, dass er die Ideologie des Klans ablehnt, aber nicht die Menschen. »Ich respektierte Kelly, ich respektierte nur nicht seine Ansichten.«

Klar, dass Davis dieses Vorgehen viele Feindschaften unter Schwarzen einträgt. Er erzählt kopfschüttelnd, dass er jüngst sogar aus einer Veranstaltung von *Black Lives Matter* geworfen wurde, weil die Aktivisten ihn als Verräter sahen. »Das Wichtigste, das ich gelernt habe: Wenn du einen Gegner mit anderen Ansichten hast, dann gib ihm eine Plattform. Erlaube ihm, seine Ansichten auszudrücken, egal, wie extrem sie sind. Und glauben Sie mir, ich habe auf diesen Rallys Dinge gehört, die so extrem sind, dass sie einen bis auf die Knochen erschüttern.«

Er fordere die Rassisten heraus, so Davis, »aber nicht auf unhöfliche oder grobe Art. Man macht das höflich und klug. Wenn man die Dinge auf diese Weise angeht, stehen die Chancen gut, dass sie zuhören und dir auch eine Plattform geben. Kelly und ich haben uns über die Jahre immer wieder hingesetzt und uns ausgetauscht. Der Mörtel, der sein Weltbild betonierte, begann zu bröckeln. Dann zu zerbrechen. Und dann fiel es ganz in sich zusammen.«

Es ist eben schwer, jemanden zu hassen, den man gut kennt. Kelly kehrt schließlich dem Ku-Klux-Klan den Rücken; Davis wird sogar Patenonkel seiner Tochter. »Er glaubt heute nicht mehr, was er damals gesagt hat«, erklärt Davis. Kelly gibt Davis seine Klan-Roben, die Roben des *Imperial Wizard*. Davis freundet sich mit allen drei Klan-Führern von Maryland an, und sie alle hängen ihre Roben an den Haken, genau wie zwei Dutzend weiterer Klan-Leute. »Das war das Ende des Klans in Maryland«, freut sich Davis. »Es gibt dort heute keinen KKK mehr. Immer wieder versucht mal einer, den Klan dort wiederzubeleben, aber das hält nie lange.«

Seit Trumps Wahlsieg, seit sich rassistische Übergriffe häufen und Neonazis in Washington mit ausgestrecktem Arm »Heil Trump« rufen, erzählt Davis seine Geschichte wieder öfter. Er hat schon vor Jahren ein Buch geschrieben, gerade erschien ein Dokumentarfilm über ihn[66], und wer Englisch versteht, hört sich am besten selbst an, wie dramatisch er die Begegnungen mit dem Klan schildert.[67] »Der Ku-Klux-Klan ist so amerikanisch wie Baseball, Apfeltorte und Chevrolet«, sagt Davis in dem Dokumentarfilm. »Wir haben bisher nur Pflaster auf die Wunden des Rassismus geklebt.« Davis hat Trump zwar nicht gewählt, aber glaubt überraschenderweise, »dass Trump das Beste ist, was diesem Land passieren konnte. Er bringt die Hässlichkeit des Landes zum Vorschein.« Nun könne niemand mehr die Augen vor dem grassierenden Rassismus verschließen.

»Ich halte an meinen Ansichten fest und respektiere das

Recht Andersdenkender, ihre Ansichten auszudrücken. In diesem Land haben wir das Recht zu hassen, aber wir haben nicht das Recht, andere zu verletzen.« Aber muss er sich denn gleich die schlimmsten Rassisten für seinen Selbstversuch aussuchen? Ausgerechnet die Gewaltbereiten, die es genießen, Terror zu verbreiten? Die Begegnungen hätten ja auch anders ausgehen können – Davis hätte seine Dialogbereitschaft durchaus mit dem Leben bezahlen können.

Gerade da sei der Dialog am allerwichtigsten, findet Davis. »Wenn man nur zu den Leuten predigt, die ohnehin die eigenen Ansichten teilen, was soll dann dabei herauskommen? Ich kann mich mit anderen Menschen zusammensetzen, die keine Rassisten sind, und wir können uns darüber unterhalten, wie schlimm Rassismus ist, aber verändern tut sich dadurch nichts.«

An dieser Stelle zieht Davis gerne seine zwei Dutzend Klan-Roben aus dem Schrank und sagt: »Schau, das habe ich gemacht, um dem Rassismus einen Denkzettel zu verpassen. Ich habe die Roben und Hauben von mehr als zwei Dutzend Menschen in meinem Schrank, die ihre Ansichten geändert haben, weil ich mich mit ihnen an einen Tisch gesetzt habe. Und, was machen Sie? Wie viele Roben haben Sie gesammelt?« Das lässt die meisten Kritiker verstummen.

15. Feuerdonner bei den Sioux: Ein Besuch bei den Ureinwohnern Amerikas

Fristen ein Schattendasein: Die Helden der Indianer

In diesem Kapitel erfahren Sie,

- Wohin die schwarze Schlange vordringt
- Wie es in den Indianerreservaten wirklich aussieht
- Warum es immer mehr weibliche Häuptlinge gibt
- Was Großmütter auf den Kriegspfad ruft

Die schwarze Schlange

Die meisten Amerika-Besucher reisen nie in ein Reservat, die meisten Amerikaner auch nicht – höchstens vielleicht, um ein Kasino zu besuchen. Dabei ist Amerika da am ursprünglichsten, wo die Ureinwohner leben. Zumindest in den Gegenden, in denen die Kultur der Indianer nicht völlig zerstört wurde.

Das Thema von *Crazy America* sind die einzigartigen Gegensätze in den USA, und nirgendwo sind sie krasser als in den Reservaten. Meine Reisen in die Reservate gehören zu meinen kostbarsten und erschütterndsten Amerika-Erlebnissen. Ich habe dort weise Stammesälteste getroffen, von denen ich viel lernen konnte – und gleichzeitig elende Zustände beobachtet, wie ich sie in einem zivilisierten Land nie für möglich gehalten hätte.

Auf dem Weg zu den Lakotas kommen Reisende an dem berühmten Mount Rushmore vorbei, dem Berg, in den die überdimensionalen Köpfen der US-Präsidenten George Washington, Thomas Jefferson, Theodore Roosevelt und Abraham Lincoln gehauen sind. Für Touristen sind die Betonköpfe eine ideale Selfie-Kulisse, für die Ureinwohner hingegen ein in den Fels gemeißeltes Memento ihres historischen Traumas, denn die Präsidentenköpfe blicken auf altes Lakota-Land.

»Wenn die schwarze Schlange über das Land kommt, wird unsere Welt enden«, so prophezeiten einst die Stammesältesten laut Iyuskin American Horse, einem Oglala Lakota von der Rosebud Reservation. Nun windet sich die schwarze Schlange von den Fracking-Ölfeldern bis nach Illinois und bahnt sich ihren Weg durch North Dakota mit schwerem Baugerät und bewaffneten Sicherheitskräften. »Die schwarze Schlange ist gekommen, und zwar in Form der Dakota Access Pipeline, und deshalb muss ich kämpfen. Ich bin hier, um das Wasser für unsere Kinder und künftige Generationen zu bewahren und um unsere Lebensweise zu verteidigen.« Mit diesen Worten kettete sich Iyuskin American Horse an eine Bohrmaschine, bis er verhaftet wurde. Er ist einer von Tausenden amerikanischen Ureinwohnern und Unterstützern, die im Standing Rock Sioux Reservat in North Dakota gegen eine 3,8 Milliarden Dollar teure Pipeline protestierten, die quer durch ihr Land täglich 80 Millionen Liter Öl nach Texas pumpen soll. Ursprünglich sollte die Pipeline nordöstlich von Bismarck verlaufen, aber dort hätte sie im Fall eines Unglücks die überwiegend weiße Stadtbevölkerung gefährdet, also wurde sie näher an das Reservat gelegt – »Umwelt-Rassismus« nennt Bürgerrechtslegende Jesse Jackson diese Entscheidung. Die Indianer hatten nie eine fokussierte Bürgerrechtsbewegung wie die Afroamerikaner, aber der Protest in den Dakotas ist ein Meilenstein: Dreihundert Stämme unterstützten den Widerstand vor Ort, Millionen von Menschen überall auf der Welt stärkten ihn online. Die Widerständler nennen sich »Wasserschützer« und beten friedlich um die Bewahrung ihres Landes. »Wir sagen ›Mni Wiconi‹, Wasser ist Leben«, erklärte David Archambault II, der Chef der Standing Rock Sioux. »Wir können es nicht aufs Spiel setzen, nicht nur für unser Wohl, sondern für alle, die von diesem Wasser abhängig sind.«

Die Szenen, die sich im bitterkalten Winter 2016 in Dakota abspielten, erinnerten Beobachter an die brutalen Angriffe auf die afroamerikanische Bürgerrechtsbewegung: Die Nationalgarde lief schwer bewaffnet mit Sturmtruppausrüstung und Wasserwerfern auf. Nachts sprühten Soldaten bei minus 6 Grad Celsius die frierenden Ureinwohner mit kaltem Wasser ein; ein Stammesältester musste wiederbelebt werden. Eine Granate riss einer einundzwanzig Jahre alten Helferin den linken Arm ab, einer Dreizehnjährigen wurde in den Kopf geschossen. Mit scharfen Schäferhunden attackierten private Sicherheitskräfte der Ölfirmen die unbewaffneten Demonstranten, die sich den Bulldozern in den Weg stellten. Mindestens sechs Indianer wurden von den Hunden blutig gebissen, darunter eine schwangere Frau und ein zwölfjähriges Mädchen. Dutzenden von friedlich Protestierenden sprühten die Sicherheitsleute Pfefferspray ins Gesicht.

Während der Rest des Landes Thanksgiving feierte – zynischerweise eigentlich als Versöhnungsmahl mit den Ureinwohnern gedacht –, mussten die Indianer zusehen, wie ihre historischen Grabstätten von Bulldozern durchpflügt wurden.

Den Ureinwohnern sind ihre Rechte schon zu oft mit Gewalt genommen wurden. »Dies ist das dritte Mal, dass der *Sioux Nation* Land und Ressourcen ohne Berücksichtigung der Stammesinteressen weggenommen werden«, beklagt Archambault II. »Die Sioux haben 1851 und 1868 Abkommen unterzeichnet. Die Regierung hat sie gebrochen, bevor die Tinte trocken war. Jetzt nehmen sie uns unser sauberes Wasser und unsere heiligen Plätze weg. Ob es das Gold aus den Black Hills, Wasserkraft aus dem Missouri oder die Öl-Pipelines sind, die das Vermächtnis unserer Vorfahren bedrohen, die Stämme haben immer den Preis für Amerikas Wohlstand bezahlt.« Dreiunddreißig heilige Stätten würden durch den Bau der Pipeline bedroht oder vernichtet. Obwohl die Bauträger rechtlich verpflichtet seien, den Stamm zu konsultieren, hätte der Staat die Genehmigungen im Eilverfahren erteilt, ohne dass eine richtige Konsultation stattgefunden habe, sagt Archambault. Er hat Klage eingereicht, denn »die Bauarbeiten haben unsere Gräber, Gebetsstätten und bedeutende Kunstgegenstände zerstört. Die Entweihung unserer heiligen Stätten hat den Standing Rock Sioux unwiederbringliche Verluste zugefügt.« Am meisten aber fürchtet er die Möglichkeit, ein Leck könnte die einzige Wasserquelle seines Stammes, den Missouri River, kontaminieren.

Ich besuchte die Einzige im Reservat, die noch das warme, erdige Wichyena-Dakota spricht: Wagmuwahin oder »Rasselfrau« heißt Mary Louise Defender Wilson, 85, in ihrer Sprache – abgeleitet aus dem Namen eines Kürbisses, der als Trommel den Rhythmus bei Zeremonien und Tänzen vorgibt und Sinnbild für ein offenes, großzügiges Herz ist. Die großgewachsene, sehnige Frau mit den schwarz gefärbten Strähnen im langen, weißen Haar hat ihren Namen verdient: Sie ist standhaft, offen und scheut sich nicht, Lärm zu machen. Sie hat die indianische Kultur verteidigt, lange bevor es Mode wurde. Dafür wurde sie unter anderem mit den beiden Preisen *National Endowment of the Arts* geehrt, den vor ihr Ikonen wie John Lee Hooker oder B.B. King erhielten, und jüngst mit dem *United States Artist Fellowship*.

Gemeinsam besuchten wir einige der heiligen Stätten und Steinzirkel ihres Stammes in der dauergewellten Einsamkeit dieses Missouri-Tals. Mit ihren grazilen Fingern zeichnete Wagmuwahin die Abdrücke im Felsen nach: Büffelhufe, den Umriss einer Schildkröte und die Hieroglyphen, die dem »Hieroglyphen-Felsen« seinen Namen gaben. »Wir glauben, dass sie nicht von Menschenhand gemacht sind«, sagte sie. »Wer an einem so kraftvollen Platz fastet und betet, wird sein eigenes Zeichen im Felsen finden, als Omen unserer Vorfahren.« Was wird von diesem Erbe nun bleiben?

»Dakota« bedeutet »Freund«, aber als Freunde wurden die amerikanischen Ureinwohner noch nie angesehen. »Wir haben sie wie Feinde behandelt, sogar schlimmer als alle anderen Feinde in den Kriegen, die unser Land geführt hat«, kritisierte der MSNBC-Reporter Lawrence O'Donnell in einem flammenden Kommentar. »Die Ursünde dieses Landes ist, dass wir uns als Eroberer unseren Weg freigeschossen haben und so viele Ureinwohner töteten, wie wir nur konnten. Dieses Land wurde auf dem Genozid gegründet. Als wir endlich aufhörten, die Ureinwohner nur wegen ihres Verbrechens umzubringen, dass sie hier schon vor uns lebten, haben wir jedes einzelne Abkommen, das wir mit ihnen schlossen, wieder gebrochen. Jedes einzelne.«

Wagmuwahin Defender Wilson wehrt sich, indem sie die alten Rituale pflegt. An ihren Ohren hängen silberne Kojoten, die den Mond anheulen. Auf ihrer Brust springt eine silberne Wölfin, Sinnbild für die nährende, aber auch kämpferische Weiblichkeit, um die Handgelenke reiten silberne Pferde. Sie hat jahrelang indianische Studien an der Standing Rock University in Fort Yates gelehrt, das Indianische Amerikanische Kulturzentrum in Jamestown und ein Therapieprogramm für Psychiatriepatienten gegründet, das auf dem traditionellen Geschichtenerzählen und der indianischen Handwerkskunst beruht.

Doch es ist symptomatisch, dass sie selbst von ihrem Zuhause vertrieben wurde. Seit den Siebzigerjahren kämpft Wagmuwahin um ihr Land und lebt nun in einem Container, der ihr gespendet wurde. »Meine Familie war zuerst da, und die heutigen Bewohner haben ihr Land erst viel später von den Kolonialisten bekommen«, beharrt sie. Sie benennt unverblümt die bestehende Übermacht der weißen Siedler, übt aber auch Kritik in den eigenen Reihen, vor allem an jenen Halb- und Viertelindianern, die mit den Weißen kollaborieren und die eigene indianische Kultur abgelegt haben. Ihr Großvater *Sieht den Bär* erzählte ihr noch von seiner eigenen Vertreibung aus dem fruchtbaren Land auf der anderen Seite des Missouri. Wie er Bäume fällen und daraus ein Kanu bauen musste, um Frau und Kinder den Fluss hinunterzutransportieren, während die Männer mit den Pferden schwammen. Wie Wagmuwahins Urgroßmutter *Guter Tag* von der Kavallerie im Sommer gefangengenommen und in der eisigen Winterskälte ohne Nahrung wieder freigelassen wurde. Und gelegentlich sprach er von ihrem Vater, der starb, als sie erst eineinhalb Jahre alt war. Vor allem aber lehrte sie *Sieht den Bär*, stolz auf ihre indianische Herkunft zu sein und nie, nie, nie eine Internatsschule der Weißen zu besuchen. So kam es, dass Wagmuwahin eine der Letzten ihres Stammes ist, die ihre Kulturen und Gebräuche tatsächlich kennt und wertschätzt: »Ich bin nicht durch die Gehirnwäsche der Internate gegangen, wo einem eingetrichtert wird, dass die Indianer primitiv sind.« Bis weit in die Siebzigerjahre wurden indianische Kinder gewaltsam aus ihren Familien gerissen und in meist christlich-missionarischen Internaten »umerzogen«, um ihnen die indianische Sprache und Kultur auszutreiben. Es ist Krieg im Indianer-Land – ein Krieg, der vor einigen Hundert Jahren mit der Ankunft weißer Siedler begann und nie wirklich endete. Der Kampf um Land und Ressourcen, aber auch um Werte und Kulturen, dauert für die Indianer bis heute fort. Ständig bricht dieser Konflikt in Wagmuwahins Lebenslinien durch: So gerne wäre sie stolz auf ihre Leute, ihre Kultur und ihr Land, und doch ist so wenig davon übriggeblieben. Wagmuwahin arbeitete fast zwanzig Jahre lang als Immobilienexpertin für indianische Agenturen in Nord- und Süddakota, zog dafür sogar zeitweise nach Washington und wurde zu einer resoluten Verfechterin für indianische Land- und Menschenrechte, wenn auch, wie sie selbst sagt, wenig erfolgreich: »Den Indianern wird bis heute Land weggenommen.«

Nun sah es zum ersten Mal in ihrer Geschichte so aus, als hätten die Sioux gute Chancen, den Kampf um ihr Land gegen die Regierung zu gewinnen. Obama setzte sich für einen Baustopp ein. Aber dann wurde Donald Trump zum Präsidenten gewählt: Der Milliardär hat selbst in die Pipeline investiert und sobald er im Amt war, hob er Obamas Baustopp auf. Dennoch werten die Sioux den Protest als Erfolg. »Wir sind ein widerstandsfähiges Volk, das unaussprechliche Härten überlebt hat. Wir wissen, was auf dem Spiel steht.«

Sogar fast viertausend Kriegsveteranen machten sich auf den Weg nach Standing Rock, um den Indianern beizustehen. Sie erwarteten, sich im Wintersturm als lebende Schutzschilde zwischen die Wasserwerfer und die Ureinwohner zu stellen, aber stattdessen wurden sie Zeuge einer unerwarteten, berührenden Versöhnungsgeste eines Soldaten aus den eigenen Reihen: »Wir haben euch bekämpft, euer Land gestohlen, Abkommen unterzeichnet, die wir dann gebrochen haben«, bekannte Wes Clark Jr. Der Veteran trug die gleiche blaue Militärjacke und den Hut der 7. Kavallerie, die vor hundertvierzig Jahren an diesem Ort die Ureinwohner bekämpft hatte, während er vor den Ältesten niederkniete. »Dann nahmen wir euch eure Kinder weg, versuchten, eure Sprache zu zerstören; wir verschmutzten euer Land; wir haben euch auf so viele Arten verletzt. Aber nun sind wir hier, um zu sagen, dass es uns leid tut. Wir bitten um eure Vergebung.« Eine kleine, aber bedeutungsschwangere Geste mit weitreichender Wirkung. Selbst die Gesichter der hartgesottenen Veteranen verzerrten sich in dem vergeblichen Bemühen, ihre Tränen zu unterdrücken. Ermutigt durch diesen unerwarteten Rückhalt wollen die Sioux erst recht weiterkämpfen. Und sogar Wagmuwahin lacht ihr herzhaftes Jungmädchenlachen. »Manchmal hole ich noch die Kampfstiefel raus und gehe aufs Schlachtfeld.«

Mankiller und Boss Lady, die neuen Häuptlinge gegen die Hitler-Fans

In meiner Reise durch die Reservate war ich überrascht davon, wie oft es Frauen wie Wagmuwahin sind, die den Kampf und die Kultur fortführen. Bis vor einigen Jahrzehnten wurden nur wenige der 560 anerkannten Indianerstämme in Amerika von Frauen regiert. Mittlerweile stehen 133 Stämme unter weiblicher Führung. Wilma Mankiller machte 1983 den Anfang: Obwohl einige Stammesgenossen fürchteten, mit der Wahl einer Frau würden sie »zum Gespött aller Indianerstämme«, wurde sie der erste weibliche Boss der Cherokee Nation von Oklahoma und so erfolgreich, dass sie zweimal wiedergewählt wurde. Für Erma Vizenor, 61, Harvard-Doktorandin und erster weiblicher Chief der White Earth Band in Minnesota musste ihr Stamm gar eine Wortschöpfung erfinden: Ogimaakwe, Boss Lady. Und Wasserrechts-Expertin Rebecca A. Miles war erst 33, als sie zur Chefin der Nez Perce in Idaho gewählt wurde.

Der Aufstieg der Frauen ist die Kehrseite des Abstiegs der Männer, die mit der Chancenlosigkeit im Reservat kämpfen: Armut, Alkohol und Arbeitslosigkeit. Nun sind es die Frauen, die fast siebzig Prozent der indianischen Hochschulabgänger stellen und zwei Drittel der Jobs halten. Wilma Mankiller weist Kritiker gerne auf vorkoloniale Zeiten hin: »Bevor wir fremde Sitten übernahmen, hatten wir Frauenräte und weibliche Krieger, und es war Sitte, dass Frauen entschieden, ob der Stamm in den Krieg zieht.«

Die Oglala Sioux Indianer in Süd-Dakota wurden bisher

vor allem für ihre legendären Krieger wie Crazy Horse und Black Elk verehrt und eher weniger für ihren Sinn für Emanzipation. 2004 aber besiegte Mankillers Freundin Cecilia Fire Thunder ihre männlichen Konkurrenten, verlängerte für die Inthronisation ihren praktischen schwarzen Pagenkopf mit zwei falschen Zöpfen, kleidete sich in weißes Hirschleder und ließ sich mit viel Pomp und Pferdegetrappel die traditionellen Insignien ihres Amtes überreichen: ein mit Adlerfedern geschmücktes Schild und ein perlenbesetztes Messer. Von da ab regierte die bodenständige Siebzigjährige als erste Frau die Sioux und brachte tatsächlich Feuer und Zunder in den Stamm: Dass der republikanische Senator Bill Napoli gefordert hatte, Frauen müssten auch nach einer Vergewaltigung oder Inzest ihr Kind austragen, rief Fire Thunder auf den Kriegspfad: »Wie viele Männer in der Regierung sind schon einmal vergewaltigt worden?«, fragt die neunfache Großmutter. »Die Gesetzesmacher sind ein Haufen weißer Jungs, die keine Ahnung davon haben, wie die Realität hier aussieht.«

Fire Thunder sah sich herausgefordert, denn Pine Ridge hat die höchste Vergewaltigungsrate und Kindersterblichkeit der westlichen Hemisphäre. Es ist das zweitgrößte Reservat Amerikas, und das ärmste. Alkoholismusrate: 85 Prozent. Arbeitslosenquote: 80 Prozent. Jährliches Durchschnittseinkommen: 3.700 Dollar. Jedes dritte bis vierte Baby, dem sie auf die Welt helfe, sagt die dort ansässige Hebamme Terri Friend, stamme aus einer Vergewaltigung oder Inzest. Frauen, die hier leben, haben ein doppelt bis dreifach so großes Risiko, vergewaltigt, verprügelt oder ermordet zu werden als nicht farbige Frauen im Rest Amerikas. Und Täter haben eine größere Chance, ungeschoren davonzukommen. Denn die Gesetzeshüter stellt der Staat, und die Polizisten zeigen, vorsichtig formuliert, kein vorurteilsfreies Interesse an der Aufklärung von Straftaten im Reservat. Erst kürzlich hat ein (nicht indianischer) Richter einen (nicht indianischen) Angeklagten aus Pine Ridge laufen lassen, gegen den vierundzwanzig (meist indianische) Frauen vor Gericht bezeugten, er habe sie brutal vergewaltigt. Das Urteil der Jury: nicht schuldig. »Diese Verbrechen werden nicht bestraft, und das bedeutet«, resümiert Fire Thunder, »dass wir unsere Frauen und Kinder nicht beschützen können.«

Da mögen die Hügel von Süd-Dakota noch so grün und einladend in der Sonne leuchten, die verrosteten Autos vor den in die Einsamkeit gestellten Wohncontainern künden von Armut: 97 Prozent der Indianer in Pine Ridge leben unter der Armutsgrenze. Drei freundliche junge Bewährungsoffiziere verwalten die 2.400 Schläger, die derzeit auf Bewährung draußen sind. Über ihren Computern hängt ein Poster mit einem Zitat ihres legendären früheren Häuptlings Sitting Bull: »Welcher weiße Mann hat mich je betrunken gesehen? Wer hat je gesehen, wie ich meine Frau geschlagen oder meine Kinder missbraucht hätte?«

Fire Thunder ist überzeugt, nur die Rückkehr zur ureigenen Kultur könne die Wunden im Reservat heilen und vernarben lassen: »Gewalt gegen Frauen ist eine Folge der Kolonialisierung.« Inzest und Vergewaltigungen habe es in der traditionellen Lebensweise des Stammes praktisch nicht gegeben, »und wenn es doch einmal vorkam, wurde der Täter aus dem Stamm ausgeschlossen oder exekutiert.« Jetzt aber ist es Sache des Staates, nicht des Reservates, die Gesetze in die Tat umzusetzen, »und wenn eine Frau die Polizei ruft, hat sie Glück, wenn nach ein paar Stunden mal jemand vorbeischaut«. In dem erzkonservativen Staat hat ein Apotheker das Recht, aus Gewissensgründen ein Rezept für Verhütungsmittel nicht einzulösen; für die Pille danach muss eine vergewaltigte Frau meilenweit fahren, und die einzige und teure Klinik im ganzen Staat, die überhaupt Abtreibungen durchführt, liegt 450 Kilometer von Pine Ridge entfernt. Vielleicht auch deshalb hatten die Sioux eine Frau an ihre Spitze gewählt, um »uns überhaupt wieder auf den Radar zu bringen«, wie es Karen Artichoker, die Direktorin des örtlichen Frauenschutzhauses, ausdrückt, »wir existieren ja für die Regierung und den Rest der Welt gar nicht.«

Nach Fire Thunders Ankündigung, eine Frauenklinik mitten in der konservativen Hochburg zu bauen, brachen ungeahnte Tumulte los, und Fire Thunder wurde bald wieder abgesetzt. Hunderte von ultrakonservativen Christen pilgerten nach Pine Ridge, um sie auf Flugblättern als »Baby-Mörderin« zu verunglimpfen. Einer der indianischen Wortführer der Ultrarechten warf seiner Präsidentin öffentlich »Genozid am eigenen Volk« vor. Ein schwerer Vorwurf, zumal bei der enormen Geschichtslast von Pine Ridge: 1890 wurden in dem unrühmlichen Massaker am Wounded Knee über dreihundert Indianer – Männer, Frauen und Kinder – wahllos von weißen Soldaten hingerichtet. Und noch bis weit in die Siebzigerjahre wachten Indianerinnen im hiesigen Krankenhaus zwangssterilisiert aus der Narkose auf. In seinem Coffeeshop in Pine Ridge mixt der evangelistische Pastor Iceshakes, während er leutselig bedauert, dass mit dem Abtreibungsgesetz nicht auch der Gesetzesvorschlag verabschiedet wurde, Abstinenz als einzige Verhütungsmethode im Schulunterricht zu lehren. Abstinenz, Adoption und das Abtreibungsverbot, nur so würde man zu geordneten Familienstrukturen zurückkehren. Und die enorme Vergewaltigungsrate? Sache der Polizei. Der Pastor plant, mit seiner Frau eine Adoptionsagentur aufzubauen, damit »keine Frau mehr abtreiben muss«. Doch gerade Adoption ist eine heikle Angelegenheit angesichts der Reservatsgeschichte: Bis in die Achtzigerjahre wurden Tausende von indianischen Kindern aus ihren Familien gerissen und von Weißen zwangsadoptiert. Drastische Maßnahmen müssten nichts Schlechtes sein, entgegnet der Pastor und gibt, inspiriert durch den Besuch aus Deutschland, seine Verehrung für deutsche Führer zu erkennen: Einer wie Hitler würde Recht und Ordnung wiederherstellen.

Eine Reise nach Süd Dakota ist eben in vielerlei Hinsicht eine Zeitreise, und Fire Thunder hofft, dass die Tumulte trotz aller schrillen Töne zumindest ins Licht der Öffentlichkeit rücken, worum es eigentlich geht: Die Nöte der Frauen und Kinder, Zustände wie in einem Dritte-Welt-Land mitten in Amerika.

Zu Hause in Fire Thunders sonnengelbem Wohncontainer muss sie, damit man sich hinsetzen kann, zunächst eine Katze aus dem Weg räumen, die Garne der Nähmaschine, mit denen sie traditionelle Quilts stickt, und etliche armdicke Ordner, in denen die Misere ihres Volkes dokumentiert wird. Über den Wohnzimmerregalen die Insignien eines Häuptlings: die traditionelle Pfeife, Pfeil und Bogen, und aus

Plastik gegossene weiße Büffel. In der Gefriertruhe lagern noch zwei Nachgeburten von Müttern, die sich von ihr als spiritueller Führerin wünschen, die Plazenta nach traditioneller Sitte beim Sonnentanz den Ahnen zu schenken. Sieht so der Alltag einer indianischen Regierungschefin aus, in einem Container zwischen Tradition und Moderne, zwischen Sonnentanz und Washington, zwischen pompöser Wahl und unvermittelter fristloser Entmachtung?

Fire Thunder hat schon größere Herausforderungen überstanden. »Wissen Sie eigentlich, dass ich legal taub bin?«, fragt sie unvermittelt, und ihre Hände mit den zentimeterlangen Kunstnägeln halten einen Augenblick inne in dem unaufhörlichen Versuch, ihren Ideen in lebhaften Gesten Form zu geben. Vor dem Wahlkampf verlor sie das Hörvermögen auf beiden Ohren. Eine ihrer wichtigsten Wahlkampfreden hielt sie vor viertausend Menschen und verriet erst im letzten Satz, sozusagen als Pointe, dass sie auf beiden Ohren taub war. Mittlerweile haben Implantate ihr Hörvermögen wiederhergestellt, und taub ist sie nur noch für die Drohungen ihrer Widersacher, die ihr in Anrufen, Briefen und E-Mails mit dem Tod oder wenigstens der politischen Vernichtung drohen.

Cecilia Fire Thunder spricht sanft, mit einem leichten Lispeln, das ihren harschen Worten die Härte nimmt und doch nicht vertuschen kann, dass sie eine Kämpfernatur ist. »Ich habe in ein Hornissennest gestochen«, sagt die ehemalige Krankenschwester und Aktivistin und lacht so tief und herzhaft wie jemand, der weiß, dass Hornissenstiche schmerzhaft sind, aber nur selten lebensgefährlich.

16. Unterwegs im Trump-Land: In der Welt der Gewinner und Loser

Captain America ist ein Superheld, der die amerikanischen Werte verteidigt

In diesem Kapitel erfahren Sie,

- Warum meine Familie Trump gewählt hat
- Exklusive *Breaking News* aus todsicheren Quellen
- Was passiert, wenn Sie mit Zitronensaft im Gesicht eine Bank ausrauben
- Dass Amerika keine Demokratie mehr ist

Meine Familie vergöttert Trump.
Darf ich mich deshalb scheiden lassen?

Nächsten Monat wird meine Schwiegermutter achtzig. Das gibt eine große Familienfeier in Kalifornien, da muss ich hin. Normalerweise freue ich mich, aber diesmal graut mir. Nicht, dass ich meine angeheiratete Familie nicht mögen würde, ganz im Gegenteil: Ich mag sie alle. Sie sind nett, hilfsbereit, lustig, schmeißen großartige Partys, und wenn ich einmal in Nöte geriete, bin ich mir sicher, dass ich auf sie zählen könnte. Umgekehrt gilt das auch. Ich liebe sie von Herzen. Aber: Sie haben Trump gewählt. Alle. (Bis auf meine bessere Hälfte, sonst wären wir auch nicht verheiratet.)

Meine deutschen Freunde fragen ständig fassungslos: Kannst du uns bitte erklären, was die Amis an diesem Twitter-Wüterich mit dem orangen Toupet finden?

Ja, kann ich. Ich muss ja nur meine Familie fragen.

Obwohl ich das tunlichst vermeide. Wir umschiffen alle politischen Themen so weiträumig wie das Raumschiff Odyssee den Mars, denn unsere netten Familienzusammenkünfte würden sonst schnell ein Kampf auf Leben und Tod werden.

Das fängt damit an, dass ich bekanntlich aus dem »sozialistischen« Deutschland stamme, wo Menschen dafür bezahlt werden, dass sie nichts tun. Das ist Ihnen neu? Mir auch. Aber meine Schwiegerfamilie hat das aus gut informierten Quellen. Sprich: Aus den konservativen Radio- und

Fernsehsendungen, die sie sich jeden Abend angucken und in denen Europa als »sozialistisch« verunglimpft wird. Was sie mit »sozialistisch« meinen ist, dass in Deutschland jeder eine Krankenversicherung hat. Warum Trump als allererste Amtshandlung 22 Millionen Amerikanern die Krankenversicherung entziehen wollte, ist mir völlig unverständlich, aber meine Schwiegerlieblinge jubeln, damit habe endlich die Bevormundung ein Ende.

Wenn ich dann zum Beispiel entgegne, dass Gesundheitsversorgung für alle sinnvoll, notwendig und im Übrigen sogar billiger ist als das kaputte Notaufnahmesystem für Arme in Amerika, dass ich es tragisch finde, wenn Amerikaner mit dem Arbeitsplatz auch ihre Krankenversorgung verlieren und dass arbeitslose und kranke Amerikaner direkt in die Armut rutschen, ist die Antwort: »Da hat der Staat nichts reinzureden.« Ohne staatliche Hilfe auf der Straße zu krepieren, gilt eben auch als »Freiheit«.

Ich interessiere mich leidenschaftlich für Politik und gehe ansonsten keiner intelligenten Diskussion aus dem Weg. Aber nach fünf Minuten Polit-Diskussion mit meiner Schwiegerfamilie verfalle ich in Schnappatmung wie Trump bei seinen Reden.

Die Hunde toben um den Pool, die Erwachsenen betrinken sich langsam mit Craft Beer, über die Stereoanlage rockt Bruce Springsteen. Es könnte alles so schön sein.

Dann sagen sie Sätze wie: »Wenn die Regierung nur endlich die Bohrungen in der Arktis erlauben würde, hätten wir das Energieproblem gelöst.«

Wo, bitte, soll ich da anfangen? Mit einer Grundsatzrede

über die Endlichkeit fossiler Brennstoffe? Dem Klimawandel? Dem Fakt, dass Benzin und Strom in Amerika ohnehin billiger sind als in Deutschland, mit Verlaub viel *zu* billig? Der Tatsache, dass in Kalifornien die Sonne an so vielen Tagen scheint, dass sich damit halb Amerika erleuchten ließe, wenn die Amis nur bitte endlich ihre verrückte Liebe zu endlos surrenden Klimaanlagen und Monstertrucks kündigen könnten?

Sie haben ja Trump gewählt, der die Erderwärmung für einen Hoax der Chinesen und die Kohleindustrie für eine Goldgrube hält. Wir stehen während dieses Gesprächs natürlich in dem viel zu großen Haus meiner Schwägerin (sechs Schlafzimmer für ein Ehepaar), in dem die Klimaanlage surrt und ein Monstertruck in der Garage steht. Zwei Erwachsene teilen sich drei Autos, und die Regierung soll deshalb in der Arktis nach Öl bohren. Was mich wahnsinnig macht, ist die Tatsache, dass meine Schwiegerleute keineswegs dumm sind. Aber Trump glauben sie alles.

Auf Facebook teile ich die Videos, in denen Trump Kriegsveteranen und Behinderte verhöhnt, Frauen als Schweine beschimpft und jeden Tag wieder aufs Neue beweist, dass er Amerika wie ein Diktator regieren möchte. Ich schicke ihnen Auszüge aus den Prozessen gegen ihn, in denen seine Opfer erklären, wie er ihnen das Geld aus der Tasche gezogen, Handwerker und Architekten für seine Protzbauten nicht bezahlt hat. Sie kontern mit sexistischen Monica-Lewinsky-Sprüchen und Fake-News-Artikeln, in denen Fakten zu Lügen und Lügen zu Fakten erklärt werden. Eben Trump-Methoden.

Das Widersprüchliche ist, dass sie eigentlich sehr konservativ sind. Sie engagieren sich für Veteranen, aber dass Trump Veteranen verunglimpft, ficht sie nicht an. Sie gehen sonntags in die Kirche und hielten Hillary Clinton schon allein deshalb für ungeeignet, weil ihr Mann sie betrog, aber Trumps Scheidungen und seine Vorliebe für jüngere Models laufen unter der Rubrik Entertainment. Sie halten Hillary für eine Lügnerin, aber wenn Trump dreimal täglich mit einem doppelten Lügen-Salto erwischt wird, sind die Medien daran schuld. Sie sind eigentlich sehr sozial eingestellt, aber dass Trump Behinderte beleidigt, wird schulterzuckend abgehakt mit: »Das sagt der halt, aber das meint er nicht so.« Auch sind sie ihm bis heute dankbar, dass er hartnäckig behauptete, Obama sei in Kenia geboren. Das glauben sie nämlich auch.

Also, warum mögen sie Trump?

Erstens, weil sie ihn kennen. Aus dem Fernsehen, als Star der Reality-Show »The Apprentice«. Und von einem Immobilien-Seminar, das sie vor gut zehn Jahren bei ihm belegt haben. Da hat er sie mit seinen Sprüchen unheimlich beeindruckt. Das gemeinsame Foto mit Trump steht im Wohnzimmer direkt vor der Mahagoni-Schrankwand.

Zweitens, weil er erfolgreich ist. Alles, was er anfasst, wird zu Gold. Wenn man doch nur Amerika wie ein Immobilien-Imperium regieren könnte! Wenn ich dagegenhalte, dass sie sich blenden lassen, dass er fünf Mal bankrottging, dass er nicht wirklich erfolgreich ist, sondern sich auf Kosten anderer bereicherte und, wie bei den Atlantic Casinos, seine Geschäftspartner im Regen stehen ließ, und dass seine Steuersenkungen für seine Millionärsfreunde zu Trillionen neuer Schulden führen, lautet ihr Gegenargument, das seien alles Lügen der Presse. Also ich. Die Presse, das bin ich.

Drittens, weil er ihre Sprache spricht. »Er ist der einzige Politiker, der so redet, dass ich ihn verstehe«, sagt meine Schwiegermutter, die sechzig Jahre lang demokratisch gewählt hat. »Wir müssen doch was tun, es kann doch nicht so weitergehen.«

Was kann nicht so weitergehen? Geht es ihnen schlecht? Nein, gar nicht. Sie leben in einem überdimensionierten Haus mit Pool und Sauna, die Schwiegermutter in einem Fertighaus in der Seniorensiedlung. Es geht ihnen gut, sogar jedes Jahr ein bisschen besser. Aber wenn man sie reden hört, denkt man, die Terroristen stünden vor den Toren und nur Trumps Mexiko-Mauer könnte alle Irren davon abhalten, Amerika zu überrollen. Sie haben entsetzliche Angst, dass ihnen alles weggenommen wird. Von wem? »Von denen.« Von wem? Na, den Mexikanern, den Asiaten, den Ungläubigen. Kennen sie welche? Nicht persönlich. Nur den netten Mexikaner Pablo, der den Rasen mäht. Dann bringen sie irgendwelche Geschichten, die sie auf ihren Hetzsendern gehört haben.

Das passt alles nicht zusammen. Wenn sie nicht mehr weiterwissen, dann kontern sie mit den Totschlagargumenten: Sozialismus. Tree Hugger. Killary. »Weißt du«, ruft meine Schwägerin triumphierend, »dass die mit Saudi-Arabien unter einer Decke steckt, wo Frauenrechte mit Füßen getreten werden? Ausgerechnet du, wo du doch immer für Frauen eintrittst, findest die gut!«

Wenn ich noch einmal höre, dass Obama für alles Schlechte auf der Welt verantwortlich ist (vom Irakkrieg bis zum IS, obwohl beide bekanntlich unter George W. Bush ihren Anfang nahmen) und Trump »einfach sagt, was Sache ist«, dann springe ich in den Pool. Und tauche erst wieder auf, wenn ich auf der anderen Seite des Pazifiks angekommen bin.

Psssst, streng geheim!

Was ich Ihnen jetzt verrate, dürfen Sie bitte nicht weitererzählen. Haben Sie's schon gehört? Die Clintons stecken hinter einem üblen Kinderschänderring, der sich immer in einer Washingtoner Pizzeria zum Missbrauch trifft. Die Beweislage ist erdrückend: Auf der Webseite der Pizzeria sind viele lachende Kinder zu sehen, der Bruder eines engen Clinton-Mitarbeiters isst dort gelegentlich zu Mittag, und in den gehackten Clinton-E-Mails kommt häufig das Wort »Pizza« vor. Sehen Sie, der Kreis schließt sich! Innerhalb von Stunden wurde der Facebook-Post mit dem Link zur Pizzeria mehr als eine Million Mal geteilt, der Besitzer bekam Hunderte von Todesdrohungen, musste das FBI zu Hilfe rufen und schließlich sogar wütende Bewaffnete abwehren. Ein Achtundzwanzigjähriger schoss in der Pizzeria an einem Sonntagnachmittag um sich, fest entschlossen, die armen Kinder aus dem Keller zu befreien, in dem der jahrelange Missbrauch stattfand. Vor Ort musste er aber überrascht feststellen: Die Pizzeria hat gar keinen Keller. Das Einzige, was in diesem Land im

Keller ist, ist die Moral der Menschen, die solch haltlose Verleumdungen weiterverbreiten und damit nicht nur Karrieren, sondern auch Menschenleben gefährden.

Die Polizei nahm dem selbst ernannten Krieger seine halbautomatischen Gewehre ab und verkündete zum hundertsten Mal, dass an den Gerüchten nicht das Geringste stimmte.

Wer nur die Überschriften zu dieser Geschichte las, bei dem blieb hängen: Clinton – ausgerechnet Clinton, die sich zeit ihres Lebens für Kinder engagiert hat – ist eine Kinderschänderin. (Und wer weiß, was sie sonst noch alles zu verbergen hat!)

Schon haben wir sie: eine wunderbare, betörend funkelnde Verschwörungstheorie. Viel zu verführerisch, um da nicht zuzugreifen!

Verschwörungstheorien gab es ja schon immer. Aber bisher wurden sie in kleinen Zirkeln auf obskuren Webseiten diskutiert. Neu ist, dass Amerika einen Präsidenten hat, der Verschwörungstheorien entfacht, beflügelt und retweetet, und dass hochrangige Regierungsmitarbeiter derart haltlose und gefährliche Verleumdungen verbreiten. Den Unsinn von den Kinderschändern tweetete zum Beispiel auch General Michael Flynn, bevor ihn Trump zu seinem Sicherheitsberater ernannte, in Großbuchstaben und mit Ausrufezeichen (»MUST READ!«).

Dabei hätte schon ein flüchtiger Blick auf die Quellen gereicht, um den bodenlosen Gerüchten den, nun ja, Boden zu entziehen. Es gab nicht einmal Verdachtsmomente. In Sachen Verschwörungstheorien sind die Amis spitze. Meine Schwägerin glaubt bis heute, dass Barack Obama in Kenia

geboren wurde und Moslem ist. Wäre das nur eine Außen-
seiteransicht, wäre mir das keine Zeile wert, aber diese Meinung teilt sie mit unglaublichen einundvierzig Prozent der
Republikaner. Beweis: Warum sonst würde er Hussein heißen? Sehen Sie? Eben! Wo Rauch ist, ist auch Feuer. Wo ein
Hussein ist, ist auch ein Islamist nicht weit. Logisch. Aber die
Lamestream-Medien berichten einfach nicht darüber!

Ober-Brandstifter Donald Trump hat seine Politkarriere
schließlich genau darauf begründet: auf dem »Birther«-
Mythos, also der standfesten Behauptung, Obama sei gar kein
amerikanischer Staatsbürger (und damit auch nicht rechtmäßig Präsident). Während sich alle Leichtgläubigen damit
zufriedengaben, dass Barack Obama seine Geburtsurkunde
aus Hawaii vorlegte, wusste Trump, dass daran was faul war.
Diese Ansicht wiederholte er so lange und so eindrücklich,
dass seine Anhänger nun nicht mehr davon abzubringen
sind. Eine Trump-Anhängerin ging gar so weit zu sagen, nur
die Anwesenheit unabhängiger Beobachter bei Barack Obamas Geburt könnte sie eventuell davon überzeugen, er sei
tatsächlich auf Hawaii geboren. Die Frau, die dabei war – seine Mutter – sei natürlich keine glaubwürdige Zeugin, denn
»sie ist ja nicht objektiv. Sie hat ein Eigeninteresse.«

Das Wichtigste bei einer Verschwörungstheorie ist, sie
unbeirrt zu wiederholen. Wissenschaftliche Studien haben
nachgewiesen: Je öfter eine Lüge wiederholt wird, desto
mehr bleibt davon hängen. Der Kern-Satz der »Truthers«,
also der Menschen, die andere Wahrheiten als der Rest der
Welt aufdecken wollen: »Oh, da stimmt was nicht!« Noch
Monate nach dem Amoklauf in der Pizzeria glaubten neun-

undvierzig Prozent der Trump-Fans, an den Kinderschändergerüchten müsse irgendetwas dran sein, denn sonst hätten sie ja nicht so weite Kreise gezogen.

Auch in Deutschland gibt es Menschen, die bezweifeln, die Amis hätten den ersten Mann auf den Mond geschickt und Hitler sei wirklich tot. Womöglich lebt er heute noch an einem geheimen Ort, wer weiß das schon? Aber nur in Amerika glauben mehr als zwölf Millionen Menschen, die Regierung werde von Reptilienwesen kontrolliert, zweiundzwanzig Millionen sind davon überzeugt, Außerirdische seien in der Wüste von New Mexiko gelandet,[68] und 116 Millionen schwören wie Donald Trump, der Klimawandel sei eine Erfindung. Trump hat die Verschwörungstheorie zur politischen Vernichtungswaffe erhoben – aber den fruchtbaren Boden dafür haben vor ihm schon andere bereitet.

Bereits vor fünfzig Jahren schrieb der Historiker Richard Hofstadter in seinem legendären Essay über »den paranoiden Stil in der amerikanischen Politik«. Psychologen wissen, dass die Neigung zu Verschwörungstheorien wächst, je weiter Menschen sich auf die extremen Ränder der Politik zubewegen. Bei Konservativen lässt sich sogar physiologisch nachweisen, dass sie mehr von Angst regiert werden: Ihr Mandelkern im Gehirn ist größer als der von Liberalen, und sie reagieren heftiger auf Bedrohungen, ob echte oder eingebildete.[69] Das hat sich Trump zunutze gemacht: Selbst als längst bewiesen war, dass es nicht stimmte, wiederholte er noch, Tausende von Moslems hätten in Amerika über die Terrorangriffe auf das World Trade Center gejubelt, die Demokraten wollten »auf einen Schlag 600 Millionen Immigranten ins Land lassen«, und die Familienberater von *Planned Parenthood* verscherbelten die abgetriebenen Föten an die Industrie, um sich zu bereichern. Obwohl diese furchteinflößenden Behauptungen widerlegt wurden, gewann am Ende irgendwie doch der, der am lautesten schrie – nicht diejenigen, die die Wahrheit sagten.

Seine Fans glauben Trump. Was in meiner Familie passiert ist, spiegelt nur wider, was in Amerika passiert: extreme Spaltung.

Wie Sie in den anderen Kapiteln schon lesen konnten: Ob Essen, Bildung, Wohlstand, Chancen, Gesundheitsversorgung, Religion, Waffengesetze – die Amerikaner leben in Paralleluniversen. Ohne gemeinsamen Nenner. Kein Wunder, dass es auch in der Politik so ist.

In Deutschland gibt es neben den großen Volksparteien CDU und SPD eine ganze Reihe mehr oder weniger einflussreiche kleinere Parteien: die Grünen, die FDP, die Linken, die AfD, um nur einige zu nennen. Nun stellen Sie sich vor, es gäbe nur die SPD und die AfD, nichts dazwischen. Keine Grünen, die den Umweltverschmutzern und ihren Lobbyisten auf die Finger schauen. Keine Linken, die sich gegen staatliche Bevormundung wehren. Keine echten Konservativen, die es sich auf die Fahne schreiben, traditionelle Werte wie Ethik und Moral hochzuhalten. In Amerika begünstigt das System die beiden großen Parteien – die konservativen Republikaner und die eher liberalen Demokraten. Mini-Parteien wie die amerikanischen Grünen oder die Libertären haben keine Sitze in Parlamenten, und ihr Einfluss geht gegen null. Die jahrelange Blockade-Politik der beiden Großparteien ermöglichte erst den Aufstieg Trumps. Hauptsache, einer zerschmettert den Beton, und sei es mit der Brechstange.

Amerika spaltet sich in die liberalen Küsten und Metropolen mit ihren Künstlern, Intellektuellen und Start-ups – und in die erzkonservativen Staaten dazwischen, in denen die Stahlwerke stillgelegt werden und sich die Farmer mit Waffen eindecken. So polarisiert sich das Land immer stärker.[70] Die Republikaner sind in den letzten Jahrzehnten weit nach rechts gerückt, die Demokraten ein wenig nach links.[71] Durch einen polarisierenden Präsidenten wie Trump werden die Gräben noch weiter aufgerissen.

Das letzte Mal sah ich in Deutschland einen Hitlergruß, als ich vor mehr als zwanzig Jahren für die *Süddeutsche Zeitung* über Rechtsradikale in Ostdeutschland berichtete. Selbst damals zuckte der Neonazi zusammen, als ihn ein Kamerad auf die Anwesenheit der Reporterin aufmerksam machte, und der Arm war in Sekundenschnelle wieder unten.

In Amerika wird er wieder öfter gehoben. Nicht verschämt, sondern ganz offen, direkt in die Kameras. Ist ja in Amerika nicht verboten.

In diesem Buch geht es um Phänomene, die es in Deutschland so nicht gibt. Den Hitlergruß gibt es in Deutschland nur in Hinterzimmern. Bei Rechtsradikalen. Am extremen Rand der Pegida-Gesellschaft. Den Hitlergruß wählt ein Terrorist wie Anders Breivik vor dem Gericht in Norwegen, um maximal zu provozieren. Eine größere Provokation als den Hitlergruß gibt es für mich als Deutsche nicht. Weil er eine Hommage an eine Diktatur ist, die Millionen Menschen das Leben gekostet hat.

Aber es verging kaum eine Kundgebung für Donald Trump, ohne dass irgendein Idiot den rechten Arm streckte. In Chicago zeigte eine Anhängerin in Trump-Shirt den Hitlergruß direkt in die Kameras (und ruderte nach ihrer Identifizierung zurück, das sei nicht so gemeint gewesen). In Tucson war es eine Frau im Ku-Klux-Klan-Kostüm. Trump selbst rief seine Anhänger dazu auf, die rechte Hand zum Salut zu heben, wenn sie ihm ihre Treue schwören. Ein Schelm, wer Böses dabei denkt. »Das ist doch lächerlich«, sagte Trump, als er in der *Today Show* auf das historische Vorbild angesprochen wurde. »Ehrlich, bis zu diesem Gespräch wusste ich nicht, dass es da ein Problem gibt. Ich bin überrascht. Wir haben doch einfach nur Spaß.«

Die Hitler-Vergleiche kommen nicht aus dem Nirgendwo und liegen nicht nur an Trumps hasserfüllter Rhetorik. Seine Ex-Frau Ivana hat über Trump erzählt, er lese immer wieder Hitlers gesammelte Reden. Und dass einer seiner Mitarbeiter die Hacken zusammenschlage, wenn er Trumps Büro betritt, und mit »Heil Hitler« grüße, vielleicht als Anspielung auf Trumps deutsche Vorfahren.[72]

»Eine Weile war es lustig«, findet der Komiker Louis C.K. angesichts von Trumps Brachial-Parolen, »aber der Typ ist Hitler. Und wir sind Deutschland in den Dreißigerjahren.« Sogar Anne Franks Stiefschwester beschuldigte Trump, »wie ein neuer Hitler zu handeln«.

Als »progressiv« oder »links« gilt in diesem Klima schon, wer die Erderwärmung nicht für einen Hoax hält oder sich für eine allgemeine Krankenversicherung ausspricht. Amerika hat mit Trump einen Präsidenten gewählt, der die Verachtung für Fakten zu seiner Strategie erhoben hat. Dass meine amerikanischen Schwiegerlieblinge und ich uns auf keinen gemeinsamen politischen Nenner verständigen können, verdanken wir nicht nur unseren unterschiedlichen politischen Ansichten – die habe ich in meiner deutschen Familie auch, wo grün, SPD und CSU gewählt wird. Über Themen wie Handelsabkommen oder Einwanderung können wir uns gut und gerne streiten. Aber in Amerika kann ich mich mit meiner Familie nicht einmal auf grundsätzliche Fakten einigen: Erwärmt der Klimawandel unsere Erde? Ist Donald Trump ein Brandstifter? Müssen wir unseren Planeten vor den Öl-Ausbeutern schützen?[73]

Trumps Krieg gegen die Wissenschaft ist so beispiellos, dass das Oxford Dictionary das Wort »postfaktisch« zum Wort des Jahres 2016 erklärt hat. Ein Trump-Berater sagte gar: »So was wie Tatsachen gibt es nicht mehr.« Das liegt schon daran, dass wir unterschiedliche Medien nutzen: Trumpkinesen wie meine Verwandten lesen Online-Hetzseiten wie Breitbart und gucken Fox News.

Zu den Paralleluniversen gehören eben auch parallele Medienwelten. Trump hat sich mit übelsten Verschwörungstheoretikern angefreundet und gibt stolz zu, dass seine wichtigste Nachrichtenquelle die rechtsextreme Webseite Breitbart ist. Deshalb hat er auch Breitbarts Chef, Steve Bannon, zu seinem Chefstrategen erklärt und umgibt sich mit anderen Verschwörungsmeistern, die Fake-News-Webseiten lesen, als seien sie die Bibel.

In Deutschland gibt es nichts Vergleichbares. Rupert Murdochs Aushängeschild Fox News ist kein Medienunternehmen, sondern ein Propaganda-Apparat, das seinen Erfolg auf Hass baut. Bill O'Reilly, der quotenstärkste Kopf auf Fox, verglich seinen Sender mit einer Armee: »Wir greifen an. Die anderen spielen in der Defensive, sie sind vorsichtig. Diese Tage sind vorbei.«

Vierundzwanzig Stunden am Tag flackern als *Breaking News* getarnte Slogans über den Bildschirm, bei denen es sich oft genug um Fehlinformationen handelt. Immer wird gerade ein Skandal aufgedeckt, mit der atemlosen Empörung des lodernden Alarmismus. Dass vieles gar nicht stimmt, nun ja, wer recherchiert schon jede Meldung nach, die er in den Abendnachrichten hört?

Tatsächlich stellten Forscher der Fairleigh Dickinson University fest, die über tausend Menschen baten, für ihre unabhängige Studie fünf Fragen zur Innenpolitik zu beantworten: Wer Fox News sieht, ist weniger gut informiert als Menschen, die sich gar keine Nachrichten anschauen. Trump gewann seinen Wahlkampf auch damit, dass er behauptete, die Kriminalitätsraten seien unter Obama explodiert (falsch!) und die Arbeitslosigkeit höher denn je (das Gegenteil war richtig: Obama hatte mehr Jobs geschaffen), aber Fox flimmert ohne Lügenfilter. Fox und Breitbart haben mit Journalismus so viel zu tun wie Tomatenketchup mit Erdbeereis: ähnliche Farbe, aber im Nährwert und Geschmack grundverschieden.

Dass Menschen sich für gut informiert halten, die es eigentlich nicht sind, ist der sogenannte Dunning-Kruger-Effekt. Die Psychologen David Dunning und Justin Kruger von der Cornell University entdeckten das Phänomen 1999.

Sie wurden inspiriert von einem Bankräuber, McArthus Wheeler, der sich für seine Raubzüge das Gesicht mit Zitronensaft einschmierte, weil er gelesen hatte, dass Zitronensaft als unsichtbare Tinte verwendet werden kann. Er glaubte, mit Zitronensaft im Gesicht könnten ihn die Sicherheitskameras nicht aufzeichnen.

Laut Dunning und Kruger liegt das Problem nicht nur darin, dass Menschen falsch informiert sind: Das größte Problem ist, dass sie keine Ahnung haben, dass dem so ist. Im Gegenteil, je mehr Zeit sie in den Fake-News-Schluchten verbringen, desto fester sind sie davon überzeugt, dass allein sie in den Abgründen nach der Wahrheit graben.

Dass Trump das Vertrauen in die traditionellen, recherchestarken Medien erschütterte, war einer seiner größten Coups. Die Enthüllungen über seine windigen Business-Deals, seine sexuellen Übergriffe und die dubiosen Machenschaften seiner Stiftung haben ihm bei seinem Aufstieg nicht geschadet, weil seine Fans den etablierten Medien ohnehin nicht trauen. Wer etwas nicht weiß, wird sich bemühen, die Wahrheit herauszufinden. Wer aber von etwas überzeugt ist, sucht erst gar nicht nach Fakten und filtert anderslautende Informationen einfach aus.

Die zwanzig meistgeklickten Fake News auf Facebook verbreiteten sich weiter als die zwanzig meistgeklickten echten Nachrichten in den drei Monaten vor der US-Wahl 2016.[74] Von diesen zwanzig falschen Nachrichten waren siebzehn positiv für Trump. Die *Breaking News*, dass der Papst sich für Trump ausgesprochen hat, war eine schlichte Lüge, wurde aber mehr als eine Million Mal geteilt. Genauso wie der (falsche) Alarm: »Schon wieder ein Clinton-Insider tot aufgefunden! Der Body Count wächst!«

»Wenn es auf Facebook steht, glauben es die Leute«, sagte Barack Obama, »das schafft diese Staubwolke von Unsinn.«

Die häufigste Klage der Ultrarechten: Die Medien seien alle gleichgeschaltet und würden wichtige Informationen einfach unterdrücken. Man muss nur mal auf eine einzige Trump-Veranstaltung gehen, um die unglaublichsten Skandale aufzudecken: Hillary Clinton hat Parkinson, Multiple Sklerose, Aids oder vielleicht auch alles zusammen. Möglicherweise ist sie sogar schon tot, und eine professionelle Schauspielerin verdingt sich als ihre Doppelgängerin. Unglaublich, aber wahr! Als Jordan Klepper, der Reporter der *Daily Show*, Trump-Anhängern zwei Fotos von Clinton unter die Nase hielt, fiel es vielen leicht, die Doppelgängerin zu entlarven: Narben am Hals und ein verräterisches Mal an der Wange. (Der Haken: Die beiden Fotos waren absolut identisch.) Noch schlimmer: Oberverschwörer Alex Jones, den Trump öffentlich bestärkte, enthüllte, dass Obama und Clinton Dämonen sind und nach Schwefel riechen.

Über die wilden Gerüchte könnte man sich lustig machen, wäre es nicht erschreckend, wie viele Menschen gar keine Tatsachen brauchen, um sich ihre Meinungen zu bilden. Besonders erhellend sind die Late-Night-Shows, die gerne ihre Reporter auf die Straße schicken, um die Amerikaner zu den jüngsten Ereignissen zu befragen:

Comedian Jimmy Kimmel hat den *Lie Witness News*, also den »Lügenzeugen-Nachrichten«, gar ein eigenes Segment gewidmet. In einer *Donald Trump Edition* konfrontierten

Kimmels Reporter Spaziergänger mit völlig erfundenen Details aus Trumps aktueller Steuererklärung, die er bekanntlich nie veröffentlicht hat: »Ändert es Ihre Meinung über Trump, dass er statt 10 Milliarden nur 42.000 Dollar besitzt?«

»Das ändert meine Meinung über ihn überhaupt nicht«, sagte eine junge Frau mit einer wegwerfenden Handbewegung. »Wir schwindeln doch alle ein bisschen.«

Mein Lieblingszeuge ist der Mann im roten *Make America Great Again*!-T-Shirt, der Barack Obama verdächtigt, hinter den Terroranschlägen des 11. September zu stecken. Beweise? »Na, Facebook, Twitter, es steht doch überall!« Der Mann verfügt über überzeugende Argumente, dass Obama bei dem Attentat auf das World Trade Center eine große Rolle spielte. »Warum war Barack Obama am 11. September 2001 nicht im Weißen Haus? Das«, sagt der Trump-Fan düster, »würde ich gerne herausfinden. Da muss man tief graben.«

Oder auch einfach nur mal nachrechnen: Der Grund, dass Obama im September 2001 nicht im Weißen Haus war, mag darin liegen, dass er erst 2009 Präsident wurde. Hätte er schon acht Jahre vor seiner Wahl versucht, sich Zutritt zum Oval Office zu verschaffen, hätte ihn der Secret Service vermutlich hinausgeworfen.

Aber wahrscheinlich war das Teil seiner Verschleierungstaktik, damit er für 2001 ein Alibi hatte. Ganz wichtig: Lassen Sie sich bei Verschwörungstheorien nicht von Tatsachen beirren. Wo kämen wir hin, wenn wir nur noch an Fakten glauben könnten? Amerika ist zwar verrückt, aber ganz so verrückt dann doch wieder nicht.

Donald Trump hat recht:
Die US-Wahl wurde manipuliert

Dass Trump die Wahl gewann, war für viele ein Schock. Dann hieß es überall, die Demokratie werde schon stark genug sein, einen Demagogen wie Trump auszuhalten. Barack Obama predigte bei seinem letzten Staatsbesuch in Griechenland: »Die amerikanische Demokratie ist größer als jeder Einzelne.«

Aber ist sie das? Wie großartig ist die amerikanische Demokratie? Wie gut funktioniert sie?

Und was macht sie aus?

Zunächst einmal bedeutet Demokratie, dass alle gleichberechtigt wählen dürfen. Dass die Wählergruppen entsprechend proportional in der Regierung vertreten sind. Dass die Gewaltenteilung funktioniert. Dass man sich mit Geld keine Gesetze erkaufen kann. Dass Bürger mit ihren Anliegen bei ihren gewählten Vertretern Gehör finden. Demokratie ist auch eine Wertegemeinschaft, die ihre Mitglieder achtet und schützt.

15 Gründe, warum Amerika keine Demokratie mehr ist

Also, Amerika, wie hältst du's mit der Demokratie? Nach allem, was ich bei der Präsidentschaftswahl 2016 beobachtet habe, hat sie zahlreiche Brüche. Hier sind fünfzehn große Risse, die mit bloßem Auge zu erkennen sind:

1. **Wahlschlangen.** Eine halbe Meile stauten sich die Wahlwilligen um den Block im kalifornischen Culver City, mit Wartezeiten von drei bis vier Stunden. Kein Einzelfall: Jeder zehnte Wähler musste länger als dreißig Minuten warten. Wissen Sie, wer keine Zeit hat, stundenlang auf Demokratie zu warten? Genau, die einkommensschwachen Familien, die ohnehin schon Kinder, diverse Raten und drei Jobs jonglieren.

2. Kein Wunder, dass die **Wahlbeteiligung** so miserabel ist. 100 Millionen wahlberechtige Amerikaner haben nicht gewählt. In Deutschland macht sich schon Panik breit, wenn die Wahlbeteiligung mal auf gut 70 Prozent sinkt. In Amerika dagegen bleibt fast die Hälfte der Wähler zu Hause. 43 Prozent gehen nicht wählen. Das hat nicht nur mit Politikmüdigkeit zu tun.

3. Es ist verdammt umständlich, mühsam und bürokratisch, in Amerika zu wählen. Erst muss man sich extra als Demokrat, Republikaner oder Unabhängiger registrieren lassen (mit Fristen, die in jedem Bundesland anders sind), damit man überhaupt wählen darf.[75] Davor schrecken viele zurück, unter anderem, weil die **Wahlregistrierung** auch die Methode ist, über die sich die Gerichte die Besetzung für die ungeliebte Jury-Pflicht suchen.

4. Hillary Clinton bekam fast drei Millionen Stimmen mehr als Donald Trump. Aber Präsident wurde Trump. Warum? Weil der Präsident nicht direkt gewählt wird, sondern von

Wahlleuten, dem sogenannten **Electoral College**. Dieses Kollegium, das sich die Gründungsväter vor 229 Jahren als Zugeständnis an die Sklavenhalter ausdachten, bestimmt bis heute den Wahlausgang. 2016 geschah es zum fünften Mal in der amerikanischen Geschichte, dass der Politiker mit den meisten Stimmen verlor. Vor Clinton war es zuletzt Al Gore. Wenn Sie sich zurückerinnern an das Drama von 2000: Mehrere unabhängige Organisationen kamen zu dem Schluss, Gore hätte die Wahl gewonnen, wenn der Oberste Gerichtshof die Stimmenauszählung in Florida nicht gestoppt hätte. »Die Präsidentschaft ist das einzige Amt, für das man mehr Stimmen bekommen und trotzdem verlieren kann«, sagt die demokratische Senatorin Barbara Boxer. »Das Wahlkollegium ist ein überholtes, undemokratisches System, das unsere moderne Gesellschaft nicht reflektiert, und es muss sich sofort ändern. Allen Amerikanern sollte garantiert werden, dass ihre Stimmen zählen. Eine Person, eine Stimme!« Sogar Trump tweetete 2012, das Wahlkolleg sei »ein Desaster für die Demokratie«. Von dem er dann profitierte.

5. **Stimmen zählen nicht gleich viel.** 50 Prozent der Amerikaner leben in einem Bundesstaat, der eindeutig republikanisch oder demokratisch ist. Die Wahl ist in mehr als der Hälfte der Bundesstaaten de facto schon entschieden, bevor überhaupt der Erste seine Stimme abgegeben hat. Deshalb gehen viele erst gar nicht zur Wahl. Wozu sich die Mühe machen, wenn es am Ergebnis eh nichts ändert? Diese Bundesstaaten haben auch keinen Grund, Wählerbeteiligung zu

ermutigen: Sie bekommen die immer gleiche Zahl an Wahlleuten, egal wie viele Leute wählen. Die Stimmen in den be-
völkerungsreichsten Staaten haben mit diesem System weniger Gewicht als die Stimmen in den bevölkerungsarmen.
Konkret: Eine Stimme in Wyoming zählt mehr als dreimal
so viel wie eine kalifornische. Ein weißer Bauer im »Rostgür-
tel« hat mehr Einfluss als ein Schwarzer in einer Küstenstadt.
Etwas zugespitzt formuliert: 80 Prozent der Amerikaner
leben in den Städten, aber die 20 Prozent auf dem Land entscheiden, wer regiert.[76] »In einer Demokratie zählt jede
Stimme gleich viel, unabhängig vom Alter, von der Rasse,
dem Einkommen, der Religion oder dem Wohnort«, sagt
Douglas McAdam, Soziologie-Professor in Stanford. »Aber
die Stimmen in *Swing States* zählen ganz klar viel mehr als
die in Kalifornien oder Texas. Ich verstehe nicht, warum wir
zu diesem Zeitpunkt noch an einem Prinzip festhalten, das
nicht auf Gleichheit beruht.«

6. Das sogenannte »**Gerrymandering**« ist ein Hobby der
Regierungsparteien, für das sich nur eingefleischte Politik-
freaks interessieren, das aber tatsächlich Wahlen entscheidet
(deshalb machen sie's ja). Was ist Gerrymandering? Das
Definieren von Wahlbezirken. Idealerweise ziehen die Regierungsparteien die Bezirksgrenzen so, dass es ihre Kandidaten begünstigt. Die Gerichte stoppen immer wieder mal die
gröbsten Exzesse, so hat etwa das Gericht von Wisconsin die
Neudefinition von drei Wahlbezirken für illegal erklärt, aber
viele Änderungen gehen ohne Prozesse durch.

7. Sechs Millionen Amerikaner – immerhin 2,5 Prozent der Wahlberechtigten – haben ihre **Bürgerrechte** verloren. Warum? Weil sie im Gefängnis sitzen oder saßen. Dass konservative Staaten wie Florida Ex-Häftlingen das Wahlrecht verweigern, selbst wenn sie ihre Strafen schon lange abgesessen haben oder für Dinge verhaftet wurden, die längst nicht mehr strafbar sind (wie den Besitz von Cannabis), kann unter Umständen das Zünglein an der Waage sein. Wenn ich in Amerika erzähle, dass die meisten deutschen Gefängnisinsassen selbstverständlich wählen dürfen (es sei denn, das aktive Wahlrecht wurde ihnen vom Richter ausdrücklich entzogen), fallen Amerikaner aus allen Wolken.

8. 2016 war die erste Präsidentenwahl, seit der Oberste Gerichtshof den *Voting Rights Act* ausgehebelt hat, also den **Schutz der Wählerrechte**. Republikaner entschieden in mehreren von ihnen kontrollierten Staaten, Hunderte Wahlstellen zu schließen und strengere Regeln für Frühwähler einzuführen. Zudem bestehen sie nun darauf, dass sich die Wähler nach ganz bestimmen Kriterien ausweisen, vor allem in Gegenden, in denen viele Afro-Amerikaner, Latinos und Studenten wählen. Beispiel Wisconsin: Trump gewann dort mit nur 22.000 Stimmen Mehrheit, aber 30.0000 registrierte Wähler erfüllten die Kriterien der strengeren Identifikationsgesetze nicht. So hatte etwa die neunzig Jahre alte Christine Krucki in jeder Präsidentschaftswahl seit 1948 gewählt und freute sich darauf, 2016 zum ersten Mal für eine Frau zu stimmen. Sie durfte aber nicht, und zwar wegen eines Formfehlers: Ihre Geburtsurkunde und ihre Eheurkunde buchsta-

bierten ihren Geburtsnamen unterschiedlich. Als sich die achtzehnjährige Treasure Collins mit einer Kopie ihrer Geburtsurkunde und ihrer Sozialversicherungsnummer registrieren lassen wollte, wurde sie abgewiesen. Sie müsse das Original ihrer Geburtsurkunde beibringen, hieß es plötzlich. Das war innerhalb der Fristen nicht zu schaffen, und Collins durfte nicht wählen. Diese beiden sind keine Einzelfälle. Die Wahlbeteiligung war unter anderem wegen der neuen Regeln in Wisconsin so niedrig wie seit zwanzig Jahren nicht mehr. In North Carolina fand ein Gericht, der *US Court of Appeals*, die verschärften Regeln »zielten mit fast chirurgischer Präzision auf schwarze Wähler«. 185 Wahllokale wurden dort geschlossen, und zwar in Gebieten mit überwiegend schwarzer Bevölkerung. »Die jüngsten Gesetzesänderungen wurden oft durch Parteiinteressen motiviert und schaffen ungebührliche Hindernisse für Wähler«, erkannten die internationalen Wahlbeobachter der *Organization for Security and Cooperation in Europe* (OSCE).[77] »Das Wahlrecht wird nicht allen Bürgern garantiert.«

9. In diesem System sind viele **Bürgeranliegen nicht proportional vertreten**, gerade unter der Trump-Regierung, weil die Republikaner auch den Kongress und den Senat kontrollieren. Ein Beispiel: Umweltschutz. Die Mehrzahl der Amerikaner hält den Klimawandel inzwischen für ein ernsthaftes Problem und wünscht sich, dass ihre Volksvertreter es ernst nehmen. Aber der gewählte Präsident, sein Vize Mike Pence und die Öllobbyisten, denen Trump die Umweltbehörde übertrug, halten den Klimawandel trotz aller Fakten

für einen Hoax. Ihr Ziel ist, die sowieso schon schwachen Umweltgesetze auszuhebeln, Pestizide zu deregulieren und der Kohle-Industrie ein unverdientes Revival zu verschaffen – alles Maßnahmen, die Generationen von Menschen und der ganzen Welt schaden.

10. Das erbärmliche Gerangel um den *Supreme Court*, den Obersten Gerichtshof. Als im Februar 2016 der konservative Jurist Antonin Scalia starb, wollte Barack Obama den allseits geachteten Merrick Garland zu seinem Nachfolger ernennen. Selbst die Republikaner hatten Garland kurz zuvor noch in den höchsten Tönen für seine Qualifikation gelobt. Dennoch verweigerten sie ihm fast ein ganzes Jahr lang eine Anhörung, um später einen konservativeren Kandidaten durchsetzen zu können. Sie gingen sogar so weit, laut zu überlegen, im Falle eines Sieges von Hillary Clinton mit ihrer Senatsmehrheit die Ernennung eines Supreme Court Richters während ihrer ganzen Regierungsperiode zu verweigern. Das zeigt: Die **Gewaltenteilung funktioniert nicht mehr.** Sie ist zum Spielball der Parteipolitik geworden. Mit der Mehrheit im Senat kann sich die Trump-Regierung nach Belieben rechte Richter ihrer Wahl suchen, natürlich auf Lebenszeit. Das heißt: Auch wenn sich die Mehrheit der Amerikaner für ein Recht auf Abtreibung einsetzt, können die Republikaner den Obersten Gerichtshof so weit nach rechts rücken, dass Abtreibung wieder strafbar wird.

11. Demokratie bedeutet, dass auch **kritische Medien** ihre Arbeit machen dürfen. Trump droht, Medien zu verklagen,

die negativ über ihn berichten. Seine Angriffe auf angesehene Zeitungen wie die *New York Times* oder die *Washington Post* sind für einen Präsidenten beispiellos, ebenso seine Versuche, Reporter zu beeinflussen. Starreporterin Megyn Kelly musste sich Leibwächter zulegen, nachdem sie Trump einige kritische Fragen gestellt hatte. Bei Trump-Rallys tragen Trump-Anhänger T-Shirts mit Slogans wie »Baum, Strick, Journalist. Die Montage musst du selbst übernehmen.«

12. Freie Wahlen dürfen nicht **von fremden Mächten beeinflusst** werden. CIA und FBI kamen zu dem Schluss, dass russische Hacker die Server der Demokraten hackten, um die Wahl pro Trump zu beeinflussen. Admiral Michael Rogers, Chef des Geheimdienstes NSA (*National Security Agency*), gab zu: »Da sollte keiner irgendeinen Zweifel haben: Das war nichts, was beiläufig oder zufällig passierte, und die Opfer wurden nicht willkürlich ausgesucht. Das war ein bewusster Versuch eines Staates, ein ganz bestimmtes Ziel zu erreichen.« My Pasdrawlájim, Putin! Herzlichen Glückwunsch!

13. Die internationalen Wahlbeobachter, etwa der OSCE[78], fanden zahlreiche Probleme, unter anderem stellten sie fest, dass dreizehn Prozent der **elektronischen Wahlcomputer** nicht richtig funktionierten. Das betrifft fast jede achte Stimme.

14. **Unzulässige Beeinflussung.** Die (falsche) Ankündigung von FBI-Direktor James B. Comey wenige Tage vor den

Wahlen, das FBI habe weitere E-Mails gefunden, die Clinton belasteten, brachten Clintons Umfragewerte zum Einstürzen, nachdem sie monatelang in allen Umfragen vorne lag. Tagelang schrien die Schlagzeilen »CLINTON EMAIL REVELATIONS!!!«, obwohl es gar nichts Inkriminierendes zu enthüllen gab. Gleichzeitig unterdrückte Comey den Verdacht, der russische Staatspräsident Putin versuche, die Wahl zugunsten Trumps zu beeinflussen. Er weigerte sich, konkreten Hinweisen auf die russischen Kontakte Trumps nachzugehen.

15. **Geld in der Politik**. Dabei haben wir noch gar nicht von den irrsinnigen Summen gesprochen, die in die Politik fließen, seit der Oberste Gerichtshof unbegrenzte und anonyme finanzielle Spenden an Politik-Kampagnen erlaubt. Kaum ein Politiker kann es sich noch leisten, die Interessen der großen Konzerne und ihrer Lobbyisten zu ignorieren – aber die Bürger haben nicht einmal das Recht zu erfahren, wer wen finanziert.

Seine Rede in Griechenland schloss Barack Obama mit dem Appell: »Fortschritt ist keine Garantie. Fortschritt muss sich jede Generation verdienen. Wir Bürger der Welt sind verantwortlich dafür, den Bogen der Geschichte hin zur Gerechtigkeit zu biegen. Das geht durch Demokratie.« Die wichtigste Rolle sei nicht die des Präsidenten, sondern »die des Bürgers«.

Nun haben die Bürger eine riesige Aufgabe: *Make America's Democracy Great Again*!

17. Tierisch amerikanisch: Gut gebrüllt, Löwe!

Nirgendwo sind mehr Menschen auf den Hund gekommen als in Amerika

In diesem Kapitel erfahren Sie,

- Dass es in Amerika einfacher ist, sich einen Löwen als Haustier zuzulegen als ein Auto
- Wie Sie Ihren Hund wie die Kardashians mit Silikonimplantaten zum ganzen Kerl machen können
- Wie viele Tiere ein Hundeleben führen

Wenn der Bieber mit dem Tiger

»Was ist denn das braun Gestreifte, das da gerade in den Büschen verschwand?«, fragte Erin Poole ihren Freund in Conroe, Texas. Jonathan Gessner bremste den Wagen, rief »Ich werde es fangen!« und rannte todesmutig hinterher. Tatsächlich, ein Tiger, aber zum Glück ein freundlicher! »Ich ging auf ihn zu, und er rannte direkt zu mir, küsste mich ins Gesicht und leckte mich«, erzählte er anschließend dem Lokalfernsehen. Der Tiger trug Halsband und Leine, und Gessner griff kurz entschlossen zu, bis die Polizei eintraf. Mit gut fünfundvierzig Kilo wog das junge Tigerweibchen zwar nur etwas mehr als mein Hund, ist aber vermutlich nicht ganz so leicht Gassi zu führen.

Kaum hatten die Hundefänger den Tiger abgeholt und ins Tierheim verfrachtet, meldete sich der Besitzer, ein gewisser Cody Tibbits. Es müsse wohl, nuschelte der junge Texaner, wegen der jüngsten Unwetter »jemand eine Tür offen gelassen haben. Ich weiß es nicht.«[79] Dann zeigte er ein Video von sich, in dem er beim Fernsehen die Beine hochlegt und das Tigerjunge – es heißt Nahla – brav wie ein Plüschtier auf dem Fußhocker neben ihm fernsieht.

Tibbits spricht so atemberaubend naiv, als sei er gerade aus einer »Hangover«-Szene entlaufen. In dem Klamaukfilm findet Zach Galifianakis bekanntlich einen Tiger in seinem Hotel-Badezimmer und kann sich nicht daran erinnern, dass er ihn in der Nacht zuvor aus Mike Tysons Privatzoo geklaut hat.

Dass in Texas Tiger in Kleinstädten spazieren gehen, ist abenteuerlich, aber noch nicht einmal der irrsinnigste Aspekt dieser Geschichte. Das Erstaunlichste ist, dass gar nicht klar ist, ob damit überhaupt ein Gesetz gebrochen wurde. Sich wilde Tiere als Haustiere zu halten ist nämlich in Texas (und sieben anderen amerikanischen Bundesstaaten) legal. »Es ist einfacher, sich für achtzig Dollar eine Lizenz für einen Tiger zu kaufen als ein Auto«, sagt Tammy Thies, die Gründerin des *Wildcat Sanctuary* in Sandstone, Minnesota, über den Katzenjammer. Thies rettet die traumatisierten Tiere, wenn sie den Besitzern über den Kopf wachsen. Sie schätzt, dass 10.000 bis 20.000 Raubkatzen in Amerika in privater Hand sind. Genau weiß es keiner, weil niemand zählt. »Gerade war wieder ein Berglöwenjunges gratis in den Kleinanzeigen angeboten, Tigerbabys werden auf Supermarktparkplätzen verkauft und auf Messen für exotische Katzen.« In Massillon, Ohio, gibt es einen High-School-Football-Verein, der seit fünfundvierzig Jahren für jede Saison wieder ein neues Tigerbaby als Maskottchen über das Sportfeld schleift und zur Erheiterung der Fans mit ihm auf Tournee geht.

Wenn dann ein minderintelligentes Teenie-Idol wie Justin Bieber auf der Verlobungsparty seines Vaters einen ausgewachsenen Tiger streichelt und damit auf Instagram prahlt,[80] will er vermitteln: Ich bin ein cooles Party-Tier. Sagt aber in Wahrheit nur: Es ist mir schnurzegal, wie sehr dieses Tier leiden musste, damit es als Partydekoration herhalten kann.

Der Besitzer dieses Tigers, der auch für Hollywoodfilme wie »Life of Pi: Schiffbruch mit Tiger« Großkatzen zur Verfügung stellt, wurde laut der Tierschutzorganisation PETA

dabei erwischt und gefilmt, wie er einen jungen Tiger ver-
prügelte.[81]

»Diese Tigerbabys werden ihren Müttern Tage nach der
Geburt weggenommen, damit sie sich an Menschen gewöhnen«, erzählt Tammy Thies. »In der Wildnis würden sie zwei
Jahre bei ihrer Mutter bleiben.« Oft werden sie unter Drogen
gesetzt oder mit Schlägen gebrochen, damit sie auf Partys
brav bleiben. »Das geht meistens einige Jahre gut, aber wenn
sie älter werden, sind diese Tiere tickende Zeitbomben, und
wenn ein Löwe oder Tiger einmal aggressiv geworden ist,
verrotten sie den Rest ihres Lebens irgendwo in einem kleinen Käfig. Das bekommt die Öffentlichkeit nicht mit.« In
ihrem Schutzpark erholen sich derzeit neunundneunzig
Raubkatzen. »Manche von ihnen hatten noch nie zuvor Gras
unter den Pfoten, vielen von ihnen wurden Zähne und Kral-
len gezogen, damit sie weniger gefährlich sind. Die meisten
haben Arthritis, weil sie in viel zu engen Käfigen gehalten
wurden.« Der Teufelskreis aus Tiger-Maskottchen, Selfies
und Partyvermietung sei eine lukrative Multi-Millionen-
Dollar-Industrie. Die Biebers und Kardashians dieser Welt,
all die Rapper, Football-Stars und Touristen, die gerne mit
Tiger-Selfies ihre Instagram-Follower beeindrucken wollen,
fragt Thies eindringlich: »Ist es dieses eine coole Foto wirklich wert? Das Foto dauert einen Moment, aber Tiger leben
zwanzig Jahre, und die wenigsten verschwenden einen Gedanken daran, was nach der Aufnahme mit den Katzen geschieht.«

Justin Bieber hat bekanntlich bereits einen Affen in
Deutschland zurückgelassen, der sich nun in einem Ort mit

dem schönen Namen Hodenhagen von seiner kurzen Freundschaft mit dem Superstar erholt. Mir gefällt eher die Idee eines Bieber- oder Kardashian-Streichel-Zoos. Wie viel Geld man damit für einen guten Zweck verdienen könnte, diese seltenen exotischen Exemplare öffentlich zur Schau zu stellen!? Den Rest des Jahres würden sie natürlich in engen Käfigen gehalten, damit sie sich nicht zum wilden Affen machen und für die Öffentlichkeit kein Risiko darstellen.

Wie es Haustieren in Amerika wirklich geht

Amerikaner lieben ihre Hunde, zumindest sieht es auf den ersten Blick so aus. Jeder dritte Haushalt ist auf den Hund gekommen (in Deutschland nur jeder fünfte). Es leben fast achtzig Millionen Hunde und neunzig Millionen Katzen in Amerika. Das sind mehr als in jedem anderen Land der Welt – sowohl in absoluten Zahlen als auch per Einwohner. Amerikaner geben auch fünfmal so viel Geld für ihre Vierbeiner aus wie Europäer. Allein auf meinem kleinen Wochenmarkt um die Ecke verkaufen drei Stände glutenfreien Hundekuchen und biologisch zertifizierte Kekse. Wenn ich wollte, könnte ich meinem Hund im Hunde-Spa die extra Ganzkörpermassage mit Haferflockenshampoo, »Star-Styling« und Zähnebleichen gönnen. Es gibt Fünf-Sterne-Luxushotels für Hunde mit »Präsidenten-Suite«, Flachbildfernseher, Chauffeurservice und Modeboutiquen mit Swarovski-besetzten Glitzerhalsbändern, ja, sogar »Haute Dog Runway Fashion Shows« im Fünf-Sterne-Hotel Peninsula in Beverly Hills, von denen sich Gucci ein paar Rüschen abschauen könnte. Ich habe tatsächlich vor Kurzem in Los Angeles bei einem Hunde-Ernährungsberater einen reinrassigen schwarzen Pudel kennengelernt, der von seinem eigenen Chauffeur zum Park, zum Friseur und zum Hunde-Restaurant kutschiert wurde. Ich könnte meinem Border Collie sogar Silikonimplantate für seine Hoden spendieren, sogenannte Neuticles, damit er sich nicht so kastriert fühlt. Seit der Kardashian-Clan das mit Boxer Rocky machen ließ, steigen die Absätze.

Das ist die eine Seite.

Die andere: Nur einer von zehn Hunden bleibt sein ganzes Leben lang bei der gleichen Familie. 7,6 Millionen Haustiere landen laut der *American Society for the Prevention of Cruelty to Animals* (ASPCA), der Amerikanischen Gesellschaft gegen Tierquälerei, jedes Jahr in amerikanischen Tierheimen (3,9 Millionen Hunde und 3,4 Millionen Katzen plus Meerschweinchen, Hasen und andere Kleintiere). Vielleicht, weil die Familie umzieht, doch nicht genügend Zeit für Waldi hat oder nicht die Geduld aufbringt, den temperamentvollen Welpen richtig zu erziehen.

Und hier zeigt sich, dass Max und Duke aus dem Animations-Kassenschlager »Pets: Das geheime Leben der Haustiere« guten Grund haben, mit allen Mitteln aus dem Tierheim auszubrechen: Mehr als ein Drittel der Hunde und vierzig Prozent der Katzen kommen aus dem Tierheim nicht mehr lebendig heraus. In amerikanischen Tierheimen werden jedes Jahr fast drei Millionen Hunde und Katzen eingeschläfert. Das sind achttausend pro Tag.

Man muss nur eines der Tierheime in Los Angeles besuchen, um zu begreifen, wie kaputt dieses System ist. In den dreckigen Betonzwingern von Baldwin Park bellen und miauen Hunderte von Hunde und Katzen um Aufmerksamkeit: Der zehn Monate alte Labrador Werner springt in seinem Gehege auf und ab, als habe er noch nicht begriffen, dass die Familie, die ihn als Welpe adoptierte, nicht mehr wiederkommt; der acht Monate alte Husky Mosey wedelt mit dem Schwanz, als gäbe es kein Morgen; der neun Jahre alte Pitbull Danger hat sich in die Ecke verkrochen, als wüsste er schon, dass er hier ein kaltes Ende findet; ein zwölf Jahre alter, mit Flöhen übersäter Chow-Mix wird gerade von seinem Besitzer abgegeben, »weil er alt ist«, und so geht das Reihe um Reihe, Gebäude um Gebäude.

Ältere Hunde, Tiere mit gesundheitlichen Problemen, sogenannte »Kampfhund«-Rassen, Hunde, die den (fragwürdigen) »Freundlichkeits-Test« nicht bestehen, und Hunde, die dem Stress des Tierheims nicht gewachsen sind und die Pfleger auch nur anknurren, sind de facto schon so gut wie tot, wenn sie die Türschwelle des Tierheims überschreiten.

Aber auch der süße Husky-Welpe, die reinrassige, trächtige Schäferhündin und der liebenswerte Boxer mit dem niedlichen Knautschgesicht, die doch eigentlich gut vermittelbar wären, werden den Tag nicht überleben. Es muss Platz geschaffen werden für die Neuankömmlinge von morgen. Nachdem die Besucher des Tages wieder verschwunden sind, werden die Tiere vergast oder mit einer Spritze getötet.

Den meisten Amerikanern ist nicht klar, dass das Massensterben nicht normal ist. Einer der Gründer der amerikanischen Tierschutzorganisation *Best Friends*, Francis Battista, erzählt von seinen Anfangstagen, als ihm eine Gruppe junger deutscher Touristen eine abgemagerte streunende Katze mit einem Wurf halb toter Jungen brachte. Battista zeigte ihnen stolz seinen großen Gnadenhof, und die Deutschen staunten darüber, dass er Hunderte von Hunden und Katzen auf der Ranch hielt. Wo die herkämen? Aus dem Tierheim. Warum er sie denn alle aus dem Tierheim gerettet hätte, wollten die Deutschen irritiert wissen. Weil sie sonst alle tot wären, antwortete Battista. Es dauerte eine Weile, bis sich der verdutzte Amerikaner und die entsetzten Deutschen verständigt hatten. Die Deutschen konnten nicht glauben, dass die Amerikaner all diese Tiere in den Heimen umbringen, und der Amerikaner konnte nicht fassen, was ihm die deutschen Touristen erzählten: Dass das Umbringen von gesunden Haustieren in Deutschland gesetzlich verboten ist.

Das war, sagt Battista, »ein epischer Aha-Moment. Das Töten von Haustieren in Heimen ist also vermeidbar! Natürlich gibt es zwischen Amerika und Deutschland Unterschiede, aber wir Amerikaner lieben unsere Haustiere genauso wie die Deutschen. Wie also können wir dieses Modell nach Amerika bringen?« Seitdem verfolgt *Best Friends* das Ziel, »No Kill« in ganz Amerika durchzusetzen.

Zum Vergleich: Auch in Deutschland sind die Tierheime überfüllt. Jedes Jahr landen etwa 75.000 Hunde und 132.000 Katzen in deutschen Tierheimen. Nur rund drei Viertel der Tiere finden innerhalb eines Jahres ein neues Zuhause. Aber selbst die schwer vermittelbaren Tiere werden nicht wegen Platzmangel umgebracht. Im Gegenteil, das ist sogar illegal:

Nur in absoluten Ausnahmefällen, zum Beispiel wenn ein Hund unter starken Schmerzen leidet oder trotz Verhaltenstrainings eine akute Gefahr darstellt, darf er von einem Tierarzt eingeschläfert werden.

In Amerika dagegen ist die Massentötung Alltag. Private und staatliche Rettungsorganisationen stemmen sich gegen die Flut von »weggeworfenen Haustieren«, starten Infokampagnen und gründen kostenlose Kastrierungskliniken. Promis wie Bradley Cooper, George Clooney und Ellen DeGeneres rufen dazu auf, Tiere statt vom Züchter aus dem Tierheim zu adoptieren. Da sitzen nämlich auch erstaunlich viele reinrassige Schäferhunde, Dobermänner und Dackel. Und das »No Kill LA«-Tierheim von *Best Friends* in Santa Monica sieht nicht verrottet und verrostet aus wie die überfüllten Zwinger der städtischen Heime, sondern sauber und geräumig wie eine erstklassige Hunde-Boutique.

In Los Angeles gilt deshalb, man glaubt es kaum, die Tötungsrate von über dreißig Prozent als Erfolg: Vor wenigen Jahren lag sie noch bei über sechzig Prozent.

Um »No Kill« auch in Amerika Wirklichkeit werden zu lassen, müsste nur jeder Zweibeiner, der »Das geheime Leben der Haustiere« sieht, einen Vierbeiner aus dem Tierheim adoptieren. Damit aus dem geheimen Sterben der Haustiere ein gutes Leben wird.

18. Wild Wild West: Randsportart Umweltschutz

Wer kann diesen Kulleraugen widerstehen?

In diesem Kapitel erfahren Sie,

- Warum Deutschlands Zoolieblinge, die kalifornischen Seelöwen, in ihrer Heimat in der Krise stecken
- Wie der kleine Megaheld Thor einer Katastrophe trotzt
- Warum ich mit einer negativen Ladung im Kofferraum durch die Stadt fahre
- Bonus: Die Spielregeln des doppelten Dosenpfandsaltos im Braunglasweitwurf

Goodbye, Robbie!

Das Allererste, was ich am Morgen mache – gleich nachdem ich einen starken Kaffee getrunken habe – ist, zum Strand zu laufen. Früher, um den Sonnenaufgang zu beobachten. Nun, um zu sehen, ob wieder ein halb verhungerter Seelöwe an-geschwemmt wurde. Als dies zum ersten Mal passierte und ich nicht genau wusste, was ich tun sollte, wurde ich frei-willige Helferin beim *California Wildlife Center*.

Vor Chris Hemsworths Haus in Malibu liegt schon wieder einer: diesmal ein neun Kilo schwerer Seelöwenjunge, die schwarzen Knopfaugen ängstlich auf den dreiköpfigen Trupp gerichtet, der da mit Netzen und einem Käfig über die Felsen anrückt. Zur Flucht ist er schon zu entkräftet, aber er richtet sich protestierend auf und quäkt lautstark, als könne er da-mit die drohende Verhaftung abwenden. »Schau, wie die Nackenknochen heraustechen und wie seine Haut Falten schlägt. Der müsste eigentlich mindestens das Doppelte wie-gen und rund wie ein Bierfass aussehen«, sagt Jonsie Reynolds Ross vom *Wildlife Center*. Zack, stülpt sie mit einer raschen Armbewegung ein Fischernetz über das Junge, und gemeinsam mit ihren Assistenten schiebt sie es in den mit-gebrachten Hundekäfig. »Versuch das bloß nicht auf eigene Faust«, warnt sie, »die Kleinen schauen zwar niedlich aus, aber ihr Biss ist zehnmal kräftiger als der eines Hundes. Die können dir mit einem Biss die Knochen deiner Hand bre-chen.«

Chris Hemsworth hat den Rettungsdienst gerufen. In Hollywood hat er als Reinkarnation des unbezwingbaren Mega-Helden Thor die Erde vor den Eisriesen bewahrt, aber hier, an seinem Zweitwohnsitz in Malibu, ist selbst ein durchtrainierter Superstar angesichts der Katastrophe machtlos.

Oben, auf den Klippen der Landzunge Point Dume, sprießen die Paläste der Erfolgreichen. Chris' Bruder Liam, Bob Dylan, Miley Cyrus, Matthew McConaughey, Pink und viele andere Stars genießen hier den Panoramablick auf den Pazifik. Fast direkt unter den Prachtbauten ziehen die Buckelwale auf dem Weg nach Nordkalifornien vorbei und grüßen mit ihren Schwanzflossen; ein Dutzend Delphine springt durch das Meer. Das ist, was ich an Kalifornien so sehr liebe: Man muss bloß einige Kilometer aus dem Moloch Los Angeles rausfahren und steht mitten im Paradies. Aber nur hundert Meter weiter, unten bei den Felsen, verwandelt sich die Idylle in einen Friedhof. Neun abgemagerte Seelöwenjunge zählt Ross, nur drei davon wird sie heute mitnehmen können, die anderen muss sie dem Hungertod überlassen.

In den deutschen Zoos sind die kalifornischen Seelöwen nicht erst seit der Fernsehserie »Hallo, Robbie!« die Publikumslieblinge Nummer eins. Aber kaum einer weiß, dass die jungen Seelöwen in ihrer Heimat ums Überleben ringen. Von einem »Seelöwen-Tsunami« sprechen die Retter, weil Tausende entkräftete Jungtiere an den kalifornischen Küsten angeschwemmt werden. Von Long Beach in Südkalifornien bis rauf nach Oregon im Norden, überall kämpfen die Biologen darum, der Krise Herr zu werden. Die Auffangstationen sind überfüllt. Schon 2013 hat die zuständige staatliche Behörde NOAA (*National Oceanic and Atmospheric Administration*) ein »außergewöhnliches Massensterben« diagnostiziert. Seither ist das Außergewöhnliche gewöhnlich geworden: Die Zahl der gestrandeten Tiere steigt und steigt. 3.500 waren es allein im Frühjahr 2015, mehr als zehnmal so viel wie in Normalzeiten, und die Seelöwen brechen einen neuen Negativrekord nach dem anderen.

»Sie finden einfach nichts zu fressen«, sagt Ross. Die Seelöwen sind nicht vom Aussterben bedroht. Seit sie 1972 unter Schutz gestellt wurden und nicht mehr gejagt werden dürfen, haben sie sich auf rund 300.000 Exemplare vermehrt. Aber die Gründe, warum die intelligenten Meeressäuger keine Nahrung finden, sollte auch die intelligenten Zweibeiner auf dem Land interessieren: Der Ozean ist zu warm und zu sauer. Das Triumvirat aus Meereserwärmung, Übersäuerung und Überfischung hat den Pazifik geleert. Ein Teufelskreis. Das globale Wetterphänomen El Niño sorgte nicht nur für Tornados in Mexiko, Hungerkatastrophen in Afrika und Überschwemmungen in England, sondern verstärkte auch die Klimaerwärmung. Während die Trump-Regierung posaunte, die Klimaerwärmung sei eine Erfindung und Pestizide seien nicht schädlich, hat El Niño den Pazifik um zwei bis fünf Grad erwärmt, und das Hauptnahrungsmittel der Seelöwen, die fettreichen Anchovis und Sardinen, vertrieben oder entscheidend dezimiert. Die Überfischung hat den Sardinen den Rest gegeben: Von den nahrungsreichen Fischen sind nur noch weniger als zehn Prozent übrig. Was stattdessen wächst, sind Algenteppiche,[82] und die tragen ein Nervengift in sich, das für die Seelöwen tödlich sein kann.

»Die Seelöwen sind nur die sichtbarsten Opfer der Wassererwärmung«, erklärt die Biologin Sharon Melin. »Sie sind ein Indikator für die Gesundheit der Meere, weil sie auf kleine Veränderungen empfindlich reagieren. Aber die warmen Temperaturen beinträchtigen vermutlich viele andere Lebewesen, vom kleinsten Plankton bis zu den großen Säugern, und wir erkennen diese Veränderungen noch gar nicht.«

Doch schon die erkennbaren Veränderungen zeigen, dass die Natur verrücktspielt: Giftige Seeschlangen, die es sonst nur weiter südlich in Mexiko gibt, tauchen nun plötzlich an kalifornischen Stränden auf. Die Seesterne, die noch bis vor wenigen Jahren dekorativ die Felsen am Pazifik bevölkerten, sind fast ganz verschwunden. Und die Seelöwenmütter, die normalerweise einmal im Jahr auf den kalifornischen Channel Islands ein Junges gebären und es fast ein Jahr durchfüttern, lassen ihren Nachwuchs im Stich, um sich selbst zu retten.

Der kleine Seelöwe von Point Dume wird nun mit seinem Hundekäfig in den Minibus verfrachtet und in das Hauptquartier des *Wildlife Centers* in die Berge von Santa Monica gefahren. Dort warten in einem provisorischen Privatgehege mit Kinderpool schon achtzehn laut bellende Artgenossen und drei junge Elefantenrobben. Seelöwen kuscheln sich gerne aneinander, aber sie kämpfen auch lautstark um Futter, wenn Jonsie Ross das Gehege mit einem Eimer Makrelen betritt.

Im Training wurde uns freiwilligen Helfern beigebracht, die Tiere nicht zu vermenschlichen, ihnen keine Kosenamen zu geben und sie als das zu betrachten, was sie sind: wilde

Tiere, die im Idealfall auch wieder ausgewildert werden. Aber angesichts des samtigen braunen Fells, der herzförmigen Nase und der eindringlichen Kulleraugen, die den Blickkontakt suchen, sind solche Warnungen von vornherein zum Scheitern verdammt: Auch aus dem heutigen Neuzugang wird ganz schnell »der kleine Thor«.

Der kleine Thor also ist etwa sechs Monate alt – eigentlich sollte er mindestens bis zum neunten Monat bei seiner Mutter bleiben, besser bis zum elften, so hätte es die Natur vorgesehen. Aber die Mütter finden selbst nicht genügend zu essen, schwimmen auf der Suche nach Futter weiter von ihren Jüngsten weg und schaffen es oft nicht mehr rechtzeitig zurück. Den Vätern geht es übrigens besser: Die sehen sich als ungebundene Junggesellen und machen sich in die fischreicheren Gewässer nach Oregon oder sogar nach Alaska auf. Die Mütter dagegen bleiben in der fischarmen Nähe ihrer Nachkommen. Weil die Mütter unterernährt sind, kommen die Jungen oft schon mit einem zu geringen Geburtsgewicht auf die Welt. NOAA-Pilot Mark Lowry fliegt seit fünfunddreißig Jahren jedes Jahr zu den Channel Islands, wo neununddreißig Prozent der Seelöwen geboren werden. In diesem Jahr, sagt er, seien die Jungen im Vergleich zum letzten Jahr besonders klein und schwach, noch kleiner als im letzten Jahr.

Mehr als die Hälfte verhungern gleich auf den Channel Islands, andere werden von der Strömung ins Meer gespült. Wenige Monate alte Seelöwenbabys alleine ins Meer zu lassen ist etwa so erfolgversprechend, als würde man eine Horde Kleinkinder, die gerade erst laufen gelernt haben, in

staben darauf hinweist, dass man nun AUF KEINEN FALL auf die Idee kommen könne, die Flaschen *im* Supermarkt abzugeben. WIR NEHMEN KEINE FLASCHEN ZURÜCK!!!!! brüllt der Zettel mit fünf Ausrufezeichen.

Im Umkreis von zehn Kilometern in diesem Vorort von Los Angeles haben wir vier gigantische Supermärkte, die alle gerne Flaschenpfand kassieren, aber keiner nimmt Flaschen zurück. Batterien natürlich auch nicht.

Alles in mir sträubt sich dagegen, Batterien einfach in den Hausmüll zu werfen. In Deutschland ist das seit zwanzig Jahren verboten, und zwar aus gutem Grund: Die kleinen Biester enthalten Schwermetalle und Säuren, die bei falscher Entsorgung im Grundwasser landen und die Umwelt vergiften, außerdem stecken darin kostbare Ressourcen, die dringend wiederverwertet werden müssen. Das muss ich Ihnen nicht erzählen, weil uns in Deutschland die Grundzüge des Recyclings schon mit der Muttermilch eingeflößt werden. Als Deutsche kommt man ja quasi schon mit dem grünen Punkt auf der Stirn zur Welt.

Selbst in dem bayerischen Zweihundertfünfzig-Seelen-Dorf, in dem ich aufgewachsen bin, gibt es mehrere Container, in denen fein säuberlich zwischen Weiß-, Braun- und Grünglas, Dosen, Altpapier sowie Kleiderspenden getrennt wird. Jede Vierjährige kennt den Unterschied zwischen der grünen und der gelben Tonne. Aber in der Achtzehn-Millionen-Stadt Los Angeles? Wenn Recycling jemals olympische Disziplin wird, werden wir Deutschen Weltmeister im Braunglas-Weitwurf mit doppeltem Dosenpfand-Salto[83], aber in Amerika gilt Umweltschutz als Randsportart für

Außenseiter. »Tree Hugger!« ist einer der verächtlichsten Flüche, die man solchen Spinnern entgegenschleudern kann.

In Deutschland kommen meine Eltern prima damit aus, alle zwei Wochen ihr Tönnchen zu leeren, dazu ein kleiner gelber Sack. Das reicht für einen Mini-Haushalt völlig. In Amerika häufe ich jeden Tag einen Berg Müll an, für den eine deutsche Großfamilie zwei Wochen lang hart arbeiten müsste. Im Durchschnitt produziert jeder Ami zwei Kilo Müll pro Tag. Auch da sind die Amis Spitzenreiter: Sie stellen zwar nur fünf Prozent der Weltbevölkerung, aber ein Drittel des Mülls auf dem Globus. Selbst im Bioladen, sogar bei den großen Ökoketten wie WholeFoods, ja, auch auf dem Bauernmarkt verkaufen sie den Bio-Salat und die Bio-Tomaten in Plastik.

Als die Küchenschublade schließlich trotz aller Bemühungen, auf aufladbare Exemplare auszuweichen, voll gebrauchter Batterien überquillt, stopfe ich sie in eine Tüte und diese in meinen Kofferraum. Nun fahre ich schon seit Monaten mit einer bipolaren Ladung durch die Stadt, immer in der verzweifelten Hoffnung, auf meinen Recherchestreifzügen irgendwann einem Recyclingcontainer zu begegnen. Ich bin wild entschlossen, die seltene Chance nicht zu verpassen, sobald sie sich bietet. Mein deutscher Ehrgeiz lässt keine Niederlage zu. Öko-Webseiten bieten sogar den Service an, man könne in der näheren Umgebung nach Annahmestellen suchen, aber wenn ich meine Postleitzahl eingebe, blinkt nur *Error Error Error*. Ketten wie Ikea oder Staples nehmen Batterien zurück, aber im Umkreis von einer Stunde gibt es bei uns keinen dieser Großmärkte. Selbst in Bioläden oder großen Ökoketten – von Recycling hat dort noch nie jemand etwas gehört. »Was macht ihr denn mit euren Batterien?«, frage ich meine Nachbarn. Die einhellige Antwort aller Amerikaner, verdutzt, auf welche dummen Fragen diese Deutschen kommen: »Na, wir werfen die in den Müll, wieso?«

Als ich in Nepal studierte, war Recycling einfach: Müllabfuhr gab es keine. In meiner ersten Woche in Katmandu fragte ich die Vermieterin meines Dachterrassen-Studios naiv, wo ich denn meinen Müll loswerden könnte. Die junge Nepalesin nickte, nahm mir meine Mülltüte ab und bevor ich protestieren konnte, schwang sie die vollgestopfte Tüte einmal in die Luft und in hohem Bogen von der Terrasse. Umweltschutz beschränkte sich darauf, vorher hinabzuschauen, damit man keinen Passanten auf den Kopf trifft. Die Bettler, die Kinder, die Straßenhunde und die Kühe nahmen sich dann, was sie brauchen konnten, der Rest wurde einmal im Monat mit erbärmlichem Gestank verbrannt.

In Amerika dagegen *tun* sie so, als wollten sie ihr schönes Land bewahren, indem sie schöne, blaue Recycling-Tonnen aufstellen. Um den Amerikanern die Idee des Recyclings schmackhaft zu machen, erlauben die meisten Gemeinden, dass man alles Mögliche in die blauen Recyclingtonnen schleudern kann.[84] Mülltrennung hat sich hier noch nicht durchgesetzt, deshalb werfen die Nachbarn auch ihre halb gegessenen Salate und die Hundehäufchen mit hinein. Weil sie im Recyclingcenter die Salatsoße nicht fein säuberlich von den Glassplittern kratzen können, gilt ein hoher Prozentsatz als »kontaminiert«. Den Mist gleich auf die Straße zu kippen, wäre ehrlicher.

Zum Mars fliegen wollen, aber zu Hause nicht vor der eigenen Tür kehren!

Schließlich, die große Chance: Im Lokalblatt entdecke ich, dass unser Städtchen zweimal im Jahr Elektroschrott annimmt. Hurra! Yippie! Es geht doch! Beim ersten Termin bin ich verreist. Extrem stolz, den zweiten Termin an einem Samstagmorgen nicht verschlafen zu haben, laufe ich also mit meinem alten Smartphone, einem toten Laptop und meinem Sack Batterien auf dem Parkplatz vor der City Hall auf. Reihe mich brav um acht Uhr morgens in die Autoschlange ein. (Man fährt natürlich mit dem Auto zum Recycling, klar.) Als ich drankomme, reiche ich dem Mann im blauen Overall mein Telefon und meinen Computer, aber bei den Batterien zuckt er zurück: »Ma'am, die nehmen wir nicht!«

»Die nehmen Sie nicht? Ja, aber wo kann man die denn dann abgeben?« Darauf weiß er auch keine Antwort. Er meint, die Bücherei akzeptiere sie an jedem dritten Samstag jeden zweiten Monats, aber nur von 10 bis 2 Uhr. Und auch nur, wenn man den positiven Pol jeder Batterie vorher einzeln mit Tesa abklebt. Ganz sicher ist er sich nicht.

In Zeitlupe versinkt die Titanic. So muss sich ein Olympia-Läufer mit zitternden Muskeln auf dem Schlussspurt kurz vor der Zielgerade fühlen, wenn ihn der Gegner mit einem gezielten Tritt zu Fall bringt. Jahrzehnte deutschen Recyclingtrainings, eine bislang makellose Recyclingkarriere, und nun ist alles umsonst. Ich kann nicht ausschließen, dass sich meine Augen mit Tränen füllen. Jedenfalls muss die Verzweiflung so offensiv in meinem Gesicht geschrieben sein, dass der Mann beschließt, eine Kernschmelze zu verhindern und mir die verdammte Tüte abzunehmen, mit den Worten: »Na ja, ausnahmsweise.«

Ich gehe jede Wette ein: Der wartet, bis ich um die Ecke biege, dann wirft er sie einfach in den nächsten Abfalleimer.

Und ich fliege nächsten Monat mit einem Koffer voll Batterien nach Deutschland zurück.

Das Wichtigste zuletzt: Von A wie Airstream bis Z wie Zombies

Es gibt natürlich noch viel mehr Dinge, die in Amerika total crazy sind. Eine völlig subjektive Übersicht.

911 lautet der Notruf. Ich hoffe, dass Sie ihn nicht brauchen. Aber wenn Sie ihn wählen, sollten Sie wissen, dass der Anruf nicht privat ist. 911-Anrufe werden veröffentlicht. Auch *Mug Shots*, also die unvorteilhaften Fotos kurz nach der Festnahme, werden von den meisten Polizeistellen ins Netz gestellt. Gerichtsverfahren sind ebenfalls nur in Ausnahmefällen nicht öffentlich. Aber Sie haben ja Kapitel 9 gelesen und wissen, wie Sie sich nicht strafbar machen.

Airstream Der coolste Wohnwagen, seit es Wohnwägen gibt. Darf in Deutschland nur nach aufwändigen Umbauten auf die Straße. Am besten schnappen Sie sich eine dieser fahrenden Silber-Kugeln, wenn Sie durch die USA reisen.

Alkohol dürfen Sie in den USA erst ab 21 Jahren trinken, aber

Autofahren ist ab 16 Jahren erlaubt.

Datum Die Amerikaner nennen den Monat zuerst. 1/10/2017 ist der 10. Januar 2017, und 10/1/2017 ist der 1. Oktober 2017. Diese Praxis hat schon für viel Verwirrung zwischen Deutschen und Amerikanern gesorgt. Sogar meine deutsche Krankenversicherung hat einmal einen Beleg abgelehnt, weil die Sachbearbeiterin das Datum auf deutsche Art las und daraus schloss, ich sei doch zu dem Zeitpunkt gar nicht in Amerika gewesen.

Doggie Bag Sich im Restaurant die Reste einpacken zu lassen, ist in Deutschland verpönt, aber in Amerika ganz üblich. Die blutigen Steaks, die einem in amerikanischen Restaurants auf die Teller gehauen werden, sind ohnehin so gigantisch, dass von jeder Portion mindestens zwei Erwachsene satt werden. Bitten Sie im Restaurant ruhig um ein *Doggie*

Bag und nehmen Sie die Reste schamlos mit! Dass das *Doggie Bag* nicht für den Hund ist, weiß auch der Kellner.

Duschen Wenn Sie zu einer »Shower« eingeladen werden, handelt es sich nicht um eine Einladung zum gemeinsamen Duschen. Eine Baby-, Verlobungs- oder Hochzeits-Shower dient dazu, die Gastgeber mit Geschenken zu überhäufen. Tauchen Sie also bitte mit entsprechenden Geschenken auf, nicht mit einem Badehandtuch und Seife.

Eltern-Urlaub gibt es nicht. Einige wohlmeinende Firmen bieten ihn inzwischen an, aber Amerikaner haben kein Recht darauf. Es ist kein Einzelfall, dass Frauen nach der Geburt gleich wieder an den Arbeitsplatz zurückkehren. Ein Recht auf Kinderbetreuung gibt es natürlich auch nicht. Ehrlich, wie die Eltern das hinkriegen, ist mir ein Rätsel.

Fahrenheit 0 Grad Celsius = 32 Fahrenheit. 20 Grad Celsius = 68 Fahrenheit. Minus 20 Grad Celsius = minus 4 Fahrenheit. Ich muss das selbst jedes Mal wieder neu googeln.

Falsche Freunde Meine Versuche, deutsche Sprachwendungen 1:1 ins Amerikanische zu übersetzen, gehen fast immer schief. Als ich das erste Mal sagte, ich schwebe auf Wolke Sieben, sahen mich meine amerikanischen Freunde nur verständnislos an. Die Wolke Sieben ist in Amerika die Wolke Neun, also *Cloud Nine*. Ähnlich gefährlich sind falsche Freunde, sprich: Worte, die sich in beiden Sprachen ähneln. Viele Besucher aus Deutschland haben schon gefragt: »Is my card still guilty?« Sprich: »Ist meine Karte noch schuldig?« (statt »valid« = gültig). Oder bestellten mit den Worten: »I become a beer«. Das heißt: »Ich werde ein Bier.« Sie fragen in der Boutique nicht nach einem »rock«, also einem Felsen, und Sie haben auch keinen »pickle« im Gesicht, denn das wäre eine eingelegte Gurke. Das kann nun wirklich niemand wollen.

Football Es macht natürlich keinen Sinn, ein Spiel, bei dem das Leder-Ei vorwiegend mit den Händen bewegt wird, als Football zu bezeichnen, aber Fußball heißt hier Soccer und ist deutlich weniger populär. Selbst unser Klinsi konnte die amerikanische Fußball-Nationalmannschaft nicht zu neuen Meisterleistungen anspornen.

Glücksspiel ist in Amerika fast überall verboten. Amerikaner können es meistens kaum fassen, wenn sie in Deutschland Spielhallen mitten in Großstädten entdecken. Stattdessen blüht die Casino-Kultur, also die Pilgerreisen zu den Reservaten oder Städten, in denen Casinos Ausnahmegenehmigungen erhaschten. Das Mekka ist natürlich Las Vegas.

Halloween ist in Amerika ein Riesenvolksfest, wie bei uns Karneval und die Heiligen Drei Könige zusammen. Die Kinder gehen von Haus zu Haus, um *Tricks or Treats* einzuheimsen, also Süßes oder Saures, die Hausbesitzer dekorieren ihre Gemäuer mit den erdenklich schrecklichsten Spinnweben und Skeletten, und ein »Haunted House« – also ein Spukhaus, in dem bezahlte Schauspieler mit schauerlichen Tönen Jagd auf unschuldige Menschen mit dünnem Nervenkostüm machen – hat auch mich schon schreiend auf die Straße getrieben.

Hurrikane Noch etwas, was wir in Deutschland in dieser Stärke nicht kennen. Die Hurrikanwarnungen in Amerika sind ernst zu nehmen. Sie wollen ja noch Ihren Nachfahren von Ihrer Amerika-Reise erzählen.

Hupen ist in Amerika extrem verpönt, es sei denn, Sie sind in New York. Ausnahme: In Tunnels hupen viele Autofahrer zum Spaß. Die ersten Male erschrak ich, weil ich das nicht kannte. Dann erfuhr ich, dass sich das hier so gehört. Schon crazy, oder?

Kreislaufmittel zählen zu den Medikamenten, die in Amerika nicht zu kaufen sind. Es leiden offensichtlich alle nur unter Bluthochdruck und niemand unter zu wenig Druck. Ergo: Bei Bedarf aus Deutschland mitbringen.

Ladenschluss ist ein fast unbekanntes Wort. Viele Supermärkte haben rund um die Uhr geöffnet oder zumindest bis spätabends. Auch sonntags einzukaufen ist in den meisten Gegenden kein Problem – bis auf Alkohol. In mehreren Staaten kann man sonntags nichts Hochprozentiges kaufen.

Mehrwertsteuer Da finden Sie im Supermarkt tolle Schnäppchen und erleben an der Kasse das böse Erwachen:

Alles kostet mehr, als draufsteht. Warum? In Amerika werden die Preise grundsätzlich ohne Mehrwertsteuer ausgezeichnet. Die wird erst an der Kasse draufgeschlagen und kann bis zu elf Prozent ausmachen. Damit es spannend bleibt, wird – wie so vieles andere auch – die Steuer von Bundesstaat zu Bundesstaat unterschiedlich gehandhabt. Deshalb zahlen Sie in Kalifornien für die gleiche Sache etwa zehn Prozent mehr als beispielsweise im Nachbarstaat Oregon. Das gilt auch in Restaurants.

Meilen 1 Meile = 1.60934 Kilometer. 1 Kilometer = 0.621371 Meilen. 1 Inch = 2.54 Zentimeter. 1 Zentimeter = 0.393701 Inch. 1 Foot = 30.48 Zentimeter. 1 Zentimeter = 0.0328084 Foot. 1 Yard = 91.44 Zentimeter. 100 Zentimeter = 1.09361 Yard. Alles klar?

Prostitution ist in Amerika illegal. Ausnahmegenehmigungen haben nur einige offizielle Bordelle in Nevada. In anderen Bundesstaaten weichen Freier auf »Escort-Services«, Straßenstrich oder Internetverabredungen aus, aber die Strafen sind durchaus zur Abschreckung geeignet.

Rechts abbiegen bei Rot ist in vielen Bundesstaaten erlaubt. Das Problem ist, dass dies von Staat zu Staat unterschiedlich geregelt ist. In Kalifornien, zum Beispiel, ist es gestattet, es sei denn, ein roter Pfeil, der nach rechts zeigt, verbietet es ausdrücklich. In New York dagegen ist es genau andersrum: Es ist verboten, es sei denn, ein grüner Pfeil erlaubt es ausdrücklich. Im Zweifel bleiben Sie besser stehen.

Die Huper hinter ihnen werden Sie dann schon daran erinnern, wenn Sie fahren dürfen.

Rechts überholen ist in Amerika erlaubt.

Tailgating nennen die Amerikaner das dichte Auffahren auf den Vordermann, also das Stoßstangen-Drängeln, und das ist verboten. Bei Footballspielen wird jedoch noch etwas anderes als Tailgating bezeichnet: Schon viele Stunden vor dem Spielbeginn fahren die Fans mit ihren Trailern und Wohnwägen vor, vollgepackt mit Bier und Steaks, die dann auf dem Parkplatz vor dem Stadium auf (den ebenfalls mitgebrachten) Grill geworfen werden. Das Spiel ist dann nur noch das Dessert.

Trailer Trash Überhaupt, Trailer. Die Trailer-Leidenschaft für sich wäre schon ein Buch wert. Trailer sind Wohnwägen, aber auch Fertighäuser. Ein *Trailer Park* ist ein eingezäuntes Wohngebiet mit Fertighäusern. *Trailer Trash* nennen Amerikaner die einkommensschwachen Landeskollegen, die sich nur Fertighäuser leisten können. Aber selbst dort herrscht inzwischen eine Zwei-Klassen-Gesellschaft, denn Trailer umfassen nicht mehr nur die heruntergekommenen Rostlauben in ärmlichen Bezirken, sondern mittlerweile auch Fünf-Millionen-Dollar-Luxusbauten am Strand von Malibu.

Trinkgeld Mindestens fünfzehn, in der Regel zwanzig Prozent. Wenn Sie besonders zufrieden sind: fünfundzwanzig Prozent. Diese Regel gilt nicht nur im Restaurant, sondern auch im Taxi und beim Friseur. Das ist für Europäer ungewohnt – aber Kellner, Taxifahrer und Zimmermädchen leben von der Großzügigkeit, damit sie ihre mageren Stundenlöhne mit Trinkgeld aufbessern.

Toiletten gibt es in Amerika nicht. Zumindest das Wort streichen Sie am besten komplett aus Ihrem Wortschatz. Wenn Sie das Unaussprechliche brauchen, fragen Sie höflich nach dem »Rastzimmer« (»*rest room*«) oder dem Badezimmer (»*bath room*«), eventuell als Dame auch nach dem Puderraum (»*powder room*«). Amerikaner reagieren extrem pikiert, wenn ein Gesprächspartner das Wort Toilette in den Mund nimmt. Das Wort »Shit« – also die Bezeichnung dessen, was man im Puderraum in der Regel hinterlässt – nehmen dagegen auch distinguierte Amerikaner fortwährend in den Mund. Das verstehe, wer will.

USA (*United States of America*, zu Deutsch: die Vereinigten Staaten von Amerika) ist die eigentlich korrekte Bezeichnung für das Staatenbündnis, während Amerika natürlich der Name des ganzen Kontinents ist, der auch Kanada und Südamerika mit einschließt. Aber umgangssprachlich hat sich Amerika als Synonym für die USA längst eingebürgert, und deshalb entschuldige ich mich bei Kanada und den anderen amerikanischen Staaten, dass sie im Titel so einfach mit in die Kategorie »crazy« geworfen werden.

Vergleichende Werbung ist in Amerika gang und gäbe, genau wie das sogenannte *product placement*, also Schleichwerbung. Es ist durchaus üblich, dass bei hochkarätigen Sportspielen alle paar Minuten für Werbung unterbrochen wird und Tom Hanks aus dem Pepsi-Becher trinkt, obwohl der nur Wasser enthält.

VW Bus California Beach Dieser Camping-Bus ist in ganz Europa populär, aber wo gibt es ihn trotz des Namens nicht? Genau, am California Beach. Und auch sonst nirgends in Amerika.

Währung Zum Zeitpunkt der Veröffentlichung 2017 waren der Dollar und der Euro fast gleich viel wert. 1 Dollar = 0.95 Euro. 1 Euro = 1.06 Dollar.

Zombies Eine Zombie-Apokalypse überleben Sie laut einer aktuellen Studie[85] am ehesten in Boston, Kansas City und Salt Lake City. Die Städte Los Angeles, Tampa und New York City stehen dagegen ganz unten auf der Liste. Sagen Sie nicht, ich hätte Sie nicht gewarnt.

Danke!

Ohne das Magazin der *Süddeutschen Zeitung* und ihren wunderbaren Redakteur Johannes Wächter wären meine *Wild Wild West*-Kolumnen nicht entstanden und damit auch dieses Buch nicht. Herzlichen Dank an diese großartige Magazin-Redaktion, für die ich seit mehr als 25 Jahren schreiben darf!

Meine Agentur Petra Eggers hat sofort den richtigen Verlag für *Crazy America* gefunden, und meine Lektorin Doreen Fröhlich macht ihrem Nachnamen alle Ehre, weil es das reine Vergnügen ist, mit ihr zu arbeiten.

Was mich an den *Wild Wild West*-Kolumnen bisher am meisten überraschte, ist die Zahl der Menschen, die mir schreiben, weil sie daran zweifeln, dass sich das Beschriebene tatsächlich so ereignete. »Ist das Satire oder stimmt das wirklich?«, fragen viele Leser. Deshalb noch einmal ausdrücklich: Ja, Amerika ist wirklich so verrückt. Das *Forfeiture Gesetz* gibt es ebenso wie die Stadt Kennesaw und all die anderen Phänomene, denen Sie in *Crazy America* begegnen.

Vermutlich wird mich die Flugsicherheit nicht wirklich mit einem Koffer voller Batterien durch die Kontrolle lassen, und gelegentlich habe ich Namen und zeitliche Abfolgen geändert, aber die Zitate sowie die Beschreibungen und Erlebnisse sind (manchmal leider) alle real. Sie haben sich wirklich so zugetragen.

Deshalb bedanke ich mich vor allem bei meinen amerikanischen Freunden, besonders den durchgeknallten, denn ohne diese vielen Verrücktheiten wäre *America* nicht *Crazy*! Und das wäre nun auch wieder schade.

Bildnachweis

1. Make Amerika Great Again!
   Kurious/VisualHunt/CC0 1.0
2. Willkommen im Land der Freien und Tapferen!
   gerson721/Flickr/CC BY-ND
3. Reisen: Ride Like the Wind
   Alexas Fotos/Flickr/CC0 1.0
4. Geschmackssache: Bitte Nachschlag!
   Torley/Flickr/CC BY-SA
5. Gesundheit! Zahlen Sie Cash?
   JD Hancock/VisualHunt/CC BY
6. Eat, Pray, Cut: Wer schön sein will, muss schneiden (oder reiben)
   Diaboletta/Flickr/CC BY
7. Die besten Kinder der Welt
   VisualHunt
8. Dollarzeichen: Alles auf Pump
   JeepersMedia/Flickr/CC BY
9. Law & Order: Alles, was Recht ist
   Alexas Fotos/VisualHunt/CC0 1.0
10. Bis der Tod uns scheidet
    theglobalpanorama/Flickr/CC BY-SA
11. Oh Gott! Ein Halleluja für einen Sex-Club
    Joshua Daniel O./Flickr/CC BY-SA
12. Stadt, Land, Schuss
    VisualHunt/CC0 1.0
13. High Society: Pot Bless America
    Caveman Chuck Coker/Flickr/CC BY-ND

Endnoten

1 Außenminister John Kerry bei seinem Besuch in Berlin 2013.

2. Dass wir Deutsche griesgrämig sind, ist übrigens nicht nur ein Vorurteil: »Deutschland hat mit die besten Jobs – und die unfreundlichste Bevölkerung«, lautet zusammengefasst ein Ergebnis der Expat-Insider-Studie 2016. Mit über 14 000 Teilnehmern weltweit handelt es sich um eine der umfassendsten Untersuchungen, die sich mit der Lebenssituation von sogenannten Expatriates befasst – also von hoch qualifizierten Arbeitskräften, die im Ausland arbeiten. Titus Arnu, »Herzlich Willkommen«, *Süddeutsche Zeitung*, 30. August 2016.

3 Fragt man die Amerikaner, ist Amerika die Nummer 1. Quelle: Pew Institute http://www.pewglobal.org/database/indicator/1/survey/18/

4 Und den Vorläufer dazu baute ein Franzose, nämlich 1769 Nicolas-Joseph Cugnot mit seinem dampfgetriebenen Dreirad.

5 Sarah Hauer, »Paul Ryan claims the US is the ›oldest democracy‹ in the world. Is he right?«, *PolitiFact*, 11. Juli 2016.

6 »Where the big money is«, *New York Times*, 26. Februar 2017.

7 Centers for Disease Control and Prevention. http://www.cdc.gov/nchs/fastats/obesity-overweight.htm

8 Stockholm International Peace Research Institute, 2012.

9 Quelle: IFPE Congress in Wien am 18. April 2009, zu den Ergebnissen der Weltgesundheitsorganisation *World Mental Health Survey*, http://www.hcp.med.harvard.edu/wmh/index.php und https://www.adaa.org/about-adaa/press-room/facts-statistics

10 Manche schätzen die Rate sogar auf 101 Waffen pro 100 Einwohner. William J. Krouse, »How Many Guns Are in the United

States?«, *Gun Control Legislation* (United States Congressional Research Service, 2012), 8–9.

11 2013 saßen 716 von 100.000 Amerikanern im Gefängnis. Quelle: Bureau of Justice Statistics. http://www.bjs.gov/index.cfm?ty=tp&tid=11

12 Quelle: Scotch Whisky Association

13 David Ovalle, »Surgeon to Pay More Than $89,000 for Miami Airport Bomb ›Joke‹«, *Miami Herald*, 1. Dezember 2014.

14 Quelle: http://inrix.com/press/scorecard-us/

15 https://www.youtube.com/playlist?list=PLZ1f3amS4y1ffYEhGZDtawaEyRQQu69Bw

16 Die zehn Kalorienspitzenreiter der Amerikaner sind Desserts wie Kuchen und Donuts, Brot, Hühnergerichte (oft frittiert), Sodas, Pizza, Alkohol, Pasta, mexikanische Gerichte, Rindfleisch und Desserts aus Milchprodukten. Quelle: *Bericht des 2010 Dietary Guidelines Advisory Committee* http://www.health.harvard.edu/healthy-eating/top-10-sources-of-calories-in-the-us-diet

17 Ich habe selten mehr empörte Leserbriefe bekommen als zu meiner Kolumne über GMO-Essen im *SZ-Magazin*. Überraschenderweise waren die meisten nicht darüber empört, dass Bioläden genmanipulierte Produkte ohne Kennzeichnung verkaufen, sondern sie glaubten schlichtweg nicht, dass es so ist. Man müsse doch nur zu WholeFoods, eine der anderen Bio-Ketten oder auf die Bauernmärkte gehen, schrieben unzählige Leser, damit sei man auf der sicheren Seite. Genau das ist man aber nicht, und die Bioläden garantieren das auch nicht: Denn auch dort wird GMO verkauft, und zwar ohne Kennzeichnung. WholeFoods hat zwar versprochen, in den Läden bis 2018 GMO-Essen zu kennzeichnen, aber selbst dann werden viele Produkte durch die gesetzlichen Schlupflöcher fallen. http://www.wholefoodsmarket.com/gmo-your-right-know

18 http://www.ers.usda.gov/data-products/adoption-of-genetically-engineered-crops-in-the-us/recent-trends-in-ge-adoption.aspx

19 Circa 70 Prozent der verarbeiteten Lebensmittel enthalten GMO.

20 Ractopamin, zum Beispiel, wird dem Futter beigemischt, weil es das Fleisch magerer macht. Derzeit werden etwa 45 Prozent der

amerikanischen Schweine und 30 Prozent der Rinder mit Ractopamin gefüttert. Es ist in 160 anderen Ländern verboten.

21 Kaliumbromat wird von der Internationalen Agentur für Krebsforschung (IARC) als potenziell krebserregend eingestuft.

22 Elizabeth Fernandez, »How Much Will I Be Charged at the Emergency Room?«, 27. Februar 2016, University of California San Francisco. ⸱ https://www.ucsf.edu/news/2013/02/13576/howmuch-will-i-be-charged-emergency-room

23 Bee Shapiro, »Gwyneth Paltrow Shares Beauty Advice«, *New York Times*, 4. April 2016.

24 Das beschriebene Beispiel ist kein Einzelfall, sondern steht für einen Trend: Eine Studie der University of Virginia verglich Kindergartenprogramme von 1998 bis 2010 und fand, dass die Kindergärten wesentlich akademischer geworden sind, weniger Mal- und Spielprogramme anbieten. 1998 glaubte weniger als ein Drittel der Lehrer, Kindergartenkinder sollten bereits lesen können, 2010 glaubten das schon 80 Prozent.

25 Die Regierung hat Ausgaben für frühkindliche Förderung von einkommensschwachen Familien wie das vielgefeierte Programm Head Start in den letzten Jahren immer weiter gekappt.

26 Luxembourg Income Study Database.

27 Eduardo Porter, »Richer, But Not Better Off«, *New York Times*, 29. Oktober 2016.

28 Charles I. Jones and Peter J. Klenow, »Beyond GDP? Welfare across Countries and Time«, *American Economic Review* 2016, 106(9): 2426–2457. http://dx.doi.org/10.1257/aer.20110236 http://klenow.com/Jones_Klenow.pdf

29 Louise Story, »A Mansion, a Shell Company, and Resentment in Bel Air«, *New York Times*, 14. Dezember 2015.

30 Die Website www.dumblaws.com ist eine schöne Fundgrube für unglaubliche Paragraphen wie diesen: http://www.dumblaws.com/law/1469

31 http://www.dumblaws.com/law/1463

32 Zum Zeitpunkt der Veröffentlichung gab es keine einheitlichen Regelungen, die Cannabis am Steuer verbieten. Die Behörden arbeiten daran, Richtlinien zu entwickeln.

33   Baxter Oliphant, »Support for Death Penalty Lowest in More Than Four Decades«, Pew Research Institute, 29. September 2016. http://www.pewresearch.org/fact-tank/2016/09/29/support-for-death-penalty-lowest-in-more-than-four-decades/

34   Laurie Goodstein, »A Noah's Ark in Kentucky, Dinosaurs Included«, *New York Times,* 26. Juni 2016.

35   Ibid.

36   Ibid.

37   Quellen: Gallup Umfragen 2012 und 2014. http://www.gallup.com/poll/170822/believe-creationist-view-human-origins.aspx

38   Aus einem Interview mit Dan Weissmann, »The Religious Freedom Loophole«, Center for Investigative Reporting, 26. Februar 2016. https://www.revealnews.org/episodes/the-religious-freedom-loophole/

39   Amy Julia Harris, »The Religious Freedom Loophole«, Center for Investigative Reporting, 26. Februar 2016.

40   Es sollte am 1. Juli 2016 in Kraft treten, wurde aber in der Nacht davor von einem Richter mit dem Argument blockiert, es verstoße gegen die gesetzlich vorgeschriebene Gleichbehandlung. Der Rechtsstreit dauerte bei Redaktionsschluss noch an.

41   Camilla Domonoske, »Mississippi Governor Signs Religious Freedom Bill Into Law«, NPR, 5. April 2016. http://www.npr.org/sections/thetwo-way/2016/04/05/473107959/mississippi-governor-signs-religious-freedom-bill-into-law

42   Jonathan M. Katz, »Major Companies Press North Carolina on Law Curbing Protections From Bias«, *New York Times,* 29. März 2016.

43   Der Fotograf Nicolas Levesque hat die Waffenliebe in Kennesaw mit einer Fotoserie dokumentiert: http://nicolaslevesque.photoshelter.com/#!/index/G0000hedzEsFmGuw

44   http://everytownresearch.org/notanaccident/

45   Amelia Hamilton, »Hansel and Gretel Have Guns«, veröffentlicht am 17. März 2015. Und Hamilton, »Little Red Riding Hood Has a Gun«, veröffentlicht am 14. Januar 2016. https://www.nrafamily.org/articles/2016/3/17/hansel-and-gretel-have-guns/und https://www.nrafamily.org/articles/2016/1/13/little-red-riding-hood-has-a-gun/

46 American Society of Interventional Pain, 2011. asipp.org/docu-
    ments/TESTIMONY-FROMEXECUTIVECOMMITTEE-RES-
    PONDINGTOTHEPRESCRIPTIONDRUGEPIDEMIC-STRA-
    TEGIESFORREDUCI.pdf

47 Centers for Disease Control and Prevention, »Prescription Pain-
    killer Overdoses in the US«, November 2011. http://www.cdc.gov/
    vitalsigns/PainkillerOverdoses/index.html

48 *Der World Happiness Report* vergleicht 156 Länder. John Helliwell,
    Richard Layard and Jeffrey Sachs, *World Happiness Report 2016,
    Update (Vol. I).* New York: Sustainable Development Solutions
    Network, 2016. http://worldhappiness.report/ed/2016/

49 Jeffrey Kluger, »The Happiness of Pursuit«, *Time,* 8. Juli 2013.

50 Ibid.

51 Iris B. Mauss, Maya Tamir, Craig L. Anderson und Nicole S.
    Savino, »Can Seeking Happiness Make People Unhappy? Para-
    doxical Effects of Valuing Happiness«, *Emotion* 11 (2011): 807–
    815. https://www.ncbi.nlm.nih.gov/pubmed/21517168

52 Viktor E. Frankl, *Man's Search for Meaning* (Boston, MA: Beacon
    Press, 1959), 114.

53 Ich gehe auf die Psychologie des Glücksstrebens ausführlicher ein
    in Kapitel 5 meines Buches *Stark wie ein Phönix* (OW Barth,
    2015), aus dem diese Beispiele und Studien zitiert sind.

54 Kluger, »The Happiness of Pursuit«, *Time,* 8. Juli 2013.

55 Psychologie-Professor Roy Baumeister an der Florida State Uni-
    versity und seine Kollegen fanden, dass Glück assoziiert wird mit
    positiven Ereignissen, damit, seine Ziele zu erreichen und ein
    Nehmer zu sein, während Sinn damit assoziiert wird, zu geben,
    und weniger auf unmittelbare Befriedigung, sondern auf länger-
    fristige Zufriedenheit angelegt ist. Negative Lebensereignisse
    verringern das Wohlbefinden, aber verstärken den Sinn. Roy F.
    Baumeister, Kathleen D. Vohs, Jennifer L. Aaker und Emily N.
    Garbinsky, »Some Key Differences Between a Happy Life and a
    Meaningful Life«, *Journal of Positive Psychology* 8 (2013): 505–
    516. doi: 10.1080/17439760.2013.830764

56 Quelle: 2008 Survey der Centers for Disease Control and Preven-
    tion (CDC). Rosemarie Kobau et al., »Well-Being Assessment: An

Evaluation of Well-Being Scales for Public Health and Population Estimates of Well-Being among US Adults«, *Applied Psychology: Health and Well-Being* 2 (2010): 272–297.

57 Ein Lebenszweck scheint als Puffer gegen Stress zu wirken und verringert sogar das Sterblichkeitsrisiko (15 Prozent). Für diesen schützenden Effekt ist es unerheblich, wie die Studienteilnehmer ihren Lebenssinn definierten, ob ihre Familie glücklich zu machen, Kunst zu schaffen oder an sozialen Veränderungen mitzuwirken. Patrick L. Hill und Nicholas A. Turiano, »Purpose in Life as a Predictor of Mortality Across Adulthood«, *Psychological Science* 25, (2014): 1482–1486.

58 Frankl, *Man's Search for Meaning,* 209–210.

59 Mona Chalabi, »Three Leagues, 92 Teams, and One Black Principal Owner«, *FiveThirtyEight,* 28. April 2014.
http://fivethirtyeight.com/datalab/diversity-in-the-nba-the-nfl-and-mlb/

60 Laut der Studien des Corporation for Enterprise Development (CFED) und des Institute for Policy Studies. Zitiert nach James Surowiecki, »The Hidden Cost of Race«, *New Yorker,* 10. Oktober 2016.

61 Gillian B. White, »Education Gaps Don't Fully Explain Why Black Unemployment Is So High«, *The Atlantic,* 21. Dezember 2015.
http://www.theatlantic.com/business/archive/2015/12/black-white-unemployment-gap/421497/

62 Seit 60 Jahren weisen Psychologen nach, dass Schwarze automatisch für krimineller und gewalttätiger gehalten werden. Jennifer L. Eberhardt u. a., »Seeing Black: Race, Crime, and Visual Processing«, *Journal of Personality and Social Psychology* 87 (2004): 876–893. http://fairandimpartialpolicing.com/docs/pob5.pdf

63 Quelle: Dokumentarfilm »13th« von Ava DuVernay, Netflix, Erstausstrahlung Oktober 2016.

64 http://www.sentencingproject.org/publications/color-of-justice-racial-and-ethnic-disparity-in-state-prisons/

65 In Dutzenden Bundesstaaten verlieren Kriminelle automatisch das Wahlrecht, in manchen Staaten auf Dauer, auch nachdem sie ihre Strafe verbüßt haben.

66 http://accidentalcourtesy.com/

67 http://loveandradio.org/2014/02/the-silver-dollar/. Aus diesen Quellen stammen auch die meisten seiner Zitate in diesem Kapitel.

68 *Public Policy Polling*-Umfrage: http://www.publicpolicypolling. com/main/2013/04/conspiracy-theory-poll-results-.html

69 Ryota Kanai, Tom Feilden, Colin Firth, Geraint Rees, »Political Orientations Are Correlated with Brain Structure in Young Adults«, *Current Biology* 21 (2011): 677–680. http://dx.doi. org/10.1016/j.cub.2011.03.017

70 Pew Research Center, »Political Polarization in the American Public«, 12. Juni 2014. http://www.pewresearch.org/topics/political-polarization/

71 Ibid.

72 Quelle: http://www.vanityfair.com/magazine/2015/07/donald-ivana-trump-divorce-prenup-marie-brenner

73 Laut einer Umfrage des Pew Research Center finden 81 Prozent der Amerikaner, sie könnten sich mit politisch anders Denkenden nicht auf grundlegende Fakten einigen.

74 Craig Silvermann, »This Analysis Shows How Fake Election News Stories Outperformed Real News On Facebook«, *BuzzFeed,* 16. November 2016. https://www.buzzfeed.com/craigsilverman/ viral-fake-election-news-outperformed-real-news-on-facebook? utm_term=.chOo83VXpj#.tqmej5MaBO

75 Die genauen Regeln unterscheiden sich von Bundesstaat zu Bundesstaat. Bei manchen, z. B. in Kalifornien, ist die Registrierung online möglich. Welche Dokumente man beibringen muss, etc. wird ebenfalls unterschiedlich gehandhabt.

76 Emily Badger, »As American as Apple Pie? The Rural Vote's Disproportionate Slice of Power«, *New York Times,* 20. November 2016. http://nyti.ms/2fdyACl

77 http://www.oscepa.org/documents/all-documents/election-observation/election-observation-statements/united-states-of-america/statements-27/3430-2016-general/file

78 Ibid.

79 Josh Chapin, »Owner Comes Forward Claiming Conroe Tiger«,

KHOU, 27. April 2016. http://www.khou.com/news/local/ani-mals/owner-comes-forward-claiming-conroe-tiger/150228233

80   https://www.instagram.com/p/BE15p07gvtt/

81   PETA, »Hollywood Animal Trainer Viciously Whips Young Tiger«, 22. Dezember 2015. https://www.youtube.com/watch?v=sXl7td6owKw

82   Die jährliche Algenproduktion steigerte sich zwischen 1997 und 2015 um etwa 47 Prozent. Mati Kahru, Zhongping Lee, B. Greg Mitchell, Cynthia D. Nevison. »Effects of sea ice cover on satellite-detected primary production in the Arctic Ocean.« The Royal Society, 23. November 2016. DOI: 10.1098/rsbl.2016.0223

83   Deutschland ist tatsächlich Recycling-Weltmeister. Laut einer Studie der *Organization for Economic Corporation and Development* recyceln Deutsche 65 Prozent ihres Abfalls und landen damit weltweit auf dem ersten Platz, gefolgt von den Südkoreanern mit 59 Prozent. Amerika ist mit 35 Prozent weit abgeschlagen.

84   Das ist nicht nur in meiner Nachbarschaft so, sondern in Amerika liegt die sogenannte »Kontaminierungs-Rate« bei über zehn Prozent, was es für die meisten Recyclingfirmen zu schwierig und kostspielig macht, das Verwertbare vom Restmüll zu trennen. Nicht nur jedes Bundesland, sondern auch jede Stadt und jede Gemeinde hat ihre eigenen Regeln. Es ist absolut unmöglich für Reisende, da durchzublicken. Da hat man gerade in Boulder, Colorado, gelernt, dass man Plastikverpackungen in die Recyclingtonne stecken darf, wenn sie ein Recyclingsymbol auf der Unterseite haben, und in der nächsten Großstadt, in Denver, gilt das schon wieder nicht mehr.

85   http://www.careerbuilder.com/share/aboutus/pressreleasesdetail.aspx?id=pr971&sd=10/27/2016&ed=10/27/2016